本书是贵州省教育厅2022年高校思想政治理论课相关建设项目（"十个一"精品项目）："心理育人：民族地区高职院校心理健康教育体系的实践研究"的研究成果。

知库

教育与语言

耕耘心育
高职院校心理健康教育工作体系构建及实践

何 山 著

中国书籍出版社
China Book Press

图书在版编目（CIP）数据

耕耘心育：高职院校心理健康教育工作体系构建及实践/何山著 .—北京：中国书籍出版社，2023.6
ISBN 978-7-5068-9264-3

Ⅰ.①耕… Ⅱ.①何… Ⅲ.①高等职业教育—心理健康—健康教育—教学研究 Ⅳ.①G444

中国版本图书馆 CIP 数据核字（2022）第 209549 号

耕耘心育：高职院校心理健康教育工作体系构建及实践

何山 著

责任编辑	王　淼
责任印制	孙马飞　马　芝
封面设计	中联华文
出版发行	中国书籍出版社
地　　址	北京市丰台区三路居路 97 号（邮编：100073）
电　　话	（010）52257143（总编室）　（010）52257140（发行部）
电子邮箱	eo@chinabp.com.cn
经　　销	全国新华书店
印　　刷	三河市华东印刷有限公司
开　　本	710 毫米×1000 毫米　1/16
字　　数	368 千字
印　　张	20.5
版　　次	2023 年 6 月第 1 版
印　　次	2023 年 6 月第 1 次印刷
书　　号	ISBN 978-7-5068-9264-3
定　　价	98.00 元

版权所有　翻印必究

前 言

近年来，大学生心理问题日益严重，给高校心理健康教育工作带来了极大的挑战，怎样做好新时代学生心理健康教育工作，是一项重要而艰巨的任务。与普通高等院校相比，高职院校在心理健康教育工作上存在较为严重的滞后情况，需要通过加强多方面的工作来为学生创造更加良好的心理健康教育条件。有针对性地研究高职院校心理健康教育工作的思路和方法，对于高职院校心理健康教育工作的顺利开展具有重要实践意义。

如何从理论体系构建和实践操作上指导高职院校加强开展心理健康教育工作，健全完善心理健康教育工作体系，是当今高职院校心理健康教育面临的一个重要课题。鉴于此，作者撰写了《耕耘心育——高职院校心理健康教育工作体系构建及实践》一书。

本书包括概述、课程教学、实践活动、团体心理辅导、心理咨询、心理危机预防与干预、心理普查与测评、队伍建设、平台建设、评估激励共十章内容，从理论和实践上阐述了高职院校心理健康教育的各方面工作。全书围绕着高校心理健康教育工作体系的五个方面，即教育教学、实践活动、咨询服务、预防干预、工作保障展开，内容覆盖全面丰富，根据作者多年的一线工作实践经验，从理论和实践上介绍了高职院校心理健康教育工作的重点和难点，具有实用性和可操作性特点，同时全书各章附有大量宝贵的参考资料，供高校心理健康教育工作者借鉴应用。

本书在撰写的过程中参阅了大量有关大学生心理健康方面的文献著作，同时也引用了许多专家和学者的研究成果，在此表示最诚挚的谢意！但由于时间仓促，且编者能力有限，错误和不当之处在所难免，敬请广大读者提出宝贵意见，以便本书日后的修改与完善。

编 者
2023 年 2 月

目 录
CONTENTS

第一章 概 述 ·· 1
  第一节 心理健康教育工作的理论基础 ··· 1
  第二节 心理健康教育工作的指导理念 ··· 8
  附件1 教育部办公厅关于印发《普通高等学校学生心理健康教育工作基本
        建设标准(试行)》的通知 ·· 16
  附件2 中共教育部党组关于印发《高等学校学生心理健康教育指导
        纲要》的通知 ·· 21

第二章 课程教学 ·· 26
  第一节 心理健康教育必修课的开展 ·· 26
  第二节 心理健康选修课开设课程简介 ··· 39
  第三节 心理健康教育课程教学改革发展趋势 ······························· 45
  附件1 普通高等学校学生心理健康教育课程教学基本要求 ················ 51
  附件2 《大学生心理健康教育》课程标准 ······································ 57
  附件3 课堂教学资源 ·· 64

第三章 实践活动 ·· 78
  第一节 心理健康教育实践活动概述 ·· 78
  第二节 心理健康教育实践活动的常见类型 ··································· 82
  第三节 心理健康教育活动特色创新与品牌创建 ····························· 85
  附件 心理健康宣传活动策划示例 ·· 90

第四章 团体心理辅导 ············· 101
 第一节 团体心理辅导概述 ············· 101
 第二节 团体心理辅导方案的设计 ············· 107
 第三节 团体心理辅导的组织实施 ············· 113
 附件 经典大学生团体心理辅导活动示例 ············· 120

第五章 心理咨询 ············· 137
 第一节 高校心理咨询概述 ············· 137
 第二节 高校心理咨询的基本程序和方法技术 ············· 146
 第三节 高职生常见心理问题的咨询辅导 ············· 159
 附件1 心理咨询相关制度、协议、表格 ············· 172
 附件2 高校心理咨询工作流程图 ············· 181

第六章 心理危机预防与干预 ············· 182
 第一节 大学生心理危机预防干预工作概述 ············· 182
 第二节 心理危机干预对象的识别与评估 ············· 192
 第三节 心理危机干预的操作方法和常用技术 ············· 199
 附件1 大学生心理危机预警与干预工作方案 ············· 208
 附件2 心理危机干预四级工作体系中各等级的功能和职责 ············· 217
 附件3 心理危机干预中常用表格、协议等 ············· 220

第七章 心理普查与测评 ············· 227
 第一节 心理普查工作的开展 ············· 227
 第二节 心理普查的常用测评工具 ············· 234
 第三节 学生心理档案的建立 ············· 237
 附件 心理测评筛查后约谈提纲和心理约谈记录表 ············· 243

第八章 队伍建设 ············· 246
 第一节 专职教师 ············· 246
 第二节 辅导员 ············· 254
 第三节 朋辈互助队伍 ············· 261
 附件1 辅导员心理辅导技能培训纲要 ············· 273
 附件2 心理委员培训内容提要 ············· 274

第九章　平台建设 ····· 275
第一节　心理健康教育中心 ····· 275
第二节　二级心理辅导站 ····· 277
第三节　心理服务云平台 ····· 280
附件1　心理健康教育中心管理制度 ····· 284
附件2　二级心理辅导站的系列工作制度 ····· 288
附件3　高校四级心理服务平台的搭建 ····· 292

第十章　评估激励 ····· 294
第一节　心理健康教育工作的评估 ····· 294
第二节　心理健康教育工作的激励 ····· 300
附件1　心理健康教育工作考核评比办法 ····· 304
附件2　高校大学生心理健康教育工作评估指标体系 ····· 307

主要参考文献 ····· 309

后　记 ····· 314

第一章

概　述

第一节　心理健康教育工作的理论基础

心理健康教育作为一项具有科学性和系统性的工程，是一个相对独立的教育范畴，有其独立的工作体系。心理健康教育是复杂的，所以高职院校必须从学生实际情况出发构建工作体系。因此，在高职院校开展心理健康教育工作，必须首先明确构建一个什么样的工作体系，涵盖哪些工作内容，掌握哪些理论依据，以及如何构建各项内容的连贯系统性，才能围绕工作体系有序高效地开展心理健康教育工作。

一、心理健康教育的相关概念

1. 心理健康教育的基本内涵

心理健康教育是教育者运用多种途径和手段，从受教育者的实际心理状况出发，有计划、有目的地对其心理素质的各个方面进行积极的教育和辅导，进而培养其良好的心理素质，调节心理机能，开发心理潜能，促进学生整体素质提高的教育。心理健康教育是以人的心理活动规律为依据，以心理学的理论、知识、技术为内容，以教育活动为载体，以培养个体优良心理素质为根本目标的一种应用教育。心理健康教育有广义和狭义之分，广义的心理健康教育是指帮助个体学会识别、调整和控制自己的心理状态，使其具有良好的心理品质和健全的人格，更顺利地适应社会中的各种环境。狭义的心理健康教育是指帮助个体预防心理障碍，解决心理问题。

学校心理健康教育是指教师针对学生的身心发展特征，运用心理学、教育学及其相关学科的理论与技术，通过心理健康教育课程、心理健康教育活动、学科渗透、心理辅导与咨询以及优化教育环境等有关心理健康教育的途径和方法，帮助学生解决成长过程中的心理问题，促进全体学生心理素质提高和心理机能健康发展的一类教育活动。[①] 它是以维护和增进学生心理健康、开发学生身心潜能、培养学生良好的心理品质、完善和提高新一代合格公民应具有的心理素质为目的的教育。

2. 心理健康教育工作体系与机制

心理健康教育工作体系是根据学生心理发展的特点和规律，运用心理学的理论和技术，综合学校和社会资源，开展学生心理健康教育教学、心理咨询以及危机干预的工作系统。高校心理健康教育工作体系的主体由三个部分构成，即由心理健康专业技术人员组成的学校心理健康教育中心、以思想政治工作者为主的院（系）心理健康教育辅导站和包括学生心理社团及班级心理委员在内的朋辈辅导群体。

心理健康教育机制是指学校心理健康教育工作体系各环节、各部分的有机整合和协调运转。它是学校心理健康教育工作得以运行开展的重要保证。高校心理健康教育工作体系的运行机制由三个方面组成，即引导机制、防御机制和应急机制。引导机制运行模式一般包括课程教学和宣传活动，防御机制运行模式一般包括心理筛查和心理咨询，应急机制运行模式包括预警系统和危机干预系统。[②]

3. 心理健康教育工作模式

心理健康教育模式是以一定的心理健康教育思想为指导，在实施心理健康教育工作的实践过程中形成的一种有助于实现心理健康教育目标的可操作性的工作范型。它既是一种理论设计，又是实践的产物，是理论与实践的联结与桥梁。高校要建设符合时代特点的特色心理健康教育工作模式，如"全员、全程、全方位"心理健康教育工作模式、积极心理健康教育工作模式等。

二、心理健康教育工作体系的相关理论

1. 人本主义理论

人本主义于20世纪五六十年代在美国兴起，七八十年代迅速发展。它既反对行为主义把人等同于动物，只探究人的行为，不理解人的内在本性；又批判弗洛伊德只研究神经症和精神病人，不考察正常人心理，因而被称为心理学的

[①] 叶一舵. 现代学校心理健康教育研究 [M]. 北京：开明出版社，2003：49.
[②] 徐黎玲. 高校心理健康教育工作体系的构建及运行机制 [J]. 洛阳大学学报，2006，(9)：108-111.

第三种运动。

人本主义强调人的尊严、价值、创造力和自我实现，把人的本性的自我实现归结为潜能的发挥，而潜能是一种类似本能的性质。人本主义最大的贡献是看到了人的心理与人的本质的一致性，主张心理学必须从人的本性着手研究人的心理。

这个流派的代表人物是马斯洛和罗杰斯。马斯洛的主要观点：把人的基本需求进行研究和分类，将其与动物的本能加以区分，提出人的需要是分层次发展的；并根据追求目标和满足对象的不同，将人的不同需求由低级至高级排列到了一个层次有序的体系之中，最低级的需求就是基本生理需要，也就是一般人认为应优先解决的需求。罗杰斯的主要观点：在心理治疗实践和心理学理论研究中进一步发展出人格的"自我理论"，并提出了"以人为中心疗法"的心理治疗方法，其认为任何人都有积极向上的、奋起前进的、自我肯定的、不断成长的潜质，人类有种天生的"自我实现"的动力，即一个人发展、扩充和完善的趋力，也是一个人最大程度地实现自身各种潜能的趋向。

罗杰斯的"以人为中心疗法"已发展为以学生为中心的教育指导原则。受人本主义心理学观念的影响，高校心理健康教育应凸显大学生的主体地位，以来访者的个体经验为出发点，强调以积极关注、真诚相待建立与来访者的共鸣与理解。在教育教学中，将学生作为教育活动的主体，教育活动的组织者要充分重视学生的主体地位，要以培养和挖掘学生的自主能力和创造能力为教育的根本目的，使学生在自我调节的状态下主动去学习。教育是为社会人才的输出打基础，在接受教育的过程中，实现学生主体性的提升，以便于他们在未来更好地适应社会。

2. 心理危机理论

心理危机理论是由美国著名心理学家卡普兰提出的，他认为心理危机是当一个人面对困难情境时，由于他先前处理问题的方式及其惯常的支持系统不足以应对眼前的处境，即他必须面对的困难情境超过了他的能力时，这个人就会产生暂时的心理困扰，这种暂时性的心理失衡状态就是心理危机。引发心理危机的原因可以是外在应激事件，如一些影响范围广、刺激强度大、涉及地区和人数很多的事件，也可以是个人的内在冲突，如失恋、失业等。当个人出现心理危机时，如果自己无法调整又不及时求助，则内心会严重失控，从而导致心理健康问题隐患持续积累，一旦爆发就可能出现严重的后果。此外，不良习惯和不良癖好的养成也容易形成心理危机。这类人往往具有不同于一般人的正常意识，并产生心理阴影，当遭遇一些外在因素的改变，如生活变故等，心理危机就会暴露出来。

大学生群体是心理危机隐患存在的高危人群，很多高校学生因为求职的问题、感情的变故、家庭的原因造成心理困扰，这种心理失调的状态不能有效控制就会出现心理危机，从而导致当前大学生频繁自杀或走向歧途。大学生心理还处在一个不太稳定的状态，一旦受到外界的负面影响，就会失衡。这些极端情况的发生，都是心理危机严重到个体不能解决而发生的。因此，高校应该重视学生的心理危机干预工作，保证学生的心理健康发展，这不仅有利于人才培养，也有利于学校与社会的稳定。

3. 积极心理学理论

积极心理学用积极的方式对人的心理现象进行了全新的诠释。积极心理学的研究重点放在人自身的积极品质和力量方面，主张心理学要以人固有的、实际的、潜在的力量、美德和善良为出发点，提倡用一种积极建设性的心态来对人的许多心理现象（包括心理问题）作出新的解读，从而激发人自身内在的积极力量和优秀品质，并利用这些积极力量和优秀品质来帮助普通人或具有一定天赋的人最大限度地挖掘自己的潜力而获得幸福。积极心理学不仅仅能够帮助身处逆境的人指点迷津，也可以教会那些生活平淡的普通人如何提高生活质量。

积极心理学的"积极"，可分三个层面去理解。第一，是在主观层面上倡导个体积极体验的构建。体验是指对现在或过去所发生一切的感受。积极的体验，顾名思义，就是对过去或现在发生的事情能够从容不迫地接受，幸福而满足地回忆着、经历着。在这种心理状态下，生活始终充满勇气和力量，大大提升个体的主观幸福感。第二，是在个体层面上促进积极人格的形成。人格的形成是一个将外在接受转化为内在心理活动的过程，积极人格要求个体主动接受来自社会活动的影响，并将这些影响内化成稳定的心理活动。拥有积极人格的人对各类事件一贯持有积极的解读方式，面对要处理的问题事件乐观而从容。第三，在集体层面上构建积极的组织系统。该系统的建立以提升人类主观幸福感为目的，是由积极个体到积极整体的一种人性的升华。积极的组织系统里有积极的制度和积极的教育，而家庭、学校和社会都可称为积极的系统组织。

积极心理学之父马丁·赛里格曼认为，心理学应利用心理学的实验方法和测量手段，通过提高心理免疫力的方法，预防精神和生理方面的疾病，并提倡为了使人能够更加幸福快乐，从而建立积极心理学来研究积极心态。运用积极心理学的理论，更多地去关注人自身具备的积极的优势资源，将其转化为自助的能力。近年来，我国的心理健康教育开始将研究和教育重点转向以积极心理学为理论指导，开发人的潜能，改变过去消极、被动、补救的方式，向积极主动和发展转变,从发现和解决学生问题,转向全面开发心理潜能、提高学生综合心理素质,为和谐社会奠定积极的心理基础。从积极心理学思想的视野应强调心理健康教育的发展性功能,重视大学生健康性格与潜在能力的培养,促进大学生尽可能地发展自己。

4. 系统理论

系统是由若干要素以一定结构形式联结而成的具有功能性的有机整体。系统研究要素、结构、功能之间的关系。系统理论作为一种崭新的综合性理论,基本原则一般包括以下几个方面。(1) 整体性原则。即系统、要素和环境之间的辩证统一。首先,系统与要素、要素与要素、系统与环境之间存在着有机的联系,它们相互作用、相互影响,构成一个整体。其次,系统的性质和规律,只有从整体上才能显示出来,整体可以出现部分未有的新功能,整体功能不是各部分功能的简单相加。最后,系统内部各要素或部分的性质和行为,对其他要素或部分的性质和行为有依赖性,并对整体的性质和行为有影响。整体性原则是系统论的基本出发点,它要求人们在认识和处理系统对象时,都要从整体着手进行综合考察,以达到最佳效果。(2) 相互联系的原则。即系统的整体性是通过各要素间的物质和能量的相互交换、转换及守恒的规律,还有信息的传递、交流等多种形式加以实现的。研究系统整体性时,必须搞清系统内外部物质、能量、信息的流动状态。(3) 有序性原则。即系统都是有序的、分层次的和开放的。一般都由低级有序状态向高级有序状态发展。系统有序程度用熵度量。(4) 目的性原则。即在反馈机制的作用下,系统能保持内部的稳定以及与环境协调的一种特性。要掌握系统发展的趋向,必须把握它的这种机制。(5) 动态性原则。即现实系统都是变化、发展的,应当在动态中协调系统各方面的关系,以使系统达到最优化。

系统观下做好大学生的心理健康教育工作就是要充分考虑到大学生心理健康教育工作体系的系统特性,用系统的整体性、有序性、动态相关性、开放性、信息反馈律和优化演化律等原理和规律系统思考大学生心理健康教育工作的重点,不漏掉一个环节和要素,不断优化体系结构,补充增强系统功能,更好地适应和满足大学生的心理健康教育服务工作。[1]

---

[1] 刘萍萍. 系统观下的大学生心理健康教育工作体系的创新研究 [J]. 教育教学论坛, 2020, (25): 148-149.

三、心理健康教育工作体系的构成

高校学生心理健康教育服务体系，是高校思想政治工作体系的重要组成部分。根据《高等学校学生心理健康教育指导纲要》，构建多层次、多方位的心理健康教育工作体系。具体而言，就是通过构建教育教学体系，进一步扩大工作覆盖面；通过构建实践活动体系，进一步丰富工作途径；通过构建咨询服务体系，进一步增强工作针对性；通过构建预防干预体系，进一步提升工作实效性，提高教育服务的温度、立德树人的效度；通过构建工作保障体系，进一步加强队伍建设和条件保障，增强心理健康教育工作的师资力量和平台保障。

1. 教育教学体系

健全心理健康教育课程体系，结合实际，把心理健康教育课程纳入学校整体教学计划，规范课程设置，对新生开设心理健康教育公共必修课，大力倡导面向全体学生开设心理健康教育选修和辅修课程，实现大学生心理健康教育全覆盖。公共必修课程原则上应设置2个学分、32—36个学时。完善心理健康教育教材体系，组织编写大学生心理健康教育示范教材，科学规范教学内容。开发建设《大学生心理健康》等在线课程，丰富教育教学形式。创新心理健康教育教学手段，有效改进教学方法，通过线下线上、案例教学、体验活动、行为训练、心理情景剧等多种形式，激发大学生的学习兴趣，提高课堂教学效果，不断提升教学质量。

2. 实践活动体系

加强宣传普及，通过举办心理健康教育月、"5·25"大学生心理健康节等形式多样的主题教育活动，组织开展各种有益于大学生身心健康的文体娱乐活动和心理素质拓展活动，不断增强心理健康教育吸引力和感染力。拓展传播渠道，充分利用广播、电视、书刊、影视、动漫等传播形式，组织创作、展示心理健康宣传教育精品和公益广告，传播自尊自信、乐观向上的现代文明理念和心理健康意识。创新宣传方式，主动占领网络心理健康教育新阵地，建设好融思想性、知识性、趣味性、服务性于一体的心理健康教育网站、网页和新媒体平台，广泛运用门户网站、微信、微博、手机客户端等媒介，宣传心理健康知识，倡导健康生活方式，提高心理保健能力。发挥学生主体作用，支持学生成立心理健康教育社团，组织开展心理健康教育活动，增长心理健康知识，提升心理调适能力，积极进行心理健康自助互助。强化家校育人合力，引导家长树立正确教育观念，以健康和谐的家庭环境影响学生，有效提升心理健康教育实效。

3. 咨询服务体系

优化心理咨询服务平台，加强硬件设施建设，设立心理发展辅导室、心理测评室、积极心理体验中心、团体活动室、综合素质训练室等，积极构建教育与指导、咨询与自助、自助与他助紧密结合的心理健康教育与咨询服务体系。完善体制机制，健全心理健康教育与咨询的值班、预约、转介、重点反馈等制度，通过个体咨询、团体心理辅导、电话咨询、网络咨询等多种形式，向学生提供经常、及时、有效的心理健康指导与咨询服务。实施分类引导，针对不同学段、不同专业学生，精准施策，因材施教，把解决思想问题、心理问题与解决实际问题结合起来，在关心呵护和暖心帮扶中开展教育引导。遵循保密原则，建立心理健康数据安全保护机制，保护学生隐私，杜绝信息泄露。

4. 预防干预体系

完善心理测评方式，优化量表选用，禁止使用可能损害学生心理健康的方法和仪器。科学分析经济社会快速发展、互联网新媒体应用快速推进、个人成长历程、家庭环境等因素对学生心理健康的深刻影响，准确把握学生心理健康状况及变化规律，不断提高心理健康素质测评覆盖面和科学性。健全心理危机预防和快速反应机制，建立学校、院系、班级、宿舍"四级"预警防控体系，完善心理危机干预工作预案，做好对心理危机学生的跟踪服务，注重做好特殊时期、不同季节的心理危机预防与干预工作，定期开展案例督导和个案研讨，不断提高心理危机预防干预专业水平。建立心理危机转介诊疗机制，畅通从学校心理健康教育与咨询机构到校医院、精神卫生专业机构的心理危机转介绿色通道，及时转介疑似患有严重心理或精神疾病的学生到专业机构接受诊断和治疗。

5. 工作保障体系

在队伍建设方面，要建设一支以专职教师为骨干、以兼职教师为补充，专兼结合、专业互补、相对稳定、素质良好的心理健康教育师资队伍。心理健康教育专职教师要具有从事大学生心理健康教育的相关学历和专业资质，心理健康教育师资队伍原则上应纳入高校思政工作队伍管理，要落实好职务（职称）评聘工作，加强师资队伍培训，充分调动全体教职员工参与心理健康教育的主动性和积极性，重视对班主任、辅导员以及其他从事高校思想政治工作的干部、教师开展心理健康教育知识培训。在条件保障方面，高校应落实心理健康教育专项工作经费，配备必要的办公场地和设备。有条件的高校，要建立相对独立的心理健康教育与咨询机构和院（系）二级心理辅导站。要建设校内外心理健康教育素质拓展基地，培育高校心理健康教育优秀工作案例，辐射推动区域和全国高校心理健康教育工作。

在心理健康教育工作体系当中，教育教学体系是基础，实践活动体系是途径，心理咨询体系是重心，危机干预体系是屏障，工作保障体系是条件。上述体系互为依托、有机联系，共同构成健全完善的高校心理健康教育工作体系。

第二节 心理健康教育工作的指导理念

一、心理健康教育工作的目标和原则

1. 心理健康教育工作的目标

高校对心理健康教育的基础目标是调适，即处理个体内在精神世界的各个方面矛盾及其相互关系，通过学习正确认识自我，积极接纳自我，缓解矛盾心态，树立更理想的目标，维护自我精神生活的内部和谐；处理个人与社会环境的关系，通过学习进行合乎社会规范的适应性行为，纠正不适合的行为方式，减少人际交往隔阂，改善人际交往质量。

心理健康教育工作的高级目标是发展，即引导学生认识自己的能力和特点，树立更有意义的目标，担当起人生的使命，通过丰富人生方式，开展建设性的人际交往活动，培养个人积极性、创造力及作为社会成员的良好的社会功能，过着主动进取和乐于创造社会价值的人生。因此，心理健康教育早已超出心理治疗的范畴，转向培养学生的健全个性，更加体现出教育为培养健全个性的本义。

高校心理健康教育的具体任务是全方位推进素质教育，做好校园德育管理工作，让学生养成在出现心理行为问题时具有求助意识，并以此促进其形成健康的心理素质，从而保障学生身心健康，减少与避免各种因素对其心理的不利影响。高校心理健康教育的主要目的在于提高学生的心理素质，发挥学生潜能，养成他们优秀、健全的心理品质，并促使他们个性的完善，使他们变成有思想、有知识、有文明、有纪律的高素质人才。

2. 心理健康教育的基本原则

（1）坚持发展性教育与咨询辅导相结合

发展性教育主要是通过面向全体学生，进行大学生心理健康知识的普及教育，以增强他们的心理健康意识，同时训练并提高他们自身心理调适能力，并通过开设心理学的选修课、举办心理活动月等多种形式，让全体学生积极参与其中。另外，还要面对部分出现心理不适或心理问题的学生，对他们进行个别

咨询和辅导，及时干预，预防人格障碍或精神障碍的发生，如果问题严重，就要及时转介给相关机构。

（2）坚持教育与自我教育相结合

在开展心理健康教育的同时，学校应充分调动学生参与心理健康教育的积极性和主动性，发挥他们的聪明才智，引导他们把心理健康教育的内容与自身的现实生活经验结合起来，反思自己，反映现实社会，并创设丰富多彩的教育形式，在互动体验中自助与助人。

（3）坚持大学生心理健康教师专业队伍与学校辅导员队伍相结合

心理健康教师专业队伍与学校辅导员队伍是学校心理健康教育的骨干力量。心理健康教育专职教师可以为学生进行较为专业的心理咨询与辅导。辅导员最贴近、也最了解学生，如果他们掌握了心理健康和心理辅导的有关知识，他们就可以及时了解学生的心理动向，对他们进行初步的心理疏导，或者反馈到学校心理健康教育中心，中心会为他们进行及时的心理健康帮助。两个队伍彼此配合，相互协调，有助于提高日常学生工作的有效性。[①]

二、心理健康教育的工作理念和方法

1. 心理健康教育的工作理念

高校心理健康教育工作理念是指高校教育工作者对工作的整体的理解和看法，对于高校心理健康教育工作的实施具有前瞻性与导向性的作用，是具有理想性和稳定性的范型。高校教育者具有什么心理健康教育工作理念，决定着其教育工作的价值取向与追求，从而影响着其教育思想和方法的选择，并制约其教育实践的效果。新时代背景下高校开展心理健康教育工作必须首先转变心理健康教育工作理念，扭转传统高校心理健康教育工作中注重心理咨询、轻视心理教育，注重障碍性咨询、忽视发展性咨询的偏向，重视心理健康教育的预防性和发展功能，重视学生健康人格的塑造，重视学生潜在能力的开发，充分体现心理健康教育的全面性。具体说来，应树立以下几个重要的工作理念：

（1）积极心理学理念。心理健康教育工作以积极心理学理念引领，重视学生发展，预防大于治疗，从传统的事后补漏型的矫治育人模式，逐步转变成为全员、全过程、全方位的事前干预型的健康发展育人模式；学校心理健康教育在努力帮助受心理困扰学生的同时，更应关心怎样使普通的学生活得更幸福，

---

① 高秀苹. 高校大学生心理健康教育工作体系建设探索［J］. 现代交际, 2017（2）: 130-131.

因此需要采用积极心理学的发展模式，从心理问题模式转变为心理健康模式，把关注点放在人的优势上而非心理问题上，更加重视积极心理品质的培养，关注学生身上的闪光点，并积极进行强化，使学生具备更加积极的心理品质、更健全的人格，可以更好地适应社会环境的变化。

（2）人本服务理念。心理健康教育工作体系的各个方面都是以学生为中心，以服务学生为本，加强人文关怀和心理疏导，不断适应和满足学生个性化、多样化的心理需求，拓展完善心理健康教育工作服务平台，为学生创造一个温馨和谐的成长空间，提升心理服务者的专业助人水平，围绕着助人育人的角度，为学生提供贴心周到的心理健康教育和咨询服务。

（3）协同工作理念。一方面，学校心理健康教育中心要加强和院系、学生处、团委、教务处、马列部、医务所等部门的协作，建立心理专兼职教师、辅导员、班级心理委员、心理社团干部、思政教师等心理健康教育工作队伍。同时对外加强与家庭社会的联合，促进家校合作和医校合作，在危机干预时与辅导员、家长、精神科医生等协同工作。另一方面，建立起"把心理辅导和思想教育相结合，教师辅导和朋辈辅导相结合，个体辅导和团体心理辅导相结合，现实面对面辅导和网络线上辅导相结合，理论研究和教育实践相结合"的心理育人工作模式。

（4）"三全"育人理念。心理育人是一项系统的工作，在具体教育过程中，高校要从全员、全程、全方位三个方面入手形成协作合力，构建出完善的高校学生心理健康教育育人体系。全员育人，就是调动全员积极性，全员参与心理健康教育，同时心理健康教育要面向全体师生，要求高校全体教职工担负起自身的育人职责，积极与学校各部门进行协作配合，将育人主体的全面性发挥到极致；全程育人，是指将学生心理健康教育目标依据实际健康标准要求分为适应阶段、发展阶段以及创造阶段，心理健康教育从学生入学到学生毕业，从预防教育到危机干预、后期跟踪，使心理健康教育贯穿学生成长的始终，心理健康教育活动贯穿教学过程、校园文化、校园生活等各个细节；全方位育人，是指高校要对学生生活学习的各个方面进行有效渗透，在校内与校外、线上与线下以及课内与课外中构建共同育人格局，心理健康教育也全面涵盖，包括课程开设、科普宣传、讲座培训、团体心理辅导、心理普查、心理咨询、危机干预等等。

2. 心理健康教育的工作方法

（1）制度化、规范化、专业化，是深入开展心理健康教育工作的重要前提。高校要充分重视心理健康教育工作，建立心理健康教育机构，在人员配备、管理制度与经费投入上给予一定的保障。要健全心理健康教育工作体系，建立规范的心理咨询和心理健康教育工作制度；同时要加强心理咨询人员的培训、进修、学术交流，加强心理健康教育工作队伍的专业化建设。

（2）将心理健康教育与思想教育工作相结合是深入开展心理健康教育工作的有效保证。高校心理健康教育可借助德育渠道，整合资源，多层次、多角度开展心理健康教育宣传与普及工作。将心理健康教育与思想教育相结合，可以帮助学生树立正确的世界观、人生观和价值观，并且教导学生在遇到问题后，用积极的心态去面对，减少负面情绪的产生。

（3）加强心理健康教育工作网络体系建设，多层次、全方位、全员参与，是深入开展心理健康教育工作的关键。做好学校、院系、班级、宿舍四级心理健康教育工作网络体系建设，畅通心理健康教育工作服务渠道，学校成立学生心理健康教育工作领导小组，负责全校心理健康教育的组织领导和协调督导工作，同时由学校心理咨询中心负责组织协调全校心理健康教育工作的规划、部署、实施工作；各院系设立二级心理健康辅导站，主要负责本院系学生的心理健康教育、宣传、辅导等工作，包括开展心理健康教育宣传普及工作、处理一般性的心理问题等，营造心理健康教育良好的氛围；班级心理委员在心理健康教育网络中发挥心理信息员、宣传员与观察员的作用，及时发现身边同学的心理问题并及时反馈，同时开展"朋辈"心理辅导；宿舍心理信息员可由具有良好心理品质的宿舍长兼任，他们能够在第一时间及时发现本宿舍同学危机事件，及时反馈，避免不良事件发生。建立健全学生心理健康预防监控体系和教育服务体系，形成主要领导重视、分管领导牵头，有关部门和人员参与，专人负责的工作格局，为加强大学生心理健康教育提供有力的组织保障。

（4）加强心理健康普查工作，建立大学生心理档案，做好心理危机干预工作。运用心理测评工具，对大学新生和高年级学生进行心理普查、建立心理档案，及早发现有心理问题的学生，及时解决学生中存在的主要心理问题，对那些心理困扰较为严重的学生要逐一访谈，并根据访谈情况给予积极、有效的心理帮助或心理干预，实行动态管理。以心理普查为基础，建立筛查、干预、跟踪、控制一体化的工作机制，对于及时发现心理隐患、预防重大问题会起关键作用，进而避免许多校园危机事件的发生。

（5）开展日常心理咨询工作，及时反馈学生信息，服务各系学生管理工作。要坚持日常心理咨询值班制度和每月心理咨询信息反馈制度，及时将日常心理咨询的信息反馈给各系，以提示各系在学生管理工作中给有心理问题的学生以更多的耐心与爱心，促进院系学生管理工作更为人性化。尤其是对于需要危机干预的学生，一定要在第一时间取得院领导、系领导、班主任及班级心理保健委员的共同支持，及时化解危机，防微杜渐。

（6）开设心理健康教育课程、班级心理委员及素质拓展训练课程，充分发挥课堂教学的主渠道作用。针对不同年级学生的心理特点开设不同主题的心理健康教育公共选修课程和必修课程，帮助大学生掌握心理健康知识，并学会自我调适方法，让现有教师的作用最大地发挥，让现有课程的内容与观念深入更多学生的心里，达到普及心理健康教育知识的目的。同时在学科教育中渗透心理健康教育，创设全员参与的良好校园心理环境。课堂是培养学生良好心理素质的一个主阵地，教师在课堂上应将学科教学与心理健康教育有机地结合起来，创设良好的教学心理环境，为学生营造一个积极、健康的学习氛围。

（7）多渠道、多层面宣传普及心理健康知识，传播心理健康教育理念，倡导人人健心，是深入开展心理健康教育工作的基石。以"5.25"大学生心理健康节等常规心理健康教育活动的开展推动学校全年心理健康教育活动的进行，同时充分发挥心理协会的作用，有针对性地开展丰富多彩的系列心理健康教育主题活动，可以生动有趣地向同学们普及心理健康知识，如开设以心理健康为主题的系列讲座、心理沙龙；举办校园心理剧、手语操、心理漫画等比赛；开展心理素质拓展训练活动等系列主题活动，还可利用校园媒体与网络宣传心理健康教育知识，学校通过广播、网络、报刊等宣传媒体多渠道加大心理健康教育宣传力度。

（8）与家庭建立广泛密切的联系，形成学校—家庭—社会结合的心理健康教育网络系统。除了学校教育外，学生心理健康教育的发展还受到其他社会因素的制约。其中家庭成员作为学生成长与发展中的重要他人，家长对于心理健康教育的认识将直接影响学生心理健康和学校心理健康教育的开展。学校应当把心理健康教育延伸到家庭中去，与家长建立密切联系，提高家长对子女心理健康教育的意识，使心理健康教育形成三者相结合的网络系统，成为全社会都关心、支持的工作。

三、心理健康教育工作的指导文件

国家部委颁发的有关心理健康教育的文件是心理健康教育的工作指南，高校开展心理健康教育工作都要将国家、省、地方各级颁发的文件作为依据，学校制定各种心理健康教育工作制度也须以上级文件规定为准则，保证工作方向正确、工作内容明确、工作思路清晰、工作方法科学、工作成效彰显。

1. 近二十年来国家部委颁发的有关高校心理健康教育指导文件

(1) 2003年,教育部办公厅关于印发《普通高等学校大学生心理健康教育工作实施纲要(试行)》的通知(教社政厅〔2002〕3号)①,明确了高等学校大学生心理健康教育工作的指导思想和主要任务、心理健康教育工作的主要内容、途径和方法以及领导、管理以及师资队伍建设等,成为高校心理健康教育工作的一个纲领性指导文件。

(2) 2004年,《中共中央 国务院关于进一步加强和改进大学生思想政治教育的意见》(中发〔2004〕16号)提出要重视心理健康教育,根据大学生的身心发展特点和教育规律,注重培养大学生良好的心理品质和自尊、自爱、自律、自强的优良品格,增强大学生克服困难、经受考验、承受挫折的能力。要制定大学生心理健康教育计划,确定相应的教育内容、教育方法。要建立健全心理健康教育和咨询的专门机构,配备足够数量的专兼职心理健康教育教师,积极开展大学生心理健康教育和心理咨询辅导,引导大学生健康成长。

(3) 2005年,《教育部 卫生部 共青团中央关于进一步加强和改进大学生心理健康教育的意见》(教社政〔2005〕1号)提出进一步明确大学生心理健康教育的总体要求、努力提高大学生心理健康教育和心理咨询工作水平、大力加强大学生心理健康教育队伍建设、切实建立和完善大学生心理健康教育领导体制与工作机制等意见。

(4) 2011年,教育部办公厅关于印发《普通高等学校学生心理健康教育工作基本建设标准(试行)》的通知(教思政厅〔2011〕1号),提出了大学生心理健康教育体制机制建设、师资队伍建设、教学体系建设、活动体系建设、心理咨询服务体系建设、心理危机预防与干预体系建设、工作条件建设等建设标准,成为高校心理健康教育工作建设的重要依据,该文件推进了大学生心理健康教育工作科学化建设。

(5) 2018年,中共教育部党组关于印发《高等学校学生心理健康教育指导纲要》的通知(教党〔2018〕41号),明确了心理健康教育与思想政治教育的统一,提出了"坚持育心与育德相统一,加强人文关怀与心理疏导,规范发展心理健康教育与咨询服务,更好地适应和满足学生心理健康教育服务需求。引导学生正确认识义和利、群和己、成和败、得和失,培育学生自尊自信、理性平和、积极向上的健康心态"。同时明确了心理健康教育工作格局:教育教学、

---

① 教育部办公厅印发《普通高等学校大学生心理健康教育工作实施纲要(试行)》[J]. 高妍. 中国高教研究, 2002(06).

实践活动、咨询服务、预防干预"四位一体"的工作格局。这个文件是新时代加强高校心理服务体系建设、提升大学生心理健康教育工作质量的一个指导性文件。

（6）2021年，《教育部办公厅关于加强学生心理健康管理工作的通知》（教思政厅函〔2021〕10号），文件从四个方面提出切实加强专业支撑和科学管理，着力提升学生心理健康素养：加强源头管理，全方位提升学生心理健康素养；加强过程管理，提升及早发现能力和日常咨询辅导水平；加强结果管理，提高心理危机事件干预处置能力；加强保障管理，加大综合支撑力度。

2. 近五年来关于心理健康教育的其他重要文件

（1）2016年12月，国家卫生计生委、中宣部、中央综治办、民政部等22个部门共同印发《关于加强心理健康服务的指导意见》，该文件对加强心理健康服务、健全社会心理服务体系提出指导性意见和要求。明确高校心理咨询教师和学生的师生比不低于1∶4000。

（2）2017年9月，《普通高等学校辅导员队伍建设规定》公布，明确辅导员的心理健康教育与咨询工作的主要工作职责："协助学校心理健康教育机构开展心理健康教育，对学生心理问题进行初步排查和疏导，组织开展心理健康知识普及宣传活动，培育学生理性平和、乐观向上的健康心态。"

（3）2017年12月，《高校思想政治工作质量提升工程实施纲要》的基本任务中，提出要充分发挥课程、科研、实践、文化、网络、心理、管理、服务、资助、组织等方面工作的育人功能，挖掘育人要素，完善育人机制，优化评价激励，强化实施保障，切实构建"十大"育人体系。心理工作是育人不可或缺的环节，成为第六大育人体系。

（4）2019年7月，健康中国行动推进委员会公布《健康中国行动（2019—2030年）》，提出将开展15个重大专项行动，促进以治病为中心向以人民健康为中心转变，努力使群众不生病、少生病。专项行动包括：健康知识普及、合理膳食、全民健身、心理健康促进等。文件说明心理健康问题不容忽视，提出了心理健康促进行动方案，从个人和家庭、学校和社会、政府各层面上加强心理健康促进，建立和完善心理健康教育、心理热线服务、心理评估、心理咨询、心理治疗、精神科治疗等衔接合作的心理危机干预和心理援助服务模式。

（5）2020年1月，教育部等八部门发布《关于加快构建高校思想政治工作体系的意见》，提出促进心理健康。把心理健康教育课程纳入整体教学计划，按师生比不低于1∶4000比例配备专业教师，每校至少配备2名。发挥心理健康教育教师、辅导员、班主任等育人主体的作用，规范发展心理健康教育与咨询服务。强化心理问题早期发现和科学干预,推广应用《中国大学生心理健康筛查量表》和"心理健康网络测评系统",提升预警预防、咨询服务、干预转介工作的科学性、前瞻性和针对性。

附件1 教育部办公厅关于印发《普通高等学校学生心理健康教育工作基本建设标准（试行）》的通知
教思政厅〔2011〕1号[①]

各省、自治区、直辖市党委教育工作部门、教育厅（教委），新疆生产建设兵团教育局，有关部门（单位）教育司（局），部属各高等学校：

为深入贯彻落实全国教育工作会议、教育规划纲要以及全国加强和改进大学生思想政治教育工作座谈会精神，进一步深入贯彻落实《中共中央 国务院关于进一步加强和改进大学生思想政治教育的意见》（中发〔2004〕16号），推进大学生心理健康教育工作科学化建设，现将《普通高等学校学生心理健康教育工作基本建设标准（试行）》印发给你们，请结合本地本校实际情况，认真贯彻执行。

本标准自印发之日起试行，适用于普通高等学校，其他类型高校可参照执行。各地各校制定的实施方案和政策措施请及时报送我部思想政治工作司。

附件：

普通高等学校学生心理健康教育工作基本建设标准（试行）

加强和改进大学生心理健康教育是新形势下贯彻落实全国教育工作会议和《国家中长期教育改革和发展规划纲要（2010—2020年）》精神，促进大学生健康成长、培养造就拔尖创新人才的重要途径，是全面贯彻党的教育方针、建设人力资源强国的重要举措，是推动高等教育改革、加强和改进大学生思想政治教育的重要任务。为推进大学生心理健康教育工作科学化建设，根据《中共中央国务院关于进一步加强和改进大学生思想政治教育的意见》（中发〔2004〕16号）和《教育部卫生部共青团中央关于进一步加强和改进大学生心理健康教育的意见》（教社政〔2005〕1号）等文件精神，特制订本标准。

一、大学生心理健康教育体制机制建设

1. 高校应将大学生心理健康教育纳入学校人才培养体系。应成立专门工作领导小组，指定主管校领导负责，心理健康教育和咨询机构、学生工作部门、

[①] 中华人民共和国教育部官网：2011-02-23.

宣传部门、教务部门、人事部门、财务部门、安全保卫部门、后勤保障服务部门、校医院以及各院（系）、研究生院和相关学科教学研究单位等负责人为成员，负责研究制订大学生心理健康教育工作的规划和相关制度，统筹领导全校大学生心理健康教育工作。党委常委会或校长办公会应定期听取专门工作汇报，研究部署工作任务，解决存在的问题。

2. 高校应有健全的校、院（系）、学生班级三级心理健康教育工作网络，各级各部门应有明确的职责分工和协调机制。学校应有机构负责大学生心理健康教育和咨询，纳入学校思想政治教育工作体系，具体组织协调开展全校学生心理健康教育工作；院（系）应安排专兼职教师负责落实心理健康教育工作；组织学生班委会、党团支部等学生组织积极协助辅导员、班主任和研究生导师开展心理健康教育工作。

3. 高校应根据实际情况，研究制订大学生心理健康教育工作的意见或实施办法。应建立考核、奖惩机制，制订年度工作计划。

4. 高校应围绕心理健康教育和咨询机构的规范管理、心理危机预防与干预、心理咨询工作流程、心理健康教育课程教学、心理健康教育从业者职业道德规范等内容，建立健全各项规章制度。

二、大学生心理健康教育师资队伍建设

5. 高校应建设一支以专职教师为骨干，专兼结合、相对稳定、素质较高的大学生心理健康教育和心理咨询工作队伍。高校应按学生数的一定比例配备专职从事大学生心理健康教育的教师，每校配备专职教师的人数不得少于2名，同时可根据学校的实际情况配备兼职教师。

6. 高校应将大学生心理健康教育师资队伍建设纳入学校整体教师队伍建设工作中，加强选拔、配备、培养和管理。从事大学生心理健康教育的教师，特别是直接从事心理咨询服务的教师，应具有从事大学生心理健康教育的相关学历和专业资质。专职教师的专业技术职务评聘应纳入大学生思想政治教育教师队伍序列，设有教育学、心理学、医学等教学研究机构的学校，也可纳入相应专业序列。专兼职教师开展心理辅导和咨询活动应计算相应工作量。

7. 高校应重视大学生心理健康教育专兼职教师的专业培训工作，将师资培训工作纳入年度工作计划和年度经费预算。应保证心理健康教育专职教师每年接受不低于40学时的专业培训，或参加至少2次省级以上主管部门及二级以上心理专业学术团体召开的学术会议。适时安排从事大学生心理咨询的教师接受专业督导。应支持大学生心理健康教育教师结合实际工作开展科学研究。

8. 高校所有教职员工都负有教育引导学生健康成长的责任，要着力构建和谐、良好的师生关系，强化大学生心理健康教育的全员参与意识。学校应将心理健康教育内容纳入新进教师岗前培训课程体系。辅导员、班主任、研究生导师是大学生心理健康教育工作的重要力量，每年应为他们至少组织一次心理健康教育专题培训。应对学生宿舍管理员等后勤服务人员开展相关常识培训。

三、大学生心理健康教育教学体系建设

9. 高校应充分发挥课堂教学在大学生心理健康教育工作中的主渠道作用，根据心理健康教育的需要建立或完善相应的课程体系。学校应开设必修课或必选课，给予相应学分，保证学生在校期间普遍接受心理健康课程教育。

10. 高校应充分考虑学生的心理发展规律和特点，科学规范大学生心理健康教育课程的教学内容，切实改进教育教学方法。应有专门的教学大纲或教学基本要求。教学内容设计应注重理论联系实际，力求贴近学生。应通过案例教学、体验活动、行为训练等多种形式提高课堂教学效果，通过教学研究和改革不断提升教学质量。

四、大学生心理健康教育活动体系建设

11. 高校应面向全体学生开展心理健康教育活动，不断创新心理健康教育活动形式，拓展心理健康教育途径，积极营造良好的心理健康教育氛围。

12. 高校应通过广播、电视、校刊等多种媒介，积极开展心理健康教育宣传活动，应重视心理健康教育网络平台建设，开办专题网站（网页），充分开发利用网上教育资源。

13. 高校应充分发挥广大学生在心理健康教育工作中的主体作用，满足学生自我成长的心理需要。应重视发挥班集体建设在大学生心理健康教育中的重要作用，支持学生成立心理社团，组织开展心理健康教育活动，普及心理健康知识，充分调动学生自我认识、自我教育、自我成长的积极性、主动性。

五、大学生心理咨询服务体系建设

14. 高校应根据行业要求设立心理咨询室，为学生提供心理咨询服务。有条件的高校可在院（系）及学生宿舍设立心理健康教育辅导室。心理咨询室开放的时间应能满足学生的咨询需求。

15. 高校应加强心理咨询制度建设，遵循心理咨询的伦理规范，保证心理咨询工作按规定有效运行。应建立健全心理咨询的值班、预约、重点反馈等制度。应加强心理咨询个案记录与档案管理工作，坚持保密原则，按规定严格管理心理咨询记录和有关档案材料。应定期开展心理咨询个案的研讨与督导活动，不断提高心理咨询的专业水平。

16. 高校应通过多种途径开展心理咨询服务。应经常开展团体心理辅导活动，针对不同学生群体的需求，研究制订相应的团体心理辅导计划和实施方案，努力帮助学生解决心理问题，促进健康发展。应向全校学生公布心理健康教育和咨询机构的咨询信箱、咨询电话和网址。有条件的学校可提供网上咨询预约和网络咨询服务。

六、大学生心理危机预防与干预体系建设

17. 高校应坚持预防为主的原则，重视心理健康知识的普及宣传工作，充分发挥心理健康教育工作网络的作用，通过新生心理健康状况普查、心理危机定期排查等途径和方式，及时发现学生中存在的心理危机情况。学校要对有较严重心理障碍的学生予以重点关注，并根据心理状况及时加以疏导和干预。应加强对患精神疾病学生康复及康复后的关注跟踪。

18. 高校应制订心理危机干预工作预案，明确工作流程及相关部门的职责。应积极在院（系）、学校心理健康教育和咨询机构、校医院、精神疾病医疗机构等部门之间建立科学有效的心理危机转介机制。有条件的高校可在校医院设立精神科门诊，或聘请精神专科职业医师到校医院坐诊。对有较严重障碍性心理问题的学生，应及时指导学生到精神疾病医疗机构就诊；对有严重心理危机的学生，应及时通知其法定监护人，协助监护人做好监控工作，并及时将学生按有关规定转介给精神疾病医疗机构进行处理。转介过程应详细记录，做到有据可查。

19. 高校应按照有关规定做好心理危机事件善后工作，应重视对危机事件当事人及其相关人员提供支持性心理辅导，最大程度地减少危机事件的负面影响。应及时总结经验教训，提高师生对心理危机事件的认识以及应对心理危机的能力。

七、大学生心理健康教育工作条件建设

20. 高校应保障心理健康教育工作经费，并纳入学校预算，确保大学生心理健康教育的日常工作需要。

21. 高校应加强心理健康教育和咨询场地建设。心理健康教育和咨询场地的建设应符合大学生心理健康教育工作的特点和要求，能够满足学生接受教育和咨询的需求。心理健康教育和咨询场地包括预约等候室、个体咨询室、团体心理辅导室、心理测评室等。

22. 高校应为心理健康教育和机构配备必要的办公设备、常用心理测量工具、统计分析软件和心理健康类书籍等心理健康教育产品。

附件2 中共教育部党组关于印发《高等学校学生心理健康教育指导纲要》的通知

教党〔2018〕41号[①]

各省、自治区、直辖市党委教育工作部门、教育厅（教委），新疆生产建设兵团教育局，部属各高等学校党委、部省合建各高等学校党委：

《高等学校学生心理健康教育指导纲要》已经部党组会议审议通过，现印发给你们，请结合实际认真贯彻执行。有关落实情况，请及时报告我部思想政治工作司。

中共教育部党组
2018年7月4日

高等学校学生心理健康教育指导纲要

心理健康教育是提高大学生心理素质、促进其身心健康和谐发展的教育，是高校人才培养体系的重要组成部分，也是高校思想政治工作的重要内容。为深入学习贯彻习近平新时代中国特色社会主义思想和党的十九大精神，推动全国高校思想政治工作会议精神落地生根，切实加强高校思想政治工作体系建设，进一步提升心理育人质量，根据原国家卫生计生委、教育部等22部门联合印发的《关于加强心理健康服务的指导意见》和中共教育部党组《高校思想政治工作质量提升工程实施纲要》的工作要求，特制定本指导纲要。

一、指导思想

深入学习贯彻习近平新时代中国特色社会主义思想，全面贯彻党的教育方针，把立德树人的成效作为检验学校一切工作的根本标准，着力培养德智体美全面发展的社会主义建设者和接班人。坚持育心与育德相统一，加强人文关怀和心理疏导，规范发展心理健康教育与咨询服务，更好地适应和满足学生心理健康教育服务需求，引导学生正确认识义和利、群和己、成和败、得和失，培育学生自尊自信、理性平和、积极向上的健康心态，促进学生心理健康素质与思想道德素质、科学文化素质协调发展。

[①] 中华人民共和国教育部官网：2018-07-06.

二、总体目标

教育教学、实践活动、咨询服务、预防干预"四位一体"的心理健康教育工作格局基本形成。心理健康教育的覆盖面、受益面不断扩大，学生心理健康意识明显增强，心理健康素质普遍提升。常见精神障碍和心理行为问题预防、识别、干预能力和水平不断提高。学生心理健康问题关注及时、措施得当、效果明显，心理疾病发生率明显下降。

三、基本原则

——科学性与实效性相结合。根据学生身心发展规律和心理健康教育规律，科学开展心理健康教育工作，逐步完善心理健康教育和咨询服务体系，切实提高学生心理健康水平，有效解决学生思想、心理和行为问题。

——普遍性与特殊性相结合。坚持心理健康教育工作面向全体学生开展，对每个学生心理健康发展负责，关注学生个体差异，注重方式方法创新，分层分类开展心理健康教育，满足不同学生群体心理健康服务需求。

——主导性与主体性相结合。充分发挥心理健康教育教师、心理咨询师、辅导员、班主任等育人主体的主导作用，强化家校育人合力。尊重学生主体地位，充分调动学生主动性、积极性，培养自主自助维护心理健康的意识和能力。

——发展性与预防性相结合。加强心理健康知识的普及和传播，充分挖掘学生心理潜能，培养积极心理品质，促进学生身心和谐发展。重视心理问题的及时疏导，加强心理危机预防干预，最大限度预防和减少严重心理危机个案的发生。

四、主要任务

1. 推进知识教育。健全心理健康教育课程体系，结合实际，把心理健康教育课程纳入学校整体教学计划，规范课程设置，对新生开设心理健康教育公共必修课，大力倡导面向全体学生开设心理健康教育选修和辅修课程，实现大学生心理健康教育全覆盖。公共必修课程原则上应设置2个学分、32—36个学时。完善心理健康教育教材体系，组织编写大学生心理健康教育示范教材，科学规范教学内容。开发建设《大学生心理健康》等在线课程，丰富教育教学形式。创新心理健康教育教学手段，有效改进教学方法，通过线下线上、案例教学、体验活动、行为训练、心理情景剧等多种形式，激发大学生学习兴趣，提高课堂教学效果，不断提升教学质量。

2. 开展宣传活动。加强宣传普及，通过举办心理健康教育月、"5·25"大学生心理健康节等形式多样的主题教育活动，组织开展各种有益于大学生身心健康的文体娱乐活动和心理素质拓展活动，不断增强心理健康教育吸引力和感染力。拓展传播渠道，充分利用广播、电视、书刊、影视、动漫等传播形式，组织创作、展示心理健康宣传教育精品和公益广告，传播自尊自信、乐观向上的现代文明理念和心理健康意识。创新宣传方式，主动占领网络心理健康教育新阵地，建设好融思想性、知识性、趣味性、服务性于一体的心理健康教育网站、网页和新媒体平台，广泛运用门户网站、微信、微博、手机客户端等媒介，宣传心理健康知识，倡导健康生活方式，提高心理保健能力。发挥学生主体作用，支持学生成立心理健康教育社团，组织开展心理健康教育活动，增长心理健康知识，提升心理调适能力，积极进行心理健康自助互助。强化家校育人合力，引导家长树立正确教育观念，以健康和谐的家庭环境影响学生，有效提升心理健康教育实效。

3. 强化咨询服务。优化心理咨询服务平台，加强硬件设施建设，设立心理发展辅导室、心理测评室、积极心理体验中心、团体活动室、综合素质训练室等，积极构建教育与指导、咨询与自助、自助与他助紧密结合的心理健康教育与咨询服务体系。完善体制机制，健全心理健康教育与咨询的值班、预约、转介、重点反馈等制度，通过个体咨询、团体心理辅导、电话咨询、网络咨询等多种形式，向学生提供经常、及时、有效的心理健康指导与咨询服务。实施分类引导，针对不同学段、不同专业学生，精准施策，因材施教，把解决思想问题、心理问题与解决实际问题结合起来，在关心呵护和暖心帮扶中开展教育引导。遵循保密原则，建立心理健康数据安全保护机制，保护学生隐私，杜绝信息泄露。

4. 加强预防干预。完善心理测评方式，优化量表选用，禁止使用可能损害学生心理健康的方法和仪器。科学分析经济社会快速发展、互联网新媒体应用快速推进、个人成长历程、家庭环境等因素对学生心理健康的深刻影响，准确把握学生心理健康状况及变化规律，不断提高心理健康素质测评覆盖面和科学性。健全心理危机预防和快速反应机制，建立学校、院系、班级、宿舍"四级"预警防控体系，完善心理危机干预工作预案，做好对心理危机学生的跟踪服务，注重做好特殊时期、不同季节的心理危机预防与干预工作，定期开展案例督导和个案研讨，不断提高心理危机预防干预专业水平。建立心理危机转介诊疗机制，畅通从学校心理健康教育与咨询机构到校医院、精神卫生专业机构的心理危机转介绿色通道，及时转介疑似患有严重心理或精神疾病的学生到专业机构接受诊断和治疗。

五、工作保障

1. 队伍建设。各高校要建设一支以专职教师为骨干、以兼职教师为补充，专兼结合、专业互补、相对稳定、素质良好的心理健康教育师资队伍。心理健康教育专职教师要具有从事大学生心理健康教育的相关学历和专业资质，要按照师生比不低于1∶4000配备，每校至少配备2名。心理健康教育师资队伍原则上应纳入高校思想政治工作队伍管理，要落实好职务（职称）评聘工作。设有教育学、心理学教学机构的高校，可同时纳入相应专业队伍管理。积极组织开展师资队伍培训，保证心理健康教育专职教师每年接受不低于40学时的专业培训，或参加至少2次省级以上主管部门及二级以上心理学专业学术团体召开的学术会议。充分调动全体教职员工参与心理健康教育的主动性和积极性，重视对班主任、辅导员以及其他从事高校思想政治工作的干部、教师开展心理健康教育知识培训。

2. 条件保障。各高校应落实心理健康教育专项工作经费，配备必要的办公场地和设备。有条件的高校，要建立相对独立的心理健康教育与咨询机构和院（系）二级心理辅导站。要建设校内外心理健康教育素质拓展基地，培育高校心理健康教育优秀工作案例，辐射推动区域和全国高校心理健康教育工作。

六、组织实施

1. 组织管理。各级教育工作部门要切实加强对学生心理健康教育工作的统一领导和统筹规划，积极支持开展大学生心理健康教育工作，要将心理健康教育工作作为高校思想政治工作测评和文明校园创建的重要内容。各高校要将心理健康教育纳入学校改革发展整体规划，纳入人才培养体系、思想政治工作体系和督导评估指标体系。要明确心理健康教育工作牵头负责职能部门，构建校内各部门统筹协调机制，研究制定心理健康教育的工作规划和相关制度。

2. 评估督导。各级教育工作部门要研究制定大学生心理健康教育工作的评价与督导指标体系，组织或委托心理学专家以及实践工作者，定期对学生心理健康教育工作开展评估、督导。评估、督导内容包括学校重视和支持程度、机构设置情况、专项经费保障、师资队伍建设、教学科研、开展辅导或咨询情况以及工作实效等。

3. 科学研究。各级教育工作部门和各高校要推动开展心理健康教育基础理论研究，逐步形成具有中国特色的心理学、教育学学科体系、学术体系、话语体系，促进研究成果转化及应用。开展心理健康教育相关理论和技术的实证研究，促进临床服务规范。开展心理健康问题的早期识别与干预研究，推广应用效果明确的心理干预技术和方法。

全国民办高校和中外合作办学类高校学生心理健康教育工作，参照本指导纲要执行。

第二章

课程教学

课程教学是大学生心理健康教育工作的主渠道,课堂成为推进大学生心理健康教育和知识普及的重要阵地。《普通高等学校学生心理健康教育课程教学基本要求》(教思政厅〔2011〕5号)明确提出高校要开设心理健康教育必修课。构建"大学生心理健康教育(必修课)+系列选修课"的课程体系,面向大一新生开设心理健康教育公共必修课,针对其他年级开设满足学生心理健康和人格完善需求的心理健康教育选修课程,实现大学生心理健康教育全覆盖。心理健康教育课程经过丰富多样的教学活动,为大学生的健康成长、认识自我、发展自我,以及与他人和社会的和谐共处和发展提供实践指导和精神食粮。

第一节 心理健康教育必修课的开展

开设大学生心理健康教育必修课是教育部文件的要求,是充分发挥课堂教学在大学生心理健康教育工作中的主渠道作用,保证学生在校期间普遍接受心理健康课程教育的重要举措。2018年,国家教育部发布了《高等学校学生心理健康教育指导纲要》(教党〔2018〕41号),文件要求健全心理健康教育课程体系,结合实际,把心理健康教育课程纳入学校整体教学计划,规范课程设置,对新生开设心理健康教育公共必修课,实现大学生心理健康教育全覆盖。

一、大学生心理健康教育课程的教学目标和教学计划

(一)大学生心理健康教育课程的教学目标

大学生心理健康教育课程是按照学生成长成才规律,应用心理学的专业知识与技能,根据学生的一般心理状况,如人际关系、恋爱观选择、情绪管理、学习心理调适等方面,坚持育心与育德相结合,以加深学生对心理科学知识的理解和积累,增强学生心理保健意识与心理危机应对能力,从而培养学生心理素养，得以全面发展。该课程以发展和预防为导向，是主动、积极和发展的课程，它旨在促进青年大学生顺利适应大学生活，提高和增强大学生心理素质，努力促进大学生健康成长，减少成长的烦恼，提高生命的质量。

具体来说，通过课程教学，要让学生在知识、技能、态度三个层面达到以下目标。

知识目标：本课程主要讲现代社会人类健康的新理念、大学生心理健康的评价标准、青年期心理发展的年龄特征以及大学生常见的心理障碍与防治等健康心理学的基本概念和基本理论，帮助学生了解影响个体心理健康的各种因素，理解自我意识、情绪与情感状态、意志品质、人格特征、品德修养等个体心理素养与心理健康的关系。

技能目标：本课程根据自身理论性与实践性强的特点，通过课堂教学，帮助学生掌握人际关系调适、青春期性心理与恋爱心理的维护、求职与择业的心理准备以及挫折应对方式等方面的基本方法与技能，来提高学生的社会适应能力。

态度目标：通过本课程的教学，帮助学生进一步认识心理健康的重要意义，使学生主动运用课堂所学知识解决生活中遇到的各类心理困扰，自觉地优化性格品质，激发心理动力，提高心理能力，培育健康心理，增强社会适应力，使学生逐渐成为具有良好心理品质和健全人格的人。

大学生心理健康教育课程通过主体体验式教学，使学生了解心理健康基本知识，掌握基本的心理调适方法；通过课程的实训模块，进一步增强学生的自信心和耐挫性，培养学生乐观积极的生活态度和顽强的意志品质，通过理论与实践的有机融合，达到培养学生良好心理素养的目的，从而为他们的全面发展提供良好的基础。

高职院校心理健康教育课程担负了三大目标：一是培养学生优良的心理品质，包括智能品质、情感品质、意志品质以及其他各种优良的个性心理品质；二是提供心理指导与咨询，包括职业指导、学习方法指导、人际关系咨询等；三是维护心理健康，提高心理机能，进而促进整体素质的提高和个性的发展。[①]

（二）大学生心理健康教育课程的教学计划

大学生心理健康教育是学校结合开展学生素质教育而开设的一门集理论知识教学、个体心理咨询、团体心理辅导以及宣传教育活动等于一体的必修课程。

---

① 夏谦，周学平．高职院校心理健康教育课程建设及教学实践初探［J］．当代职业教育，2011，(09)：39-41.

《普通高等学校心理健康教育课程教学要求》提出，要把高校学生心理健康教育课程纳入教学计划和人才培养方案，作为公共必修课设置2个学分，32—36个学时，每周两个学时，理论教学和实践课程的比例可以根据实际进行调整。针对高职院校实际，课堂教学12学时，实践课程20学时较为合适。大学生心理健康教育课程的教学要求是：

1. 面向全体学生

大学生心理健康教育课程面向全体学生，以整体目标为核心，结合学校一年级自身特点和大一学生普遍存在的诸如适应问题、自我认识问题、人际关系问题、异性交往问题等设计菜单式的心理健康课程内容，充分体现课程的整体性、灵活性和多样开放性。

2. 精选教学内容

根据能力要求与教学内容编制讲义，要紧密联系学生的实际生活，选取充满时代气息、真实反映社会、学生感兴趣的内容，使之不仅符合学生的知识水平、认知水平和心理发展水平，还可以使他们对社会有比较全面、客观的认识。同时，尽可能设计趣味性较强的话题和活动，激发学生参与的兴趣和热情。

3. 倡导体验分享

该课程倡导活动型的教学模式，教师应根据具体目标、教学内容、条件、资源的不同，结合教学实际，选用并创设丰富多彩的活动形式，以活动为载体，使学生在教师的引领下，通过参与、合作、感知、体验、分享等方式，在同伴之间相互反馈和分享的过程中获得成长。

4. 开发课程资源

教师应将现代化教育技术与该课程教学有机结合，要通过合理利用音像、电视、报纸杂志、网络信息等丰富的教学资源，给学生提供贴近生活实际、贴近学生发展水平、贴近时代的多样化的课程资源，拓展学习和教学途径。

5. 注重教学过程

（1）丰富学生经验

教师要通过多种教学活动和手段，结合学生现实生活中实际存在的问题，共同探究学习主题，帮助学生增进积极的自我认识、获得丰富的情感体验、形成积极的生活态度、建立良好的人际关系、不断丰富学生的生活体验，使学生在获得内心体验的过程中，获得感悟和提高。

（2）引导学生自助、助人

在教学中要注意引导学生从自己的世界出发，用多种感官去观察、体验、感悟社会和生活，获得对世界的真实感受，让学生在活动中探究，在分享中发现和解决问题，要引导学生学会对自己负责，及时鼓励学生相互间的支持和互助行为。

（3）注重团体动力

在课堂教学中应特别重视利用团体动力来激发学生参与活动的热情；利用团体气氛调动学生相互分享和反馈；利用团体支持使活动效果得到加强。

二、高职心理健康教育课程的教学内容和教材建设

（一）高职心理健康教育课程的教学内容

1. 教育部要求规定的大学生心理健康教育课程教学内容

《普通高等学校学生心理健康教育课程教学基本要求》明确规定了大学生心理健康教育课程内容体系和教学大纲。要求中把大学生心理健康教育课程的教学主要内容分为以下三个部分：第一部分是了解心理健康的基础知识，包括大学生心理健康导论、大学生心理咨询、大学生心理困惑及异常心理；使学生了解心理健康的标准及意义，了解异常心理的表现，树立正确的心理健康观念。第二部分是了解自我与发展自我，包括大学生的自我意识与培养、大学生人格发展与心理健康；使学生了解并掌握自我意识发展的特点，识别自我意识发展过程中出现的偏差并能够对其进行调适，建立自尊自信的自我意识；了解人格的基本知识、当代大学生的人格特征和自我人格发展状况，掌握大学生常见人格缺陷的表现、形成原因及调适方法。第三部分是提高自我心理调适能力，包括七个内容：（1）帮助学生了解在大学期间需要发展的能力目标，并对自己的大学生涯进行规划，有目的地安排自己的时间，更好适应大学生活，获得自我发展；（2）使学生了解大学学习活动的基本特点与学习心理特点，了解大学生学习心理障碍的表现及成因，学会调适学习心理障碍，使自己拥有良好的学习心理状态；（3）使学生了解自身的情绪特点，掌握情绪调适的方法，自主调控情绪，保持良好的情绪状态；（4）使学生理解影响大学生人际交往的因素，掌握基本的交往原则和技巧，了解人际关系障碍的类型及调适方法，增强人际交往能力；（5）使学生了解自身性生理和心理的发展，认识大学生恋爱心理的特点，了解大学生在性心理和恋爱心理方面存在的问题，形成对性心理和恋爱心理的正确认识；（6）使学生了解大学生压力及挫折的主要来源，了解压力与挫折对人生的意义，学会正确管理压力和应对挫折；（7）使学生认识生命，尊重生命，珍爱生命，帮助大学生识别心理危机的信号，掌握初步的干预方法，预防心理危机，维护生命安全。

2. 高职院校心理健康教育课程的内容设定

高职心理健康课程教学不同于专业课等其他教学，教师在课前可以通过发放问卷或者访谈，充分了解掌握学生的心理状况及其对课程内容的需求，以更精细地确定教学内容，有针对性地开展教学，有效促进学生自我调适、自我成长和自我发展。有关调查显示，高职生最想要学到的教学内容排前三的依次是：自我认知、人际关系、情绪情感。[①] 高职心理健康教育课程内容更加强调实践性和体验性，要求课程教学能够做到融心理健康知识、心理问题解决技能以及个人情感体验与改变为一体。根据高职学生的实际，高职院校心理健康教育课程的内容设置应包括以下几个方面：

其一是自我认知教育。高职生处于自我认同与迷失的矛盾阶段，需要帮助学生正确认识和评估自我，重新给自己定位，确立人生奋斗目标，制定正确的学业规划，重新找回自信和自我价值感。通过自我意识教育，扬长补短，挖掘个人内在潜能，促使自身素质和能力稳步提升。

其二是人际交往教育。几乎所有的心理问题都与人际关系有关，而不懂得如何与人交往并建立良好关系又是当代高职生的短板，通过人际交往教育，帮助学生明确人际关系的重要性和人际交往原则，在交际中运用恰当的途径展示个性优势。同时，通过人际交往教育，让高职学生掌握必要的沟通交流技巧，培养他们的情商，从根本上促进他们的人际和谐融洽，真正提高他们的人际交往能力。

其三是情绪情感教育。高职生正处在青春时期，对于情感变化既强烈又好奇，无法把控自身情感，部分学生也不能有效自我调节情绪，相当一部分学生情绪不够稳定，波动较大。青春期的学生渴望美好的爱情，但他们心理又尚未完全成熟，不能妥善处理好恋爱中的各种矛盾冲突，非常容易导致心理困扰，甚至还容易发生过激事件。情绪情感教育可以让高职生充分掌握个人情绪转变特征，学会释放心理压力和负面情绪，理解和包容别人的情感状态，学会分辨友情与爱情，懂得珍惜情感。

其四是心理弹性调适教育。高职学生的心理障碍需要通过心理弹性教育进行调适，让他们在遇到问题时，去除自己头脑中的非理性思维，保持冷静与理性，根据问题探索针对性的解决措施，学会弹性与变通，逐渐提升心理素质和应对能力，掌握心理问题的处理技巧。

---

① 刘小琴. 高职院校心理健康教育课程学生需求的调查与分析［J］. 创新创业理论研究与实践，2020，(19)：82-84.

(二)高职生心理健康教育课程教材建设

1. 心理健康教育课程教材建设的依据

教材是课程的核心工具，教材的内容反映了心理健康教育工作者对大学生心理健康工作体系与内容的认识。高校心理健康教育教材是学生获得心理基础知识、进行心理体验感悟和提升心理素质能力的主要材料；是任课教师进行备课的主要资料、组织课堂的主要资源和评价教学成效的主要依据；是教研室制定课程计划、学科教学任务和人才培养方案的重要参考指标。

《高等学校学生心理健康教育指导纲要》（教党〔2018〕41号）要求完善心理健康教育教材体系，组织编写大学生心理健康教育示范教材，科学规范教学内容。教育部制定的《普通高等学校学生心理健康教育课程教学基本要求》是心理健康教育课程纲领性指导文件，是编制教材的依据。《基本要求》提出大学生心理健康教育课程内容分为心理健康基础知识、自我意识、心理调适能力三大部分，具体划分为大学生心理健康导论、大学生心理咨询、大学生心理困惑及异常心理、大学生的自我意识与培养、大学生人格发展与心理健康、大学期间生涯规划及能力发展、大学生学习心理、大学生情绪管理、大学生人际交往、大学生性心理及恋爱心理、大学生压力管理与挫折应对、大学生生命教育与心理危机应对。现阶段高职教育学制短，大多数通过"2+1"模式（在校学习两年加上顶岗实习一年）培养学生，学生在校学习时间较短，学习任务较重，因此高等职业学校心理健康教育教材涵盖的专题和内容应以《基本要求》为依据，但不应太多，10~12个为宜。

教材内容上应贯彻以学生为中心的教学理念，反映当代大学生心理的内在需求，遵循心理体验成长与身心全面发展相结合，以《基本要求》为纲领，涵盖大学生活的主要方面和领域，符合高职学生的心理需要，注重高职学生的意志培养和人格完善，引导他们体验、感受和感悟，成长为心理素质与思想道德素质、科学文化素质协调发展的时代新人；同时还要注重心理应用能力与职业发展素质相结合，不同的职业发展需要不同的心理应用能力，专题内容设置应引导学生根据自身职业发展，将获得的心理体验内化为个人适应社会生活和职业生涯发展的主体能力，提升学生的心理健康水平与职业素质。[①]

2. 心理健康教育课程教材建设的考虑要素

大学生心理健康教育课程教材建设是高校贯彻教育部《基本要求》和《纲

[①] 李惠贤.关于高等职业学校心理健康教育教材的建设思路[J].广东教育，2020，(08)：36-37.

要》的重要环节，因此，教材建设应在体例和设计中有意识地融入《基本要求》和《纲要》提出的教学方法和教学形式，同时考虑对任课教师的课堂组织实施有辅助作用。

(1) 遵循课堂组织逻辑顺序

为减轻任课教师的备课负担，提升课堂教学的实际成效，教材建设要遵循课堂组织逻辑顺序，可以按照"知识传授、心理体验和行为训练"的逻辑顺序进行建设，具体包括：导读案例或故事引入、理论知识讲解、心理体验环节及行为训练活动、章末小结和延伸拓展等。

(2) 体现互动体验教学理念

根据高职学生普遍对理论学习兴趣较低、对实践训练参与度较高的特点，在教材中可适当设置团体心理辅导活动、内省感悟活动和素质拓展活动，以体现互动体验教学理念。团体心理辅导活动能更好地将心理健康教育知识、情感体验和行为训练融为一体，使学生在体验中得到共情。内省感悟活动关注学生自身的内心感悟和情感表达，让学生通过自我体验实现心理成长。素质拓展活动能进一步促进学生心理素质的提升。

(3) 设置课堂教学辅助资源

为促进学生自学和协助教师开展教学，心理健康教育教材应设置课堂教学辅助资源，例如：课前可设置一些与课堂相关的故事赏析、视频观看、小任务、案例分析等活动，有利于引入课堂主题。课后可以提供一些拓展阅读或线上学习资源，帮助学生延伸丰富心理学知识，涉及心理训练的，可配备扫码播放的背景音乐；涉及影视或视频作品的，可配备扫码观看的资源；等等。

(4) 帮助学生心理素养提升

心理健康教育教材应将心理学专业知识和学校、学生的生活和学习实际紧密结合起来，回应大学生心理需要，涵盖大学生活的主要方面和领域。同时，将心理健康素养知识融入其中，促进学生有意识地促进和维护自身和他人的心理健康，提升个人的心理健康素养。

三、高职心理健康教育课程的教学组织形式和教学方法

《普通高等学校学生心理健康教育课程教学基本要求》提出，高校学生心理健康教育课程既有心理知识的传授，心理活动的体验，还有心理调适技能的训练等，是集知识、体验和训练为一体的综合课程。课程要注重理论联系实际，注重培养学生实际应用能力。课程要充分发挥师生在教学中的主动性和创造性。教师要尊重学生的主体性，充分调动学生参与的积极性，开展课堂互动活动，

避免单向的理论灌输和知识传授。课程要采用理论与体验教学相结合、讲授与训练相结合的教学方法，如课堂讲授、案例分析、小组讨论、心理测试、团体训练、情境表演、角色扮演、体验活动等。在教学过程中，要充分运用各种资源，利用相关的图书资料、影视资料、心理测评工具等丰富教学手段。也可以调动社会资源，聘请有关专家，举办专题讲座等。

（一）高职心理健康教育课程的教学组织形式

高职学生有其独有的心理特征：学生一般性格较为活泼、好动，存在着倦怠理论学习的情况，但愿意进行实践教学活动，更倾向于体验式、实践型的教学。因此，根据他们活泼好动、乐于开展实践活动的特点，引导他们发挥优势特长，调动他们的学习兴趣和热情，提高课堂教学效果，从而提升教学质量。调查表明，高职生最喜欢类似情境、案例、团辅、训练、访谈等注重体验式和实践性的教学方式。因此，高职院校要针对学生心理需求，推行体验式教学思想，课堂教学和实践课程的比例可以根据实际进行调整。根据教学实践，课堂教学12学时，实践课程20学时较为合适。具体实施如下：

（1）课程强调学生心理健康知识的实际运用，培养和锻炼学生的心理素质。要强调理论教育与实践训练相结合，充分利用各类实践资源，突出心理健康课程教学过程和教学内容的实践性。课堂教学环节应突出重点，选取与大学生心理需要紧密相关的内容，如心理健康常识、自我意识、人际交往、亲子关系、恋爱与性、情绪和压力管理等，以专题形式开展教学。实践项目可以包括各类心理健康教育实践活动，如心理测试、心理讲座、团体心理辅导、心理影片赏析、心理素质拓展与训练、校园心理剧表演等，学生可以根据自身特点和需要自主选择参与。学生参加心理健康实践活动，可获取相应学时数的"实践课程学时认定"。每学期（或学年）统计汇总学生实践课程学时完成情况，按照相应比例合并计算实践课和课堂教学成绩，得出该课程总评成绩。

（2）课程强调体验式理念，将团体心理辅导技术融入教学过程中，开设以体验式训练和团体心理辅导为主要形式的课程，授课教师可以充分利用团体心理辅导技术，通过多重互动体验式的教学手段以及角色扮演、互动游戏、行为训练、心理情景剧等多种形式，提升课堂教学效果。

应以团体心理辅导形式开设体验式教育、自我成长和人际交往等选修课程；组织不同类型的学生开展"自我成长""静心减压""生涯探索""人际交往""亲密关系"等团体心理辅导训练营，每个团体一般可以开展6—8次集中活动，每次一个小专题，严格按照专业要求运作，从而提供同辈交流和互动的有效平台，也可开展户外素质拓展训练活动，如"同心鼓""信任背摔""能量传输"

"十人九足""移花接木""穿越电网""无敌风火轮"等项目，以此来培养学生综合心理品质、提高学生总体素养。

（3）课程还应借助网络平台。随着移动互联网的普及，大学生越来越习惯于接受线上教学，采用较为自主的方式学习。线上教学的设置，可以丰富大学生心理健康教育载体，符合当前大学生学习特点，为大学生即时学习心理健康知识提供便利，有效地弥补线下课程存在的不足。教师应积极探索线上教学，线上与线下结合，丰富心理健康教育资源。线上教学须注意两点：一方面，可以通过超星或"智慧树"等网络平台开设心理健康教育相关课程，选取内容宜新颖活泼，生动有趣；另一方面，可采用慕课教学方式，给学生提供充足的活动交流环节，通过课堂翻转、实景案例等教学手段，让学生很轻松地投入自主学习中去，学生的主体地位得到了较大的提升。

（二）高职心理健康教育课程的教学方法

高职心理健康教育课程要强调以学生为主体，通过学生的参与和体验，以激发学生内在动机为中心，注重启发学生对心理健康知识的领悟和应用。常用的教学方法有以下几种：

（1）讲授法。讲授法是较为常用的教学方法，是大学生心理健康教育课程教学中的常用方法。心理健康的基本理论知识、定义、概念、大学生心理特点与健康现状等内容可以先采用讲授法来进行教学。但必须注意的是在教学中教师要结合典型心理案例，设法与大学生的实际学习生活密切联系，同时应注重师生互动，可穿插一些能引起学生兴趣的心理游戏和心理测验。这样，才能更有效地防止课堂讲授给学生造成枯燥无味的印象，让学生更积极地投入课堂当中。

（2）讨论法。讨论法是能更有效调动学生积极主动参与到课堂教学中的教学方法，可以集思广益、沟通思想和感情，促使问题的解决。讨论的具体内容要根据教学要求进行选择，可以紧密联系实践。在讨论的过程中学生可相互启发，使思想观念相互激荡，发现和解决问题，进而达到心理素质的自我提升与心理不适的自我调节。讨论法在具体应用中可以采用多种形式：如专题讨论、小组讨论、辩论式讨论、案例讨论、自由发言、头脑风暴等。

（3）认知法。依靠学生的感知、想象和思维等认知活动来达到教学目标。主要通过阅读和听故事、多媒体教学、艺术欣赏、联想活动、认知改变、参观访问及调查等方式进行。这种方法旨在创设情境以丰富学生的感知形象，陶冶学生的情操，引发共鸣体验，实现感悟明理，起到心理教育的作用。

（4）操作法。主要通过学生的言语和动作的操作活动来达到心理教育的目的。常用的方式有游戏、测验、讲演、绘画、唱歌、手语舞、手指操等。游戏是学生最喜爱和乐于接受的活动，实施中应该重在游戏的历程，使参加者在游戏过程中探究、感受、体验、顿悟、分享、成长，而不是重在游戏的结果。

（5）角色扮演法。角色扮演法是通过行为模仿或行为替代来影响个体心理过程的方法。它通过戏剧角色演出的形式，要求学生根据教师的指导在一个特殊场景下模拟某个人物的话语、动作等，引导他们体验惊恐、欣喜、忧愁、气愤等，剖析并找到问题的根源，从而有意识地调整不良的心理状态。情景模拟讨论过程可进一步激发学生在模拟情境中和教师、同学们一起探讨问题的积极性，利用模拟情境感受心理困扰带给个体的冲击，同时利用讨论培养他们自助或寻求解决问题的能力。这种方法不仅引发学生自己体验，而且有助于学生发泄不良情绪，帮助他们主动进行心理调适，促进心理健康发展。角色扮演法能够调动学生的表演激情和创造兴趣，为大学生心理健康教育课的教学注入了新鲜的活力；而学生们在互动表演中学会了积极的沟通交流，在教师和学生的导与演配合中建立了平等信任的关系。

（6）团体心理辅导训练法。团体心理辅导训练法以"体验式"教学为主，通过各种团体游戏、小组讨论、情境体验、角色交换等方法开展，指导学生在团体活动中反思、通过自己或者同辈力量解决问题。将团体心理辅导训练应用于大学生心理健康教育课程教学中，既可以为大学生带来全新的课程学习体验，也更加注重大学生在心理健康教育课程学习中的情感体验，从而对转变行为、创新思想等方面产生正面影响。团体心理辅导需要与大学生心理健康教育课程保持一致，帮助大学生更好地解决日常生活中的问题。在团体心理辅导活动课程中，教师通过引入趣味性元素，提高学生的参与活动热情，引导学生在课堂上积极分享，增加课堂学习互动，同时将课程教学与大学生的现实生活所学相结合，提高学生的感悟力，促进其全面发展，提高大学生心理健康教育课程教学的质量。

（7）户外素质拓展训练法。户外素质拓展训练法在心理健康教育课程中非常受欢迎，因为这种体验式教学符合学生心理需要，能够显著提高学生的学习兴趣和参与度，在教学过程中还可以充分调动学生的个人潜能，激发创新思维能力，提高实际解决问题的能力，培养学生的团队合作意识和集体荣誉感，让学生在游戏中体验挑战自我的乐趣，培养他们的自信心，进而达到认识自我、激发潜能、树立积极健康的生活信念，并将这些感悟内化于行动，将行动变为习惯，在未来的学习生活中科学定位个人目标，不断突破自我，为未来的工作和生活打下坚实基础。

四、心理健康教育课程的考核和教学评价

（一）心理健康教育课程的考核

心理健康教育课程的考核比较复杂，它不同于其他课程那样对知识或技能的考核，教育的效果是看学生心理健康意识、人际关系能力等水平有否提高，而非心理知识的测试。由于心理健康教育的成效是一个持续渐进的过程，要在短期内看出教学效果是非常困难的。所以，心理健康教育课程的评价主要采取过程性评价。根据课程的总体目标，我们可以把平时考核和期末考核结合起来，具体方法是把平时成绩考核细致化、鼓励化、体验化，学生在课堂中的每一次展示、参与合作的情况、活动中的体验感悟等等都给予一定成绩肯定。另外，和课外的实践活动也结合起来，比如参加心理健康月活动、心理志愿者服务和心理社团组织的活动等等，都可作为成绩的加分项，鼓励学生在平时也多参与、多体验，渗透于他们的大学生活中，通过考核，更进一步全面发展和优化他们的心理素质。具体说来，心理健康教育课程在考核时需注意以下几点[①]：

1. 明确考核目标

教育部办公厅印发的《普通高等学校学生心理健康教育课程教学基本要求》（教思政厅〔2011〕5号）明确了课程教学目标，旨在使学生明确心理健康的标准及意义，增强自我心理保健意识和心理危机预防意识，掌握并应用心理健康知识，培养自我认知能力、人际沟通能力、自我调节能力，切实提高心理素质，促进学生全面发展。根据此教学目标，其课程考核目标也需进一步明确，具体内容包括4个方面：（1）督促学生理解并掌握心理健康知识，树立、增强自我心理健康保健意识；（2）检查评定学生自我心理调适、解决实际问题的能力；（3）引导学生自我成长、促进学生全面发展；（4）获得教学效果反馈信息，帮助教师改进教学方法，进一步提高教学质量。

2. 采用知识技能实践运用的考核

《普通高等学校学生心理健康教育课程教学基本要求》明确提出，课程教学评估内容应包括学生对知识的理解和掌握程度，以及学生心理调适能力的提高，要以学生解决实际问题的能力为评估重点。因此，学生心理调适能力、解决实际问题的能力以及自我成长的努力是这门课程考核的重点指标。教师可根据学生自己、同学朋友、辅导员教师、家长对其在日常生活、学习以及社会实践中

---

① 徐爽.《大学生心理健康教育》课程考核方法改革与创新[J].商丘职业技术学院学报，2014，(4)：115-116.

的表现的评价给出客观公正的实践成绩。知识技能的实践运用也可通过任课教师专门设计的情境活动得以体现。在所有的考核内容中，对知识技能实践应用的考核应占较大的权重。

3. 建立发展性考核模式

在设置心理健康教育课程考核时应坚持积极心理学的教育理念，培养学生积极心理品质是一个行为过程，又是学生积极参与体验的过程。所以，课程考核应偏向于学生心理素养的提高，让学生在参加整个积极意义心理健康课程的活动过程中，逐步满足他们的兴趣，了解心理健康知识，这有助于增强心理健康教学的有效性，使学生掌握解决心理问题的方法，促进心理健康水平的提升。在考核内容上，注意描述学生个性化反应，增强学生个人的发展功能。如注重学生发展过程的纵向对比。在考试时，学生如果第一次考得不如意，可适当采取暂时不计分的方式，并允许学生考第二次、第三次，以促使学生再作进一步努力。这样就重视了学生的主观感受，使学生在考试中取得成功，提升信心，促进发展。总之，考核本身亦要考虑学生的心理素质的发展。

4. 要坚持多元化考核方法

所谓考核方法多元化，就是坚决抛弃传统的单一化考核模式，全面贯彻开放式的原则，实行可以全面、客观、动态地反馈学生学习情况的多角度、全方位的考核方法。首先，考核不再单纯依靠学习结束后的考试或作业来评定学生的成绩，而是结合学生学习过程中的课堂表现、个人努力程度等进行综合性的考评。其次，考核不仅仅通过试卷成绩，还要通过学生自我成长记录、教师对学生课堂表现的记录、同伴之间的相互评语、行为观察记录等进行；同时仅凭任课教师的单方面评价也不够全面，还要采用学生自评、同学互评、家长反馈、辅导员教师反馈等方法，其中学生的自我评价尤为重要，可采用自我成长分析报告、自我反省评价等形式，通过学生自己的主观体验来分析其自我变化与成长。最后，采用课内表现考核与课外表现考核相结合的方法，心理健康教育这门课程最注重学生对课堂所学知识的内化和应用，因此，对学生的考核不应受时间空间的限制，应跳出课堂，更多地注重其在课外日常生活中的表现。

5. 建立科学的考核体系，细化指标评分标准

心理健康教育课程的考核应包括平时考核和期末考核两大部分，分别占课程总成绩的60%和40%，其中平时考核的主要内容有课堂内表现、课堂外表现以及自我主观体验，期末考核的主要内容有心理测验和试卷考试。课堂内表现（可占总成绩的20%）主要通过任课教师的随堂观察记录进行评价，包括学生课堂出勤率的高低、认真听课的程度、课堂活动参与情况、发言次数、团队合作

意识的高低、心理素质变化情况等方面；课堂外表现（可占总成绩的20%）主要从学生日常生活中的人际关系、社会生活适应、自我认知、情绪管理及其他行为表现等方面，根据同学间的互评、辅导员教师的评价以及家长的反馈进行考核；自我主观体验（可占总成绩的20%）主要通过阶段性自我成长分析报告、自我反省评价等方法，根据学生对自己在学习中的表现、收获、反思、成长的主观心理体验来考核其心理素质的提高或改善。期末试卷考试可采用开卷考试的方法，通过案例分析、情景再现等题型主要考查学生对心理健康知识的理解、掌握以及心理调适技能的应用，此部分可占课程总成绩的30%。

（二）心理健康教育课程的教学评价

心理健康教育课程教学评价的根本目的在于获得反馈信息，以帮助教师改进教学，促进学生发展，保证课程教学目标的实现，而不在于对学生心理健康发展水平作出终结性的评定，更不是利用评价结果对学生进行比较与区分等。课程评价具有强化与教育功能，评价本身具有教育性，是人与人互动与交流的过程。利用评价对学生的进步进行鼓励，对于辅导过程中的不足提出改进建议，保证课程目标的实现。

心理健康教育课程教学采用多主体、开放性的评价，可根据具体情况，选用或综合运用教师评价、学生自我评价、学生相互评价等方式对学生进行评价，同时，直接或间接地对教师的教学效果进行评价。

1. 教师观察记录

教师有计划、有目的地对学生在日常活动中表现出的情感、态度、能力、行为进行观察，写出记录，作为评价的材料。

2. 作品分析

根据教学内容，教师布置相应的作业（学习体会、个案分析、心理日记等），并对学生的作业进行分析评定，通过学生的作业对其心理素质发展状况进行评价，进而评价心理健康教育课程的教学效果。

3. 学生自评

教师引导和帮助学生对自己在学习中的表现与成果进行自我评价，以提高自我认识、自我调控的能力。特别让学生评价自己是否感觉经过心理健康教育后，自己的人际关系、学习情况、情绪调控能力等方面有提高或改善。

4. 学生互评

学生依据一定的标准互相评价，帮助学生逐步养成尊重、理解、欣赏他人的态度，相互促进。

5. 心理测量

使用心理测验了解学生在接受心理健康教育前后的心理素质的变化情况，通过心理测试（后测）与实施前的诊断性评价（前测）相对照，考察在前后测之间学生心理素质变化的差异显著性，进而评价心理健康教育课程的教学效果和评定课程对学生心理素质发展影响的效果。

第二节 心理健康选修课开设课程简介

高职院校建立选修课制度能有效地促进大学生的心理健康。开设相关心理学选修课，拓展学校心理健康教育课程，是构建高职心理健康教育课程体系、解决好高职心理健康教育的实效性的关键。应将心理选修课程纳入心理健康教育课程体系中，拟定教学大纲，确定教育组织形式，明确教育目的。

选修类课程的课时一般是每周2课时，开设8周或16周，授课对象既可以是具体的某一学生群体，也可以是来自各个群体的学生，一般以50~60人为宜，由学生根据自己的兴趣、爱好、心理素质特点自由选修。活动类选修课程包括各类中、短期培训，素质拓展训练和团体心理辅导课程等，一般按模块开展，选修模块的课时可以是每周2课时，每个模块开6—8周。这类课程主要依据大学生心理素质的实际情况进行，活动课程可安排在修读完某一门课程之后进行。

下面简要介绍可供高职院校开设的心理健康选修课程。

一、幸福心理学

幸福心理学又叫积极心理学，是研究和培养人类积极心理品质和美德，激发个人潜能，增强和提升个体幸福感，从积极心理学视角传播积极心理健康理念与文化的课程。

这门课程内容根植于中国本土的研究成果，探讨中国人的积极心理品质和美德。围绕着"幸福"主题，课程阐释了在中国文化背景下与幸福体验密切相关的积极情绪与体验、积极认知、积极人格、积极人际关系、积极组织与氛围、压力的积极管理与积极改变等积极心理健康理念与文化。

本课程通过"理论讲解+案例剖析+心理训练"的教学方式，从知识、技能和自我认知三个层面上，帮助学生认识自身具备的积极力量，挖掘和发挥自身固有的、潜在的、建设性的力量，重新审视自身在发展过程中遇到的困境，从现实生活中的困境看到希望和未来，用积极的认知理解人生发展中的挑战，从日常生活小故事中感受并获得幸福，具有自觉改变自己的意愿。

具体教学内容如下：

第一单元　积极心理学与幸福人生

第二单元　积极情绪与体验

第三单元　积极认知

第四单元　积极人格

第五单元　积极人际关系

第六单元　积极社会组织与文化

第七单元　积极压力与管理

第八单元　积极改变与主动成长

二、创造心理学

创造心理学是心理学的一个新分支，是研究创造性的活动过程中人的心理现象及其活动规律的科学。它是以心理学为中心，综合人类学、社会学、教育学以及生理学等对创造研究的成果的一门行为科学，其研究范围包括影响创造的各种因素，如创造性与创造力之测量、创造过程以及创造的方法等，是现代心理学最有前途的一个领域。

本门课程主要目的是培养学生的创造性人格，开发学生的创造性思维。课程主要任务是揭示创造活动的心理过程，为激发创造潜能、培养创造型人才提供依据。主要内容包括：创造心理的特征与过程；影响创造力发挥的因素；创造性思维与创新；创造型人格（创造智能、兴趣、态度、性格和气质）；创造力的测验；创造性想象；创造的方法；创造力的挖掘和培养途径；等等。

具体教学内容如下：

第一单元　绪论

第二单元　创造心理的特征与形成过程

第三单元　创造力的发展与影响因素

第四单元　创造性思维与创新

第五单元　创造型人格

第六单元　创造力测验

第七单元　创造性想象

第八单元　创造技法训练

第九单元　创造所具备的心理素质

第十单元　创造性人才的培养

第十一单元　科学创造心理与创新
第十二单元　现代技术与创造性思维

三、职业心理学

职业心理学是应用心理学的一个分支，是研究与人们选择、从事和改变职业有关的个体差异和特点的一门学科。它主要研究人在职业领域活动中的心理现象，即人们在选择、从事和改变职业上有关的个体差异和特点。它包括职业选择、职业指导和职业教育等方面的内容，还包括现代社会中大量出现的职业咨询问题。职业心理学的研究以人的能力概念为基础，以各种心理测验工具为方法和手段，帮助人们选择并确定适合其个性和能力的职业。

本课程主要内容包括以下几个方面：对就业制度变革及其对人们就业意识与就业行为的影响作深入分析；就业心理与职业指导理论的整合性介绍；大学生如何进行职业选择、职业决策和职业适应；人的个性与职业如何匹配；职业心理选拔的各种方法和技巧（包括面试技巧）；职业生涯发展理论与模式以及职业生涯管理；如何适应职场压力以及如何进行压力管理；等等。

在目前新的形势下，大学生就业难度增加，面对职场的困惑，大学生明显地感受到来自求职与工作的压力，很多大学生对自己的职业生涯发展的前途存在着不同程度的迷茫感。针对大学生的特点以及在日常心理咨询过程中集中体现的问题，开设"职业心理学"这门课程的目的在于让学生在充分了解自己以及对当前就业形势有较全面认识，帮助学生做好自身的职业规划，选择适合自己的职业，为将来就业做好准备。

具体教学内容如下：
第一单元　职业心理学概述
第二单元　职业发展与个体职业社会化
第三单元　职业心理与职业指导的理论基础
第四单元　职业选择与职业兴趣
第五单元　人的个性与职业的匹配
第六单元　职业心理选拔与心理测验
第七单元　职业生涯发展与管理
第八单元　职业指导
第九单元　职业心理咨询
第十单元　职场中的压力与应对

四、绘画心理与个人成长

本课程以绘画心理学的理论为基础，将绘画心理学技术应用在大学生个人心理成长方面。课程注重实操性与趣味性，通过绘画心理分析技术了解自己的情绪状况、性格特征、优势和劣势，找到问题的解决方向和提升自我的途径，同时通过绘画帮助处理自己的不良情绪，缓解内心的焦虑，促进个体健康成长。

通过本课程教学，学生能够理解绘画心理分析的原理，学会和掌握绘画心理分析的方法，并用这种方法认识自己、了解他人，促进和谐人际关系、人格健康，做一个自己真正想成为的人、对社会有用的人。

具体教学内容如下：

第一单元　绘画心理分析概论
第二单元　如何实施绘画心理测试
第三单元　如何进行画面整体分析
第四单元　如何进行树木画分析
第五单元　如何进行人物像分析
第六单元　如何进行房屋、附属物分析
第七单元　如何进行绘画心理分析（综合分析）
第八单元　绘画在个人成长方面的应用（一）个性探索
第九单元　绘画在个人成长方面的应用（二）情绪情感调节
第十单元　绘画在个人成长方面的应用（三）压力管理
第十一单元　绘画在个人成长方面的应用（四）抗挫力
第十二单元　绘画在个人成长方面的应用（五）人际关系
第十三单元　绘画在个人成长方面的应用（六）职业生涯规划
第十四单元　绘画在个人成长方面的应用（七）即时场景画
第十五单元　绘画在其他方面的应用

五、爱情心理学

爱情心理学是研究男女恋爱中的心理现象及其发生与发展规律的科学，即探讨男女在恋爱、婚姻中，爱情的获得及稳固的心理规律，包括恋爱心理和婚姻心理两部分。爱情心理学的具体研究：稳固爱情的心理规律；男女相爱的心理奥秘；求爱及择偶心理；初恋心理；爱情挫折心理及婚后各阶段的爱情发展之心理特点；等等。它是一门应用心理学。爱情不仅受社会、思想伦理等因素影响,也受许多复杂心理因素的制约。掌握好爱情中的心理问题,将会使爱情甜蜜、美满。

本课程突破通俗心理学对两性亲密关系的肤浅总结,综合社会心理学、进化心理学、发展心理学和临床心理学多个分支的研究成果,总结出人们在爱情、婚姻、承诺、友谊、激情、嫉妒、背叛、孤独等方面的心理模式和行为特点,试图从更新的视角和观点帮助大学生更深刻地理解爱情的真谛。

具体教学内容如下:

第一单元　吸引法则

第二单元　亲密关系

第三单元　爱的表达

第四单元　独处与孤独

第五单元　择偶秘籍

第六单元　爱的 B 面

第七单元　婚姻的秘密

第八单元　性

六、两性心理学

两性关系是每一个人生活中不可避免的课题。而大学生正处在身心日渐成熟阶段,面临两性交往,但是对两性差异却缺乏必要的认识以及合理的两性观念。

本课程介绍两性之间差异的生理基础以及形成原因,分析了在现实社会中男性和女性面临的社会压力以及生活中因差异引起的不协调,了解两性地位发展的历史,了解两性在生理、心理、行为等方面的差异,明白两性相处的理论和技巧,通过理论和课堂实践练习,促进同学们正确地与异性相处,达到互相尊重和认可,从而构建和谐的两性关系。

具体教学内容如下:

第一单元　两性心理学概述

第二单元　性生理卫生

第三单元　性心理发展

第四单元　性行为

第五单元　男性性格特征

第六单元　女性性格特征

第七单元　两性交往

第八单元　亲密关系

七、户外素质拓展训练课程

大学生素质拓展课程作为一种现代学习方式与训练方式，通过精心创设特殊情境系列活动，激发、调整、升华、强化受训者心理、身体、品德、素质与潜能，使受训者达到心态开放稳定、敢于应对挑战、富有创新活力状态，培养自信心，促进其社会交流与沟通关系，强化其合作意识，培养其创新能力。大学生素质拓展训练有助于推动高校素质教育体系进一步完善，有益于培养学生较强管理协调能力、人际交往能力与社会适应能力，这些都是课堂教学无法或不能很好完成的素质教育内容。这种体验式教学对于教学来说是一种新尝试，同学们通过挑战自己与开发潜能，建立与队友之间合作、交流、沟通的关系，摸索出在团队中如何更好地实现目标等一系列策略，锻炼与提升个体素质，培养个体在集体中的活动能力。这种教学活动有效地提高了学生的综合素质。

本课程主要目是"磨炼意志、陶冶情操、完善人格、熔炼团队"。它能有效提高人在体能、毅力、智慧、沟通、协作等方面素质与能力，并且可以把其升华到可能达到顶巅；它能够培养参与者具有克服困难的毅力、良好的心理素质、积极进取的人生态度、敢于挑战自我极限的勇气与精诚合作的团队意识。拓展训练活动有利于参与者个人潜能挖掘与团队精神培养。拓展训练活动目标更注重于参与者心理素质提升，拓展训练活动所采用活动方式要有计划性。素质拓展课程是一种着眼于受训者基本能力全面改进、提升与增强个人及组织团队系列优势现代学习、训练方式，是中国当代素质教育实践应用中的新发展。

具体教学内容如下：

第一单元　课程介绍

第二单元　破冰团建

第三单元　打破人际隔阂

第四单元　团队决策力

第五单元　合理分配资源

第六单元　体验信任

第七单元　体能极限挑战

第八单元　心理极限挑战

八、团体心理辅导活动课程

团体心理辅导是在团体心理情境下为成员提供心理帮助与指导的一种辅导

形式。它通过团体内人际的交互作用，促使个体在交往的过程中通过观察、学习、体验等认识自我、探索自我、接纳自我，调整和改善与他人的关系，学习新的态度与行为方式，提高适应能力，以预防或解决问题并激发个体潜能的心理辅导过程。简而言之，它就是借助于团体的气氛，让参与活动的学生通过交流、模仿去感受、领悟。

开设"团体心理辅导"选修课程可以为学生成长提供朋辈群体的支持氛围，来自不同的专业、年级、班级的学生在一种突破常规的班级式群体中，新的氛围、新的人际交往圈子，往往更容易让学生抱着好奇心、带着兴趣进入团队。该课程把理论与实践结合起来，把抽象的知识演变成生动活泼的操作，使学生在实际活动情境中来体验、领悟活动中所蕴含的深刻的道理。在课堂上，学生必须与人合作，充分感受团体合作的氛围，一方面以人为镜反观自己；另一方面，也可以通过获得反馈、得到鼓励、受到启示，从而走出改变自己、拓展自己的第一步，这无疑有利于学生社会化的完成。

具体教学内容如下：分不同主题模块开展的长程团体心理辅导，每个团体人数8—12人，可以安排6—8周，每次2小时。

一、环境适应团体：走进新生活

二、自我成长团体：发现独特的我/自信心训练

三、生涯规划团体：我的生涯我做主

四、亲密关系团体：恋爱时节

五、人际支持团体：凝心聚力在一起

六、情绪管理团体：调一调心灵的弦

七、压力管理团体：与压力共处

八、挫折应对团体：超越逆境/抗逆力提升

九、面向未来团体：心的起航

第三节 心理健康教育课程教学改革发展趋势

一、高职心理健康教育课程教学内容的改革

1. 调整课程教学内容理论与实践比例，加大课堂实践教学力度

根据心理健康教育课程的实践性和体验性特点，高职心理健康教育课程教学改革要不断完善心理健康教育的实践环节。在教学过程中应着重培养学生的

实践能力，引导学生加强实践训练的次数，最大限度地锻炼自身解决实际问题的能力，使自己能够处理在现实生活情境中遇到的各种问题，并掌握心理调适的方法。课堂实践教学方法多采用情景模拟、案例分析、角色扮演、心理测试、心理微电影、体验式训练等可操作性方法，以增加学生对心理健康教育的理论认同和情感认同，全面提升其心理素养和综合素养。

高职心理健康教育课程改革实践教学内容也可通过学生参与实践活动方式进行，课堂教学和实践活动各占一定学时比例，如课堂教学16学时，剩余的16学时通过学生参与实践活动认定相应的学时，实践活动包括心理健康讲座、团体心理辅导训练、户外素质拓展活动、心理剧表演、心理知识竞赛、心理电影赏析、"5·25心理健康节"和"10·10"心理健康课主题教育月系列活动等等，参加活动的同学现场发放实践课学时认定单（每次2—3个学时），累计达到要求方可给予该课程学分。

2. 根据学生需求和时代发展更新心理健康教育课程的教学内容

大学生心理健康教育课程内容的选择要以学生的心理成长需求为首要的考虑因素，要以学生的心理需求为切入点，有效地疏导学生心理问题。在组织教学时，应了解大学生的切实需求，着眼于当下的客观问题，有目的、有计划地对大学生群体开展心理健康教育，解决他们的现实需求。调查显示，当前大学生的心理健康问题主要集中在人际交往、亲子关系、自我情绪、压力挫折应对等方面，因此，要根据学生的实际要求，进行创新和改进课程教学内容的设计，以满足学生的实际需要。根据高职学生的心理发展矛盾问题，心理健康教育课应主要选择学习适应、自我意识、人际交往、恋爱心理、压力管理、情绪管理等教学内容。

新时期高校心理健康教育工作的根本任务是提升大学生的心理健康素养，大学生心理健康教育课程改革也要以大学生心理健康素养提升为目标。心理健康素养是个体在促进自身及他人心理健康，应对自身及他人心理疾病方面所养成的知识、态度和行为习惯（江光荣等，2016），它不仅包括对自身的心理健康的重视，能恰当的地助与求助；同时包括对他人心理健康的重视，能恰当帮助别人应对心理疾病、维护心理健康。当前，面对新形势、新变化，大学生心理健康教育课程应该更接地气，课程内容应该做些调整，注重大学生使用网络的心理调适、大学生良好家庭关系营造、大学生积极心理品质的培养、常用的保持心理健康的方法、帮助别人获得心理健康的技巧、传统文化中的心理智慧等内容。①

3. 开展个性化教育，针对不同年级设置系列化的教育课程

传统的大学生心理健康教育课程内容覆盖面广，但是由于学时数有限，导致授课内容深度不够，对大学生亟待解决的心理问题涉及不多，教学内容缺乏针对不同年级面临的不同心理问题的个性化教育。高职生在大学三年中主要分三个时期，第一是新生入学适应期，第二是学习成长期，第三是职业前准备期。教师应该根据大学生所处的不同时期进行相应的心理健康教学，这对于大学生顺利从学校过渡到社会具有重要意义。

大一时期，教师要帮助引导学生进行环境适应，调节自我认识、学习方式、人际交往、情绪等方面的心理困惑。教师除了教会学生一些专业知识以外，更重要一点，是要提高他们的心理能量，多去肯定对方、认可对方，做好学生自我探索、自我认知工作；大二时期应该是引导学生心理成长很关键的时期，帮助学生提升自我效能感，提高学生人际沟通能力、增强他们的情绪管理。生活中培养学生提高自我效能感会让他们在将来职场上充分展示出自我效能感。大三时期是学生即将走向职场的前期准备阶段，学生将从单纯的校园走向复杂的社会，引导他们学会应对各种困难挫折、承受压力，拥有积极的心态追求幸福。心理健康课程中教师能传授的、学生能体会的实在很有限，因此我们可以通过校园开展讲座、素质拓展活动和心理专题活动来丰富心理教育的内容。

二、心理健康教育课程组织形式的改革

1. 在教学中增加团体心理辅导教学内容及学时

团体心理辅导是通过团体内的人际互动与团体的力量，使学生们在共同的活动过程中，彼此观察和领悟，在探讨自我和解决共同问题的过程中，从群体中获得心灵慰藉，获得自信；在沟通联系中，发现自身的心理问题，并通过交流沟通来解决这些问题，以此来提高自身的心理素质。因此，在心理健康教育课程中可增加一定分量的团体心理辅导教学内容及学时，如在自我意识模块中进行自信心训练团体心理辅导、在人际关系模块中进行人际沟通团体心理辅导、在情绪调适模块中进行情绪管理团体心理辅导等等。

---

① 丁闽江. 以素养提升为目标的大学生心理健康教育课程改革研究［J］. 黄河科技学院学报，2022，(05)：92-96.

2. 增设心理素质拓展训练作为心理健康教育课程的补充

心理素质行为训练是通过创设一定的情境，应用心理学原理与方法，对人的生理、心理有意识地施加影响并发生变化，控制达到预设的训练目标程度，借以提高心理效率和社会功能，增强身心健康。实践证明训练可以有效地改善人的心理健康水平，增强团队合作意识，完善人格，磨炼意志，陶冶情操，开发人的潜能，推动人心理素质的提高。在心理健康教育课程中可增设两次到三次户外心理素质拓展训练作为补充，心理素质拓展训练可有效促进学生体验学习，帮助培养习得健康行为，能够积淀形成个体必需的基础心理品质，使他们终身受益。

3. 在教学中增加心理情景剧表演的教学内容

心理情景剧是将人们内心的情感无限放大，然后演绎给别人看的情景剧。教学中鼓励学生把发生在自己身上的或身边的人与事以心理剧的形式表现出来，通过参编参演和观看，达到自我展示、自我启发、自我改变的教育目的。这是一种培养学生自助、自省、自我教育的方式。在心理健康教育课程中每学期可开展一次到两次心理情景剧教学活动，可起到感染启发的良好效果。

4. 利用线上慕课教学资源开展教学

新媒体时代下的心理健康课程也必须作出相应的改变，通过新媒体技术来促进课程效果。由于心理健康教育课程课时有限、课程内容较多，挑选优质的、适合学生的网络课程作为课堂教学的补充可以在一定程度上解决内容多、课时少的难题。互联网上有着丰富的教学资源，能够满足不同学习风格和学习需求的学生。网络课程的优点在于名师名课共享，可以反复观看、随时随地学习。学生可以利用课余时间开展自主学习，有助于提升学习效果和达成课程教学。常用的网络课程教学平台有学习通、智慧树和中国大学MOOC等，这些平台的构建能够打破传统课堂教学的限制，学生能够通过视频教学来对相关知识进行针对性的学习，通过网络交流来达成对部分知识的深化理解，而平台上的资源库则能够帮助学生拓展知识面，以此更好地提升学习效果。

5. 开展翻转课堂和混合式教学新模式

随着网络教学模式的产生发展，可以在课堂教学过程中运用翻转课堂、混合式教学等教学形式，创造出一种线上、线下相结合的教学模式。翻转课堂利用丰富的信息化资源，让学生逐渐成为学习的主角，教师不再占用课堂的时间来讲授知识，这些知识需要学生在课前自主学习，课后学生自主规划学习内容、学习节奏和呈现知识的方式，教师则以协助指导的角色来帮助学生完成个性化学习。而混合式课程融合了传统教学和在线学习的优势，且根据学科特点融合了多元化教学模式和多样化教学方法，大学生心理健康教育课程强调教学过程中的师生互动和启发性、体验性、实操性等教学环节，混合式课程可以实现课堂内外的交互学习，增强大学生维护心理健康的能力。混合式教学是当代教学改革的必然，逐渐成为高校常态化教学模式。

三、积极心理学理念下心理健康教育课程教学改革

在积极心理学视角下，心理健康教育课程教学改革以充分调动学生的积极性和主动参与性为教学理念，让学生感受体验到正向积极的情绪。课程的内容设置要满足高职生的实际需要，让学生成为课程和教学活动积极主动的参与者，在课堂的各环节帮助学生体验正面、积极的情绪，并减少负面、消极情绪的体验，课外引导学生全身心地投入他们所从事的事情，感受"心流"体验，在各种生活事件中寻找生命的意义。积极心理学理念下大学生心理健康教育课程改革的具体措施有：

1. 课程教学目标以培养大学生调适积极情绪能力为侧重点

传统大学生心理健康教育以"全面铺开，全方位教育"为教学目标重点，但心理健康教育应该从学生自身出发，关注学生生活的各个场景中不同的心境，培养学生在最常见、最普遍的生活中的健康心理素质。比如，学生的自我认知方面，要培养积极的自我意识；学习方面，培养积极、主动的学习态度以及良好的学习习惯；人际交往方面，培养积极的交友素质；恋爱方面，培养个人积极成长发展的意识。

积极心理学理念其根本就在于发现个体内在积极因素，并进行适当的引导，以最大限度地发挥积极因素的作用，培养个体健康的心理素质。高校心理健康教育课程教学要以培养大学生的幸福感为主要的任务，通过开展教学活动，提升学生积极情绪的调适能力。要使大学生具备这种调适能力，必须建立自身自信心以及提升自我效能感。

2. 心理健康教育课程教学方式注重大学生的积极心理体验

积极心理学侧重点在个体的积极心理体验上，任何个体都具有积极的心理意识以及自我向上的能力。在高校开展心理健康教育课程教学时，就需要强调大学生的积极心理体验。心理健康教育课程教学普遍采用体验式教学方法，让学生讨论学习，教师从旁给予适当的指导，让学生在互相探讨过程中自主解决问题，形成积极的结果；也可以让学生根据提供的案例进行角色扮演，融入情景模拟中，切身理解案例中所存在的问题，鼓励学生主动发现问题并采用合理的方式进行解决，使所学内容更生动地体现，帮助学生实现知识内化。

教学过程中，教师应引导学生发现兴趣、追随兴趣，并学会进一步加强自身的兴趣爱好。在这个过程中，来自教师、同学等正面积极的反馈以及热情的支持，都有利于学生良好品质的养成。树立榜样、培育学生的目标感对于学生优秀品格的形成也非常重要。身为教师，可以作为学生的榜样，如要培育学生的匠人品质，自己也要抱有一颗匠心，认真对待每一节课，这种行为对于学生而言本身就是一种激励。

3. 心理健康教育课程教学内容注重培养学生的积极人格品质

健康的心理不仅是内心没有疾病，也包含积极向上的生活态度、良好的社会关系。在心理健康教育课程教学上应结合社会环境，向学生传输正面、积极的观念，激发学生对未来的向往以及培养学生与社会和谐相处的能力，使学生拥有爱国、敬业、诚信、友善等优良品质。心理健康积极人格品质教育内容包括积极健康正面人格的养成、主观愉悦情绪的养成、优化人际关系、培养大学生坚强的意志品质等。

具体的教学内容可以从三大模块（学业发展、个人/社会性发展、职业发展）入手，从九个主题（自我意识、人格塑造、情绪管理、人际交往、恋爱与性、生命教育、学习心理、职业导航、创新创业）深入。可构建以"大学生心理健康教育"为必修课，以"职业生涯辅导""幸福心理团辅""情商训练""爱情心理学"等为选修课的"心理健康教育课程群"。

总之，大学生心理健康教育是让学生能够不断深入地认识自我，通过课程教学的改革和课程内容的完善，对学生进行积极人格品质的培育内容的讲授，通过开展丰富多彩的活动培养大学生的积极心态情绪，塑造健康人格，增强心理健康教育课程的育人实效。

附件1 普通高等学校学生心理健康教育课程教学基本要求

　　加强和改进大学生心理健康教育是全面落实教育规划纲要、促进学生健康成长、培养造就高级专门人才的重要途径，是全面贯彻党的教育方针、建设人力资源强国的重要举措，是全面提高高等教育质量、加强和改进大学生思想政治教育的重要任务。为充分发挥课堂教学在大学生心理健康教育工作中的主渠道作用，根据《中共中央　国务院关于进一步加强和改进大学生思想政治教育的意见》（中发〔2004〕16号）、《教育部　卫生部　共青团中央关于进一步加强和改进大学生心理健康教育的意见》（教社政〔2005〕1号）、《教育部办公厅关于印发〈普通高等学校学生心理健康教育工作基本建设标准（试行）〉的通知》（教思政厅〔2011〕1号）等文件精神，特制定本基本要求。各高校要根据学生心理健康教育的需要，结合本校实际，制订科学、系统的教学大纲，组织实施相应的教育教学活动，保证学生在校期间普遍接受心理健康课程教育。

一、课程性质与教学目标

　　高校学生心理健康教育课程是集知识传授、心理体验与行为训练于一体的公共课程。课程旨在使学生明确心理健康的标准及意义，增强自我心理保健意识和心理危机预防意识，掌握并应用心理健康知识，培养自我认知能力、人际沟通能力、自我调节能力，切实提高心理素质，促进学生全面发展。

　　通过课程教学，使学生在知识、技能和自我认知三个层面达到以下目标。

　　知识层面：通过本课程的教学，使学生了解心理学的有关理论和基本概念，明确心理健康的标准及意义，了解大学阶段人的心理发展特征及异常表现，掌握自我调适的基本知识。

　　技能层面：通过本课程的教学，使学生掌握自我探索技能、心理调适技能及心理发展技能。如学习发展技能、环境适应技能、压力管理技能、沟通技能、问题解决技能、自我管理技能、人际交往技能和生涯规划技能等。

　　自我认知层面：通过本课程的教学，使学生树立心理健康发展的自主意识，了解自身的心理特点和性格特征，能够对自己的身体条件、心理状况、行为能力等进行客观评价，正确认识自己、接纳自己，在遇到心理问题时能够进行自我调适或寻求帮助，积极探索适合自己并适应社会的生活状态。

二、主要教学内容

第一部分：了解心理健康的基础知识

通过本部分的学习，使学生了解心理健康的标准及意义，了解异常心理的表现，树立正确的心理健康观念。

（一）大学生心理健康导论

教学目标：通过教学使学生了解心理健康知识、大学生心理健康的标准，树立正确的心理健康观念，能够自主地调整心理状态，维护自身的心理健康。

教学内容：

1. 认识心理活动的特点和实质；

2. 了解大学生心理发展的特点；

3. 掌握大学生心理健康的标准；

4. 了解影响大学生心理健康的主要因素。

教学方法：课堂讲授、课堂活动、案例分析

（二）大学生心理咨询

教学目标：通过教学使学生了解心理咨询的基本概念和功能、心理咨询的内容与类型，建立正确的心理咨询观念以及自助求助的意识。

教学内容：

1. 心理咨询的概念和功能；

2. 大学生心理咨询的意义和特点；

3. 大学生心理咨询的内容与类型。

教学方法：课堂讲授、课堂活动、角色扮演

（三）大学生心理困惑及异常心理

教学目标：通过教学使学生了解常见的大学生心理困惑及异常心理，了解心理疾病，懂得哪些状态可以通过自我调整或心理咨询进行解决，哪些心理疾病需要专业医疗机构诊治。

教学内容：

1. 大学生常见的心理困惑及异常心理；

2. 大学生常见的心理疾病及其应对。

教学方法：课堂讲授、小组讨论、案例分析

第二部分：了解自我，发展自我

（一）大学生的自我意识与培养

教学目标：通过教学使学生认识自我发展的重要性，了解并掌握自我意识发展的特点，能够识别在自我意识发展过程中出现的偏差及原因，并能够对其进行调适，建立自尊自信的自我意识。

教学内容：

1. 自我意识概述；

2. 大学生自我意识发展的特点；

3. 大学生自我意识偏差及其调适；

4. 自我意识的评估。

教学方法：课堂讲授、心理测试、案例分析、体验活动

（二）大学生人格发展与心理健康

教学目标：通过教学使学生了解人格的基本知识、当代大学生的人格特征和自我人格发展状况，掌握大学生常见人格缺陷的表现、形成原因及调适方法。

教学内容：

1. 人格概述；

2. 大学生的人格特征；

3. 人格发展异常的表现与评估；

4. 大学生人格完善的途径和调适方法。

教学方法：课堂讲授、心理测试、案例分析

第三部分：提高自我心理调适能力

（一）大学期间生涯规划及能力发展

教学目标：通过教学帮助学生了解在大学期间需要发展的能力目标，并在此基础上对自己的大学生涯进行规划，有目的地安排自己的时间，更好适应大学生活，获得自我发展。

教学内容：

1. 大学生活的特点及生涯规划；

2. 大学生能力概述及发展目标；

3. 大学期间生涯规划的制定；

4. 学会时间管理。

教学方法：课堂讲授、小组讨论

（二）大学生学习心理

教学目标：通过教学使学生了解大学学习活动的基本特点与学习心理特点，了解大学生学习心理障碍的表现及成因，学会调适学习心理障碍，使自己拥有良好的学习心理状态。

教学内容：

1. 大学生学习特点与心理机制；

2. 大学生学习能力的培养及潜能开发；

3. 大学生常见的学习心理障碍及其调适。

教学方法：课堂讲授、案例分析、小组讨论

（三）大学生情绪管理

教学目标：通过教学使学生了解自身的情绪特点，掌握情绪调适的方法，自主调控情绪，保持良好的情绪状态。

教学内容：

1. 情绪概述；

2. 大学生情绪特点及其影响；

3. 培养良好的情绪；

4. 不良情绪的表现及调适。

教学方法：课堂讲授、情景表演、案例分析、团体训练

（四）大学生人际交往

教学目标：通过教学使学生了解人际交往的意义、特点及类型，理解影响大学生人际交往的因素，掌握基本的交往原则和技巧，了解人际关系障碍的类型及调适方法，增强人际交往能力。

教学内容：

1. 人际关系概述；

2. 大学生人际交往及影响因素；

3. 大学生人际交往原则及技巧；

4. 大学生人际关系障碍及其调适。

教学方法：课堂讲授、情景表演、案例分析、团体训练

（五）大学生性心理及恋爱心理

教学目标：通过教学使学生了解自身性生理和心理的发展，认识大学生恋爱心理的特点，了解大学生在性心理和恋爱心理方面存在的问题，形成对性心理和恋爱心理的正确认识。

教学内容：

1. 性心理的发展和大学生性心理的特点；

2. 大学生性心理问题及其调适；

3. 大学生恋爱心理发展的规律特点和常见问题；

4. 培养健康恋爱观和择偶观。

教学方法：课堂讲授、案例分析、小组讨论

（六）大学生压力管理与挫折应对

教学目标：通过教学使学生正确理解压力和挫折，了解大学生压力及挫折的主要来源，了解压力与挫折对人生的意义，学会正确管理压力和应对挫折。

教学内容：

1. 压力和挫折概述；

2. 大学生压力和挫折的产生与特点；

3. 压力和挫折对大学生心理的影响；

4. 压力管理与挫折应对。

教学方法：课堂讲授、心理测试、案例分析、小组讨论

（七）大学生生命教育与心理危机应对

教学目标：通过教学使学生认识生命、尊重生命、珍爱生命，帮助大学生识别心理危机的信号，掌握初步的干预方法，预防心理危机，维护生命安全。

教学内容：

1. 生命的意义；

2. 大学生心理危机的表现；

3. 大学生心理危机的预防与干预。

教学方法：课堂讲授、心理测试、角色扮演、小组讨论

三、课程设置与教材使用

按照《基本要求》，各高校应当根据学生培养目标，结合本校实际情况，设计心理健康教育课程体系。以下是两种课程开设方式，供设计课程体系时参考：

1. 开设一门"大学生心理健康教育"公共必修课程，覆盖全体学生。

2. 在第一学期开设一门"大学生心理健康教育"公共必修课程，在其他学期开设相关的公共选修课程，形成系列课程体系。有条件的可以增开与大学生素质教育、心理学专业知识有关的选修课程。

每种方式的课程内容由学校结合实际科学确定，但应包括《基本要求》的主要教学内容。

课程教材使用优质教材。

四、教学模式与教学方法

1. 高校学生心理健康教育课程既有心理知识的传授、心理活动的体验，还

有心理调适技能的训练等，是集知识、体验和训练于一体的综合课程。课程要注重理论联系实际，注重培养学生实际应用能力。

2. 课程要充分发挥师生在教学中的主动性和创造性。教师要尊重学生的主体性，充分调动学生参与的积极性，开展课堂互动活动，避免单向的理论灌输和知识传授。

3. 课程要采用理论与体验教学相结合、讲授与训练相结合的教学方法，如课堂讲授、案例分析、小组讨论、心理测试、团体训练、情境表演、角色扮演、体验活动等。

4. 在教学过程中，要充分运用各种资源，利用相关的图书资料、影视资料、心理测评工具等丰富教学手段，也可以采用调动社会资源、聘请有关专家、举办专题讲座等各类活动补充教学形式。

五、教学管理与条件支持

1. 要把高校学生心理健康教育课程纳入教学计划和培养方案。主干教育课程作为公共必修课设置2个学分，32—36个学时。延伸教育课程可根据学生情况和需要在不同学期开设。

2. 加强心理健康教育教师队伍建设。要建立师德高尚、业务精湛、结构合理、充满活力的心理健康教育专业化师资队伍，加强教师的培养和培训工作，鼓励教师积极开展教学研究和团队教学，参与心理咨询和心理训练。可以聘请有关方面专家加入教学队伍，创造性地开展各种形式的教学活动，促进教学水平和教学效果的不断提高。鼓励有条件的辅导员参与相应课程教学。

3. 要积极创造条件，为课程教学提供必要的设备和资料，如心理测评系统、心理教育软件、音像教学资料等，配备合适的教学场所。

六、组织实施与教学评估

1. 高校学生工作部门、教务部门、心理健康教育和咨询机构及相关学科教学研究单位共同组织实施课程开设工作。

2. 课程教学评估内容包括学生对知识的理解和掌握程度，以及学生心理调适能力的提高等方面，以学生解决实际问题的能力为评估重点。

附件 2 《大学生心理健康教育》课程标准

课程名称：《大学生心理健康教育》
总学时：32 学时
适用对象：全校各专业大一高职学生

一、课程性质

《大学生心理健康教育》是学校结合实施学生素质教育工程而开设的一门集理论知识教学、个体咨询、团体心理辅导以及宣传教育活动等于一体的必修课程。开设《大学生心理健康教育》课程，旨在使学生明确心理健康的标准及现实意义，掌握并应用心理健康知识，培养良好的心理素质、自信精神、合作意识和开放的视野，培养学生的自我认知能力、人际沟通能力、自我调节能力，全面提高学生心理整体素养，为学生终身发展奠定良好、健康的心理素质基础。

二、课程教学目标

《大学生心理健康教育》通过主体体验式教学，使学生了解心理健康基本知识，掌握基本的心理调适方法；通过该课程的实训模块，进一步增强学生的自信心和耐挫性，培养学生乐观积极的生活态度和顽强的意志品质，通过理论与实践的有机融合，达到培养学生良好心理素养的目的，从而为他们的全面发展提供良好的基础。

通过本课程的教学，使学生达到的能力目标具体体现在以下四个方面：

1. 自我认知能力

通过课堂学习和团体活动，掌握大学生心理健康标准，能够运用标准正确衡量自己，能了解自己的心理特点和性格特点，对自己的身体条件、心理特征、行为能力等进行客观评价；认识自己的兴趣特长，肯定自己的价值，学会接纳自己，以扬长避短，充分发挥潜能，提高学习与生活质量；同时，探索适合自己的生活形态，作为未来职业选择的参考。

2. 环境适应能力

了解自己进入新环境后的困惑，了解心理有困惑时可以寻求帮助的资源和途径；认识人际交往在生活和学习中的重要性，掌握人际沟通的技巧；分享和了解别人的困惑，学习使用倾听和共情两个最基本的技巧；要能够准确表述个人想法或意愿，并能以恰当的语言进行交流沟通；增强同学们的团队合作意识，达到能够适应大学生活的目的。

3. 心理调适能力

了解常见心理障碍及影响心理健康的因素，学会觉察自己和他人的情绪，掌握简单的自我心理调适技巧，能够宣泄自己的困惑，及时调节情绪；能够辩证看待顺利与挫折、成功与失败，学会写心理日记。

4. 应对挫折能力

通过理想信念教育、榜样激励和挫折教育情境的训练，培养学生坚强的意志品质，使学生能够正确认识挫折、正视挫折，增强对挫折的承受能力，能发挥主观能动性，超越不足，不断完善自我，增强自信心，在积极心态下创造性地生活。

三、课程教学的基本要求

（一）面向全体学生

大学生心理健康教育课程面向全体学生，以整体目标为核心，结合学校一年级自身特点和大一学生普遍存在的诸如学校适应问题、自我认识问题、人际关系处理问题、异性交往问题等设计菜单式的心理健康课程内容，充分体现课程的整体性、灵活性和开放性。

（二）精选教学内容

根据能力要求与教学内容编写讲义与活动方案，紧密联系学生的实际生活，选择具有时代气息、真实反映社会、学生感兴趣的题材，使其不仅符合学生的知识水平、认知水平和心理发展水平，还能够让学生对社会有比较全面、客观的认识。同时，尽可能设计趣味性较强的内容和活动，激发学生参与的兴趣和热情。

（三）倡导体验分享

本课程倡导体验式教学模式，教师应根据具体目标、内容、条件、资源的不同，结合教学实际，选用并创设丰富多彩的活动形式，以活动为载体，使学生在教师的引领下，通过参与、合作、感知、体验、分享等方式，在同伴之间相互反馈和分享的过程中获得成长。

（四）开发课程资源

教师应将现代化教育技术与本课程教学有机结合，要通过合理利用音像、电视、报纸杂志、网络信息等丰富的教学资源，给学生提供贴近生活实际、贴近学生发展水平、贴近时代的多样化的课程资源，拓展学习和教学途径。

（五）注重教学过程

1. 丰富学生经验

教师要通过多种教学活动和手段，结合学生现实生活中实际存在的问题，共同探究学习主题，帮助学生增进积极的自我认识、获得丰富的情感体验、形成积极的生活态度、建立良好的人际关系、不断丰富学生的生活体验，使学生在获得内心体验的过程中，获得感悟和提高。

2. 引导学生自助、助人

在教学中要注意引导学生从自己的世界出发，用多种感官去观察、体验、感悟社会和生活，获得对世界的真实感受，让学生在活动中探究，在分享中发现和解决问题，要引导学生学会对自己负责，及时鼓励学生们的互助行为。

3. 注重团体动力

在教学中应特别重视利用团体动力来激发学生参与活动的热情；利用团体气氛调动学生相互的分享和反馈；利用团体支持使活动效果得到加强。

四、课程教学内容及学时安排

（一）基本知识

了解心理健康基本知识、心理健康的现实意义和作用；了解大学生心理健康标准。

（二）培养学生自我认知能力

1. 理论知识

了解"认识自我"的重要性，学习运用标准正确衡量自己。能认识自己的个性特点和兴趣特长等。

2. 心理测量

通过心理测量协助学生了解自己的人格特质类型；使学生认识到自己的特质与自己兴趣、职业选择之间存在的关联；帮助学生定位，为正确认识自我奠定基础。

3. 团体活动

引导学生掌握"认识自我"的自查方法，查找自身缺点与不足。通过"自画像""20个我是谁""别人眼中的我"等团体训练从别人的反馈中，使自知的"我"和他人所知的"我"更为一致。

(三）培养学生环境适应能力

1. 心理健康教育宣传活动

通过"大学生心理健康教育宣传月"开展的寓教于乐的宣传教育活动，加深学生对心理健康教育的认识，增强学生与人沟通的能力，帮助学生适应学习生活环境。

2. 团体活动

通过"爱在指间""性格魅力测试站"等项目训练帮助学生增强团队意识，通过"情绪脸谱""学会倾听、体验共情"等项目训练，使学生学会尊重和关心他人，学会正确处理人际关系，逐步改善自身不足，增强对自我、群体和社会的责任感，从而形成现代社会所必需的合作与竞争意识，从而更好地适应学校及社会生活。

3. 心理咨询

对问题学生进行心理疏导，帮助有困惑的学生答疑解惑，协助学生减轻心理压力，改善适应能力。帮助学生正确对待他人，正确对待自己，正确面对人生。

（四）增强学生心理调适能力

1. 理论知识

了解大学生常见心理障碍及影响大学生心理健康的因素，学会在日常生活与学习中选择适合自己的方法调控情绪，掌握简单的自我心理调适技巧，增强学生自我调节和自我保护意识，学会写心理日记。

2. 团体活动

结合学生实际生活案例教学，通过"我演你猜""人生 AB 剧""疯狂气球"等心理小品及短剧演练，使学生学会通过情绪宣泄，释放心中的郁闷，从而缓解各种压力，消除不良情绪的影响，以求得心理的平衡和健康，达到提高学生整体心理素养的目的。

（五）培养学生应对挫折能力

1. 理论知识

分析和借鉴当代大学生常见的挫折反应类型，通过理想信念教育和典型人物引导和激励，增强学生的自信与自尊，培养自立、自强的优良品质和竞争意识。

2. 团体活动

开展"能量传输""换个角度看图案""归因练习"等团体活动，使学生体验参加不同项目训练及运动时的心理感受，学会在历经挫折和克服困难的过程中，控制自己紧张、恐惧自卑等情绪，正确认识挫折、增强抵抗挫折能力，培养顽强的意志品质。在体会成功的喜悦的同时，使他们认识到自己有能力战胜困难，从而实现自我和超越自我。

（六）增强学生团体协作能力

1. 理论知识

分析当代背景下团体协作能力在工作中的重要性，通过经典案例给学生以触动，由此引导和激励，增强学生的团体意识，让学生学会在团体中准确地自我定位，提升学生的人际交往能力、组织能力和合作能力。

2. 团体活动

开展"两人三脚""同起同坐""盲人方阵""极速60秒"等以团体协作为主题的此类型活动，使学生体验参加不同项目训练及运动时的心理感受，引导学生在团体合作的过程中体验自己所处的角色和位置，学会调适、寻找到最适合自己、让自己满意的位置，提高学生与人交流沟通的能力、领导能力和在团体中的魄力。

《大学生心理健康》课程教学一览表

课程单元	课程单元名称	课时	活动内容	课时分配	授课地点
单元1	心理健康概述	2	课程性质、目标、内容、教学方法、课堂要求（交代去哪里上课，穿衣便于活动）；结合心理学研究对象框架介绍心理健康标准（体验活动：身体写字、集体作画等）	2	多媒体教室
单元2	成长路上，有你有我（团队建设）	4	一、分组，热身活动：滚雪球（先选第一个人，再说规则）；二、选队长、起队名、画队徽、想口号、创队歌、制定规则（如保密、积极参与、不评价等）	2	团体训练室
			一、热身：你演我猜；二、风采展示；三、极速60秒；四、分享交流，教师总结	2	团体训练室

61

续表

课程单元	课程单元名称	课时	活动内容	课时分配	授课地点
单元3	认识自我，适应生活（自我探索）	8	一、热身：大风吹，小风吹；二、主题：20个我；三、国王与天使	2	团体训练室
			一、热身：大组青蛙跳水、小组节奏词语接龙；二、主题：自我投射表	2	团体训练室
			一、热身：口香糖；二、主题：PDP性格测试；三、别人眼中的我（五个词）	2	团体训练室
			一、热身：找零钱，梅花开；二、主题：价值观澄清——沉船救助"泰坦尼克号"；三、解开千千结	2	团体训练室
单元4	自我调控，管理情绪（认识情绪）	6	一、热身：进化论；二、识别情绪——我演你猜；体察情绪——出谋划策（头脑风暴）	2	团体训练室
			一、热身：可怜的小猫；二、设置情境——问题导入——揭示ABC理论——讨论生活中的常见事件（人际、自我认识、困难挫折）及其中的扭曲概念（过分概括化、绝对化要求、糟糕至极）——扭转扭曲认知	2	团体训练室
			一、热身：击鼓传花，男蛙跳，女高抬腿；二、情商测试；三、快乐清单	2	团体训练室

续表

课程单元	课程单元名称	课时	活动内容	课时分配	授课地点
单元5	真诚待人，学会交往（人际关系）	4	一、热身：爱在指间；二、性格魅力测试站；三、同起同坐（或女皇座椅）	2	团体训练室
			一、热身：疾风劲草（或不倒翁）；二、盲人方阵（或猜猜我是谁）；三、穿越呼啦圈	2	团体训练室
单元6	自尊自重，享受真爱（爱情）	2	一、热身："你喜欢我吗"；二、爱情招募令；三、爱情观大拍卖；四、爱的表达	2	团体训练室
单元7	笑对挫折，永不言败（挫折）	2	一、不倒森林；二、能量传递；三、归因练习	2	团体训练室
单元8	探寻方向，成就自我	2	一、两人三足；二、职业倾向测试（或"我是就业分析师"）；三、写给20年后的自己一封信（未来的一天、一月、一年）	2	团体训练室
单元9	我们一起走过（结束课程）	2	一、看我走过来；二、听我对你说；三、写出心里话	2	团体训练室

五、课程的考核方式及要求

1. 本课程为考查课，总成绩＝平时考核×60％＋期末考查×40％。

2. 期末考查视情况而定，可以撰写个人成长报告、写给某人的一封信，读书报告等，也可进行主题演讲、自编自演心理剧、才艺展示等。

3. 平时考核包括考勤、作业（体验日记、小组报告）、参与活动情况。

附件3　课堂教学资源

一、大学生心理健康课程中互动体验活动

1. 题目：相识活动——滚雪球

目的：通过与越来越多的人交往，使自己的交往范围扩大，朋友越来越多。

操作：

（1）二人球

你可以在房间里自由漫步，见到其他成员时，微笑着与他握手，并相互介绍。介绍的内容包括：姓名、身份、性格特点、兴趣爱好以及愿意让对方了解的有关自我的资料。例如"你好，我是信科系的王娟，我喜欢音乐……"

（2）四人球

你和刚认识的朋友与另外两个通过自我介绍认识的成员合并，形成一个四人小组，将自己刚才认识的朋友向另外两位新朋友介绍，例如"她是我的朋友，信科系的王娟，她喜欢音乐……"

（3）八人球

两个四人小组合并，八人围圈而坐。从其中一个人开始，每人用一句话介绍自己。这句话中包括姓名、性格特征或兴趣爱好。第二个同学先介绍自己，再介绍第一个同学，第三个同学先介绍自己，再介绍第一、第二个同学。如"我叫马华，她是喜欢音乐的王娟，他是爱好运动的张明"，以此类推。

2. 题目：心中的塔

目的：合作的重要性。

操作：如果不能用口语进行交流、沟通，你能和几个人合作完成一个任务吗？而且是用旧报纸折叠塔（必须立起来）。

每组5—6人，用报纸（数量不限）完成一个塔，并给自己组的塔命名。各组推选代表介绍自己的塔和折叠过程中的配合默契或冲突情况。

3. 题目：找自己

目的：通过活动让学生对自己有正确的认识。

操作：

（1）有一天，你不小心走失了，需要一张寻人启事，请为自己写一写。

（2）现在请你再写一写：

我的性格：

我最喜欢：

我最讨厌：

我的心愿：

（3）在小组中交流你所写的内容。

根据你所写的内容，你能把自己找回来吗？为什么？

4. 题目：我的百宝箱

目的：通过活动让学生发现自己的优点，使其更自信、更积极、更有勇气，也更加肯定自我的价值，更加容易接纳自己。

操作：分成小组坐好后，设想你有一只神秘的百宝箱，里面装满了属于你的最好的东西——你的优点和你所具有的各种能力。

（1）有一天你打开箱子，首先看到的是：

再往下层还能看到的是：

（2）小组成员针对其他人的实际情况，每人送出一个优点，最好是对方或自己尚未发现的优点和长处。

你收到的优点：

现在你可以对自己说："我是一个富有的人！我的优点让我更喜欢自己了！"

5. 题目：重新再来

目的：人际冲突是不可避免的，学会控制和消除冲突，达到双赢。

操作：回想过去，找到感受最深的一次冲突。当时你是如何处理的？对自己和对方造成了什么影响？如果可以重新再来，你将会如何处理？能获得"双赢"吗？

冲突事件：

当时的处理对策：

对双方造成的影响：

如果可以重新再来，我将这样处理：

6. 题目：换位置练习

目的：体会适应的重要性，学会积极地适应环境变化。

操作：请所有同学离开自己原来的座位，换到离这个座位较远的位置上，体会一下换座位后的感受，全班进行分享。体会换座位这样一个小小的环境变化带给你的不适应感觉。

7. 题目：信任之旅

目的：通过助人与受助的体验，增加对他人的信任与接纳。

操作：两人一组，一位做盲人，一位做导盲者。盲人蒙上眼睛，然后在导盲者的搀扶下，沿着选定的路线，绕室内外活动。其间不能讲话，导盲者只能用手势、动作帮助"盲人"体验各种感觉，然后互换角色，再来一遍。活动结束后两人坐下交流当"盲人"的感觉与帮助别人的感觉。

讨论：

（1）对于"盲人"，你看不见后是什么感觉？使你想起什么？你对你的伙伴的帮助是否满意，为什么？你对自己或他人有什么新发现？

（2）对于导盲者，你怎样理解你的伙伴？你是怎样帮助他的？这使你想起什么？

8. 题目：心连心

目的：突出单向沟通的不足之处，向学生展现在日常生活中双向沟通的重要性。

操作：将学生分为 3 人一组，然后让他们互相分隔，不能接触。第一位学生画一幅画，完成后向第二位学生口述画的含义，第二位学生只能听不能说话发问。当第二位听完后也画一幅画并再叙述给第三位听，请第三位按照他叙述的情况画图。最后请大家比较三幅画的结果。

9. 题目：收获优点——我的优点你来说

目的：学习发现别人的优点并加以欣赏，促进相互肯定与接纳，增强自信心。

操作：分组围圈坐，请一位成员站在团体中央，向大家介绍自己的姓名、个性、爱好等；其他人轮流根据自己对他（她）的了解及观察说出他（她）的优点及令人欣赏之处，然后被欣赏的成员说出哪些优点是自己以前察觉的，哪些是没有察觉的。

注意：夸别人的优点时态度要真诚，不能毫无根据地说；参加者要注意体验被人称赞时的感觉如何；怎样用心去发现别人的长处；怎样做一个乐于欣赏他人的人。

10. 题目：天使行动

目的：通过活动训练人际交往技巧。

操作：每位组员用抽签的方法决定自己去当另一位组员的"天使"，而那位组员并不知道谁是自己的"天使"，之后要保证不把你的天使对象告知任何人。"天使"的角色是在以后的几天活动中去关心所抽到的那位组员，使你的对象能感受到你天使般的善良的心。教师和学生可以一起讨论如何去帮助自己的天使对象，即关心别人的方法，如适时称赞别人，或在活动中和生活上帮助别人，或送礼物给别人。在接下来的时间里，用自己的实际行动去关爱自己的天使对象。一个月后进行检查。组员要猜出自己的"天使"，并分享"天使"替自己做的事及自己当"天使"的感想。

11. 题目：填写情绪事件

目的：测试自己的情绪状态。

操作：哪些事件引起你生气、难过、焦虑、害怕、丢脸、无助的感觉呢？

你最生气的一件事：

你最难过的一件事：

你最焦虑的一件事：

你最害怕的一件事：

12. 题目：情绪表演

目的：体会各种不同的情绪。

操作：准备一些写有情绪词的卡片，如高兴、悲伤、震惊等。让参与活动的同学随机抽取卡片，并按照卡片表演对应的情绪。

思考：你在活动中有何感受？

觉得自己的情绪表达与大家给你的反馈一致吗？

13. 题目：信念决定情绪

目的：让学生明白决定自己情绪的是对事情的看法，是自己的信念。

事例：盛夏午后，小张去接朋友，但扑了个空。回来路上堵车，小张在车上又热又渴，熬了半个多小时，终于下车，又下起倾盆大雨，紧跑慢跑，总算回到了家。他直奔饮水机，但没水了，只接了半杯水……

讨论：（1）如果你是小张，你的想法是什么？你的情绪和行为反应是什么？

（2）小组分享，每个人的想法和情绪反应是否一样？

14. 题目：进化论

目的：体会挫折感觉，认识有些挫折是自己无能为力的。

操作方法：开始时，大家都处在"蛋"的状态，然后，每两人一组，进行猜拳，赢了的队员升为"小鸡"，输了的队员继续保持"蛋"的状态。接着，赢了的队员再两两一组，进行猜拳，赢了的队员升为"小鸟"，输了的队员回到"蛋"的状态，和同样处在"蛋"状态的队员猜拳……依次类推，直到连赢五次，经历完从蛋—小鸡—小鸟—猴—人的"五部曲"，才算胜利。

然后分组讨论，当我们付出很多努力，却不得不从头再来时，你是否依然有勇气？如果你在生活中真的碰到这种事情，你会采用什么办法？再接再厉还是就此放弃？

15. 题目：愿望树

目的：通过活动让学生清楚自己的理想和愿望。

操作：进入职业技术学院后你有过什么打算？你目前最想做的事是什么？如果你还没有想过，那么趁这个机会在愿望树下许个愿，让它成为你成长的一个目标。

我的愿望：

要让这个愿望变成现实，我有什么优势？

可能遇到哪些阻碍和困难？

需要增加哪些新能力？

16. 题目：爱是什么？

目的：通过活动让同学思考自己的爱情观，同时通过同学们对爱的实质的讨论拓宽大家的思路，更全面地领悟爱的真谛，并能对自己的情感生活有所反思。

操作：请静静地思考一下"爱"是什么，并在纸上写出5条你所认为的爱的实质，如爱是：需要、关怀……之后每个同学在小组里向大家汇报自己的选择及感受。

讨论：

你在活动中有何感受？

对你而言，爱的实质是什么？它对你曾经或目前的恋爱有何影响？你的选择与你的爱情观相符合吗？

其他人的爱情观对你有何影响？

17. 题目：他（她）会喜欢怎样的我？

目的：让学生了解异性，思考自己需要怎样的伴侣，并培养自己成为一个能对别人作出终生承诺且成功兑现的人。

准备：白纸、笔、黑板

操作：先请学生仔细思考自己未来的伴侣会是什么样子，他（她）有什么样的品质，再猜测对方会喜欢什么样的异性，自己具有什么样的特点，写在一张纸上。然后分别找出几位男生和女生的代表，男生说出自己喜欢异性的特点和猜测异性喜欢的男生有哪些特点，女生则反之，并在黑板上写出来。然后比较两者的不同。

18. 题目：我的生命线

目的：通过活动让学生珍爱生命。

准备：一张白纸，两只彩色笔，一支颜色较鲜艳，另一支较暗淡。

操作：（1）从左至右画一条长长的横线，在线条的左侧起点处，写上"出生"，在线条右方的箭头旁边，写上你为自己预计的寿命数。然后在这条标线的适当位置，标出你现在的年龄。再在最上方写上你的名字和"生命线"三个字。

（2）在横线的上面用鲜艳的彩色笔写上你感觉快乐的事，在横线的下面用暗淡的彩色笔写上你感觉不愉快的事。

（3）仔细看着你的生命线。你的生命已经逝去了百分之几？

19. 20句"我是谁"

第一步：

指导语：现在我们来做一个帮助大家了解自己的心理测试。请你尽量写出20个"我是谁"，回答每次提问的时间为20秒，如果写不出来，可以略去，继续往下写。由于这是自我分析材料，不会给别人看，所以想到什么就回答什么，不要有什么顾虑。例如我叫某某，我是××学校的学生，我是一个诚实的人，等等。

第二步：

对自己的答案进行分析，内容包括以下几个方面：

①答案的数量和质量。即一共写出几个答案，答案中哪些方面的内容为多。如果能够写出9—10个答案，则大体上可以认为没有特别的障碍。如果只能写出7个或者更少的答案，则可以认为是过分压抑自己。回答时，会以感到无聊、害羞、时间不够等为借口，不能回答更多的问题。

②回答内容的表现方式。有三种情况：符合客观情况的，如"我是女儿""我是大学生"等；主观解释的情况，如"我是老实人""我是个胆小的人"等；中性的情况，即谁都不能作出判断的情况。如果主观评价和客观评价都有，可以认为取得平衡；如果倾向于主观或客观，则不能取得平衡。在主观评价中，最好是既说到自己好的方面（令自己满意的特征），也说到自己的不足之处（令人不满意的特征）。如果只说到好的会使人觉得是自满；只作不好的评价，又令人感到没有信心。

③回答的内容是否涉及自己的未来。哪怕只有一个答案涉及未来（如"我是未来的工程师"），也说明自己有理想和抱负，在现实生活中充满生机。如果没有一个答案涉及未来，则可能说明自己对未来考虑不多。

第三步，谈谈自己的感受："你拥有什么？你缺少什么？你了解自己吗？"

20. 镜中你我

由每位同学在周哈里窗表里A、B格中写下自我特质。A、B格封折不予他人看到。

访问其他同学对自己的看法，填满C、D格。（写下特质时，尽量用条列出）

两相对照：在小组中分享自己的看法和困惑

（1）你拥有哪些特质？哪些是你喜欢的？为什么？

（2）哪些是你自己和他人都认为自己有的特质？

（3）这些特质对你的生活有什么影响？

小组同学互动反馈。

周哈里窗表

	优点	缺点
自己认为	A	B
别人认为	C	D

21. 价值大拍卖

（1）活动规则：

①拍卖的东西如下表，每一样东西的底价都是2000元

11. 爱情	66. 欢乐	111. 友情
22. 健康	77. 权力	112. 亲情
33. 美貌	88. 财富	113. 大学毕业证书
44. 爱心	99. 自由	114. 理想的事业
55. 知识	110. 诚实	115. 精湛的技艺

②每人总共有10000元

③封顶价是5000元（此时可多人同时买进）

④最低以1000元为单位加价

⑤报价举手的同时叫价

（2）活动过程：

①首先拍卖爱情，学生叫价，价高者得。

②健康……

（3）讨论交流：

①你是否后悔你买到的东西？为什么？你买到了自己想要的东西吗？有没有同学什么都没有买？为什么不买？在拍卖的过程中，你的心情如何？

②这么多项价值中，哪些价值是相对重要的？哪些价值是相对不重要的？为什么？

③你是否甘愿为了金钱、名望而放弃一切呢？有没有比上面所说的这些更值得追寻的东西呢？

④假如现在已经是人生的尽头，请你看看你手上所有的是什么东西，它们对你来说是否仍有意义？

⑤现在把你自己最想要的东西写下来，想一想在现实生活中怎样才能得到它呢。

22. 左抓右逃

（1）请同学们手拉手围成一个大圈，先伸出左手，掌心向下，再伸出右手，食指朝下，然后把你的左手放在紧挨同伴的右手食指上。

（2）读故事《乌鸦和乌龟》，当出现"乌鸦""乌龟"这两个词语中的任何一个时，请马上用左手去抓同伴的右手食指，同时你的右手食指快速从他的左手下逃出来，这就叫"左抓右逃"。

（3）当你的右手食指被抓住，或者你的左手没有抓住别人的右手食指，你就失败了，惩罚是（　　　　　　　）。

附：《乌鸦和乌龟》

森林里有一间小小的城堡，里面住着可怕的巫婆和她的仆人乌鸦，突然有一天，天上慢慢飘来一片片乌云，转眼间就乌黑乌黑的，什么也看不见，不一会儿就下起了大雨。在狂风暴雨中，巫婆听到有人在敲门，开门一看，原来是一只乌龟，还有一只乌贼。它们要求巫婆让它们进屋。巫婆同意了，可是乌鸦不同意，它和乌龟是多年的宿敌。雨越下越大，大家也越吵越凶，乌贼指着乌云对巫婆说："雨这么大，乌鸦却不让我们进去，我和乌龟都会生病的，再不开门，我一定会让你的城堡变得乌烟瘴气。"最后，巫婆还是没有给它们开门。没多久，雨停了，太阳出来了，乌云也散了，巫婆和乌鸦这才打开门，看见乌龟已经冻得缩成一团。

23. 我的人际财富

第一步：

首先给每个成员分发一张白纸、一支笔；然后请成员跟着领导者的指导语和示范，绘制自己的人际财富图。

（1）首先在白纸的中央画一个实心圆点代表自己。

（2）然后以这个实心圆点为中心，画三个半径不等的同心圆，代表三种人际财富或者人际圈。同心圆内任意一点到中心的距离表示心理距离。将亲朋好友的名字写在图上，名字越靠近中心圆点，表明他与你的关系越亲密。

（3）写在最小同心圆内的属于你的"一级人际财富"。你们彼此相爱。你愿意让对方走进自己心灵的最深处。分享你内心的秘密、痛苦和快乐。这样的人际财富不多，却是你最大的心灵慰藉，也是你生命中最重要的成长力量。

（4）写在第二大同心圆内的是你的"二级人际财富"。你们彼此关心，时常聚在一起聊天戏耍，一起分享快乐，一起努力奋斗。虽然你们之间有些秘密是无法分享的，但这类朋友让你时常感到人生的温馨。

（5）写在最大一个同心圆内的属于你的"三级人际财富"。这些朋友，可以是平时见面打个招呼，但是需要帮助时也愿意尽力帮忙的朋友；可以是曾经比较亲密但渐渐疏远，却仍然在你心中占有一席之地的朋友；也可以是平时难得见面，却不会忘记在逢年过节问候一声的朋友。

（6）同心圆外的空白处代表你的"潜在人际财富"。尽量搜索你的记忆系统，把那些虽然比较疏远但仍属于你的人际财富的人的名字写下来。

第二步：思考和分享

（1）你的人际交往现状如何？自己满意吗？

（2）你认为自己身上的什么特点使自己拥有这样的人际财富？自己身上什么性格品质给你带来了好人缘？或者如果你的人缘不太好是什么原因导致的？

试着一边整理自己的人际财富，一边反思自己在人际交往中所体现出来的性格特点，找出自己需要继续发扬和改进的地方。

24. 生命五样

第一步：请在白纸上端中间郑重地写下你的名字，比如"林立的五样"。名字一定要写，因为这个名字代表的不是别人，就是你自己。它代表着你的身体、你的记忆、你的爱好和你的希望。总之，它就是你的一切。

第二步：请写下你生命中最重要的五样东西。这五样东西，可以是实在的物体，比如食物、水或钱；也可以是人，比如父母、朋友；也可以是动物；也可以是精神的东西，比如学习；也可以是你的爱好；也可以是抽象的事物，比如祖国或哲学；也可以是具体的物品，比如一个瓷瓶或一组邮票；还可以是一些表述，比如健康、快乐、幸福、事业、金钱、名誉、地位。总之，你尽可以天马行空地想象，只要把你内心最珍贵的五样东西写出来就是了。

第三步：请你拿起笔，在你的人生五样中去掉一个，去掉！用笔狠狠地涂掉，直到看不清字迹或成为黑洞。为什么？因为"人有旦夕祸福，月有阴晴圆缺"，现在，你的人生出了点意外，你生命中最宝贵的五样，保不住了，你要舍去一样。你必须这样做才能继续你的人生，因为这是上天的安排，是我们每个人都不可避免地要遇到的，这就是人生。好了，经历了失去的痛楚，你现在只剩下四样最重要的东西。

第四步：命运是残酷的，现在，它又在向你发起挑战。你必须在剩下的四样中再划掉一样，对，用笔把他（她、它）涂掉，因为你已经不能再拥有他（她、它）了，这就是命运，你别无选择。

第五步：命运又在捉弄你，现在你又遇到了人生的重大变故，你要在仅有的三样中再去掉一样。希望你咬牙坚持，咱们把游戏进行到底。残酷的压榨不是来自一张白纸，而是来自不可预测的命运。危险无处不在，机遇稍纵即逝。现在，你的人生中最重要和珍贵的东西就剩下两样了。你在哭泣吗？但请你千万要挺住并坚持下去。

第六步：你还要从仅剩的两个挚爱中再涂掉一个！比如，你可以去掉你的父母、你的妻子或者是……大难当头，千钧一发，看你往何处躲。

你的纸上只剩下了一样东西，这就是你最宝贵的东西。你涂掉了四样，它们同样是你宝贵的东西。被涂掉的顺序就是你心目中划分的主次台阶，有点像奥林匹克竞赛中的领奖台，冠军是金，亚军是银，第三名是铜。

好好记住这个顺序吧，它们就是你的人生优先排序。如果在生活中遇到无所适从的时候，不妨用头脑中的打印机，把这张纸无形地打印出来。它会告诉你，什么才是你的最爱，什么才是你最为重要的东西，什么才是你恋恋不舍的东西。

请再拿出一张纸，列出你在今后的人生岁月里，你应该为你的"珍贵无比的五样"做些什么？怎样做？

最后，在你遇到难以作出的决定的时候，请想想你的五样。心理健康的人不是没有问题，而是他能有效地解决问题。尽量使你的决定和你的价值观相吻合，和你不懈追求、细心呵护的"五样"相一致。

25. 雨中人压力测试

指导语：请你找一个舒服的姿势坐下，让自己放松。轻轻闭上眼睛，把注意力集中在呼吸上，深呼吸。每一次呼吸都让你更加放松，现在想象一幅雨中人的画面。将你的注意力集中在这个画面上，直到它越来越清晰。那是怎样的画面？是什么样的氛围？人物在做什么？情绪是怎样的？注意这个情景。好，现在大家睁开眼睛，把你想象中的形象竖着在纸上画出来。绘画时间为15分钟。

绘画心理测试雨中人，测试一个人的压力应对模式，"雨中人"绘画元素解读如下：

首先，雨代表着主观感受到的压力或困扰，雨的大小，表示压力的大小，雨的密度和量表达了压力或困扰的严重程度。伴随雨的出现，还可能画出乌云、大风、闪电、太阳或彩虹，这些都与自然现象相符合。

其次，雨中之人是否有遮蔽物（雨伞、雨衣、帽子、斗笠等）以及遮蔽是否完好，与压力应对的方式以及这种方式是否有效有关；雨中的人物大小、是否完整、朝向、人物比例、情绪等与个体的自我意识有关。

此外，还有画面的附属信息，比如整体画面的位置、大小、线条的轻重浓淡、涂黑或者阴影、精细程度、是否涂改、绘画用时等，则可以反映出个体的自我概念、个性、心理能量的大小、情绪状况和防御机制等。

整体画作内容的解释：

一般认为，大雨中无遮蔽反映着绘画者遇到压力时，感到无力无助，有一定的依赖性，既不满足环境也没有离开环境的行动。有雨具来遮蔽风雨，但雨具不是很有效，或雨伞被吹翻，或身上依然被淋湿，这种人可能会有一定程度的焦虑，对压力有些适应不良。用雨具把人物保护得很好，表情也沉着乐观，则更可能良好地应对压力。

然而，每一幅画作都是绘画者心灵的创作，有其独特的含义。在实际绘画中会发现，有的绘画者画出把雨具扔在雨里或用手接雨滴，心情很愉快。或者虽然雨具遮蔽良好，却在大的雨伞下画了又黑又小的火柴人，这可能表示个体需要外界的保护和支持。

另外，有人画出和亲人或与恋人走在一起，这也可以看出当事者的支持源和能量流动方向。

二、大学生心理健康课程中影视资源

（一）经典心理电影推荐

1.《心灵捕手》（Good Will Hunting）

心理学看点：心理咨询，认知行为疗法+来访者中心。精神分析弗洛伊德。

2.《当幸福来敲门》（The Pursuit of Happyness）

心理学看点：从发展心理学视角，探究孩子在逆境中的自我拯救。面对逆境，选择成长型心智模式，幸福总会来敲门。

3.《土拨鼠日》（Groundhog Day）

心理学看点：存在主义心理学，穿越生命的无意义重复，学习如何打破生活循环的怪圈。

4. 《大象》（Elephant）

心理学看点：社会心理学和犯罪心理学，暴力的殡仪馆。

5. 《秘窗》（Secret Window）

心理学看点：DID，多重人格。

6. 《致命 ID》（Identity）

心理学看点：分离性身份识别障碍，旧称 MPD，多重人格障碍。DID 身份识别障碍，多重人格。

7. 《火柴人》（Matchstick Men）

心理学看点：洁癖、强迫型人格。

8. 《失眠》（Insomnia）

心理学看点：严重失眠症。

9. 《异度空间》（Inner Senses）

心理学看点：精神分裂症。

10. 《美丽心灵》（A Beautiful Mind）

心理学看点：妄想型精神分裂症，以及爱在精分治疗中起到的决定性作用。

11. 《死亡试验》（Das Experiment）

心理学看点：服从心理，经典的社会心理学实验。

12. 《记忆碎片》（Memento）

心理学看点：Short-term memory failure 短时记忆障碍，海马体损伤。

13. 《搏击俱乐部》（Fight Club）

心理学看点：DID，身份识别障碍，多重人格。

14. 《圣女贞德》（The Messenger：The Story Of Joan Of Arc）

心理学看点：精神分裂症。

15. 《一树梨花压海棠》（Lolita）

心理学看点：性心理变态。

16. 《心理游戏》（The Game）

心理学看点：人格/性格测试，应用，设计情景。

17. 《第八日》（Le Huitième Jour）

心理学看点：唐氏综合征。

18. 《梦旅人》（Picnic）

心理学看点：影片并没有过多地表现精神病的歇斯底里，取而代之的是这些病人的单纯和可爱，由此展现了现实的残酷和生命的脆弱。岩井俊二的巅峰作。

19.《沉默的羔羊》(The Silence Of The Lambs)

心理学看点：Abnormal 的心理学，潜意识，人格分析。变态心理学，异性癖、食人狂。

20.《雨人》(Rain Man)

心理学看点：孤独症（通俗点叫自闭症）—高功能孤独症。

21.《蓝丝绒》(Blue Velvet)

心理学看点：展现了各种性心理扭曲的场景。

22.《发条橙》(A Clockwork Orange)

心理学看点：条件反射，厌恶疗法，行为主义经典。

23.《爱德华大夫》(Spellbound)

心理学看点：梦的解析、失忆、强迫泛化。

24.《美丽人生》(Life Is Beautiful)

心理学看点：环境对人成长的影响，美丽的爱情与伟大的父爱，健康心理。

25.《阿甘正传》(Forrest Gump)

心理学看点：心理应激、创伤治疗，积极励志。

（二）心理电影赏析教学示例

1.《心灵捕手》影片的心理学评点

影评要点：(1) 心理咨询的真谛是什么？(2) 心理咨询的技术与信任有什么关系？(3) 心理咨询中亲密关系的建立对咨询效果是否有利？如何建立这种亲密关系？(4) 童年创伤对一个人的以后人生有无影响？要避免消极的影响应该怎么做？(5) 真正的伙伴关系是怎样的？在这方面你从影片中得到怎样的启发？

交流讨论：不良情绪是否需要表达出来？如何表达？结合自己谈谈看法。

2.《当幸福来敲门》影片的心理学评点

影评要点：(1) 一个人成功的关键（秘诀）是什么？(2) 什么是幸福？幸福最终会来敲门吗？怎样才能来敲门（如何去追求）？(3) 影片中当男主人公克里斯屡遭挫折时，是什么成为他不懈努力的动力？(4) 一个人如何面对人生低谷？谈谈你的看法。(5) 该影片还如何反映两个敏感问题：诚信责任和机会缺失的？你是如何看待的？

交流讨论：(1) 什么是幸福？你认为怎样才能使幸福来敲门？(2) 一个人如何面对人生的低谷？谈谈你的看法。(3) 你认为一个人成功的关键是什么？

3.《土拨鼠日》影片的心理学评点

影评要点：(1) 每天早上醒来，发现日子不断往复，明日不再来，影片中到底是什么打破了"时间停留"的咒语？（2）如何进行自我救赎？（3）你认为人生终极目标是什么？（4）如何用马斯洛的需要层次理论来解读本片？（5）如果你是菲尔，你会怎么办？

交流讨论：（1）你认为人生终极目标是什么？（2）马斯洛的需要层次理论是什么？你是如何理解的？

三、大学生心理健康课程考核《自我分析评估报告》撰写要求

对自己的价值观、性格、兴趣和能力进行较为客观的评估及对自己未来做个简单的定位。

要求：

1. 综合自我探索和心理测评的结果等信息，分析评估自己的价值观、兴趣、性格和技能；

2. 对自己的基本情况做一个简要的分析和定位；

3. 对自我发展可能出现的问题进行估计。

第三章

实践活动

高校心理健康教育活动作为大学校园文化的重要组成部分，对增进学生心理健康水平、提升心理素质有重要作用。实践活动是高校落实心理育人的关键环节，2017年12月，教育部颁布的《高校思想政治工作质量提升工程实施纲要》指出：心理育人要坚持育心与育德相结合，加强人文关怀和心理疏导，深入构建教育教学、实践活动、咨询服务、预防干预、平台保障"五位一体"的心理健康教育工作格局，着力培育师生理性平和、积极向上的健康心态，促进师生心理健康素质与思想道德素质、科学文化素质协调发展。

第一节 心理健康教育实践活动概述

一、心理健康教育实践活动的目标和实施策略

（一）大学生心理健康教育实践活动的目标

开展心理健康教育实践活动，要紧紧围绕服务学生成长成才的目标，从学生需求出发，紧扣大学生心理健康教育工作体系，通过实践活动开展，宣传普及心理健康知识，增强心理保健意识，提高学生心理品质。

第一，内容系统化。从学生的实际需求出发，加强活动策划设计，构建有助于大学生良好心理品质培养的实践活动体系，包含大学生的情绪管理、人际交往、自我意识、恋爱处理、职业生涯规划、生命教育等各个方面，形成系统化的实践活动教育体系。

第二，活动持续性。针对大学生在各个阶段容易产生的不同心理问题，科学设计大学生心理健康教育实践活动，切实发挥心理健康教育的预防性和发展性功能，并贯穿学生学习生活中的各个阶段，确保实践活动的持续性。

第三，参与全员性。心理健康教育应覆盖全体学生，从新生到毕业生。心理健康教育实践活动的实施应从全员参与的角度出发，调动学生的积极性，达到潜移默化的教育效果。

第四，区域全覆盖。心理健康教育实践活动的设计，应该走进大学生日常学习、生活的各个领域，包括校园、班级、食堂、宿舍、企业、网络等，使心理健康教育涵盖全体学生，植入教育服务理念，提升教育的实效性。①

（二）心理健康教育实践活动的实施策略

第一，融入积极心理学理念，提升大学生心理健康教育实践活动质量。实践活动是高校大学生心理健康教育推行积极心理学的最有效形式，因此，任何主题下的教育实践活动都要设法融入积极心理学理念，让学生在活动中深刻地体验到积极情感带来的愉悦心境，进而培养一种积极有效的态度、体验和行为。

第二，打造高素质、多层次、专业化的心理健康教育实践活动队伍，保障实践活动科学、顺利进行。心理健康教育是一项具有很强专业性的工作，要求工作人员具有专业知识背景、丰富的实践经验及较高的自身素质。高校应该重视和培养一支高素质、专业化的心理健康教育团队。同时，注重构建多层次的队伍，形成"专职心理教师、辅导员、心理协会干部、二级院系心理部成员、班级心理委员、宿舍心理信息员"的网络队伍，有效保障活动层层落实，避免流于形式或者局限在部分学生身上。这样既能提升活动的质量，又能扩大教育的覆盖面，从而保证心理健康教育的实效性。

第三，活动设计是集知识性与趣味性、教育性与引导性、系统化与持续性于一体的教育内容。首先，内容要有趣味性，也应有知识性，既来源于日常的大学生活，又带有知识普及性；其次，内容要有教育性和引导性，既调动学生的积极性，又引导学生将心理健康知识与学习和日常生活结合起来；最后，活动内容还要有系统化与持续性，可以设计专题集中型、知识普及型、技能训练型、文艺宣传型、趣味娱乐型的系统化实践教育内容，可以每年定期开展同一内容的活动形式，解决大学生心理健康教育实践活动模式较少、安排不规范、主观性和随意性较强的问题。

第四，开拓大学生心理健康教育实践活动新途径，拓宽学生自我保健和心理互助的渠道。可通过多种形式提高学生的参与度，充分发挥朋辈的作用，通过同学之间的积极交往、心理互助和有效辅导，最终实现大学生的身心健康。首先，编制适合大学生日常学习生活的心理健康知识应用手册，简单、科学、

---

① 方丽芳.大学生心理健康实践教育体系的构建研究[J].开封文化艺术职业学院学报，2020，（12）：109-110.

通俗易懂，引导学生通过自学，从中吸取有利于自身成长的知识。其次，结合当前大学生创造力强、积极活跃的特点，可以通过各类竞赛、比赛，融合知识性和趣味性，发挥学生的主体作用，提高学生的参与积极性，关注学生的积极体验。再次，有效利用多媒体等网络平台，将心理健康知识渗透到学生日常学习和生活中。多平台、多途径帮助学生进行有效的自我教育和心理互助，有助于培养学生良好的心理素质。

二、心理健康教育活动开展的方法和途径

（一）心理健康教育活动开展的方法

1. 组织策划

在开展心理健康教育活动前，首先要设计活动策划书。一般包括活动目的、活动主题、活动对象、主办单位和承办单位、活动时间和地点、活动内容和流程、前期准备、经费预算等。

2. 宣传准备（利用心理协会和心理委员）

策划方案做好之后，就要发文通知各院系师生，心理协会开始进行各种准备，包括物资、横幅、海报以及活动需要的工作人员等，也可面向心理委员招募志愿者。

3. 实施开展

根据策划书和活动通知依次开展各项活动，广泛发动学生干部组织进行，做好现场次序维持和活动摄影等工作，结束后撰写活动简报并进行宣传。

4. 活动总结

活动结束后进行必要的总结，好的经验以及不足之处，以便今后传承和改进。

（二）心理健康教育活动开展的途径

1. "3·25"心理健康教育主题系列活动

"3·25"谐音"善爱我"，是2012年由西南交通大学心理研究与咨询中心主任宁维卫教授首次倡议并发起的大学生心理健康教育日，该项活动得到了教育部和四川省教育厅的大力支持，并逐步辐射到全国高校，得到了大多数高校心理教育工作者的支持和认同。"善爱我"理念的提出从心理学的角度意在倡导大学生善待自我、关爱自我，并以发自内心的爱与和谐来善待、关爱他人及社会，共同构建美丽和谐校园。该系列活动的主题为"善爱我，与爱同行"，意为向大家传递爱，善爱自己、善爱他人。通过"3·25"活动，用多项举措培养学生"善待我"的生命意识，全方位助力学生"善爱我"的积极心理品质培育。

2. "5·25" 心理健康教育宣传月系列活动

每年5月25日是中国国家大学生心理健康日，最早在2000年由北京师范大学心理系团总支、学生会倡议，随后十多所高校响应，并经有关部门批准，确定5月25日为"中国国家大学生心理健康日"。"5·25"是"我爱我"的谐音，对此，发起人的解释是：爱自己才能更好地爱他人。2004年团中央学校部、全国学联共同决定将5月25日定为全国大、中学生（包括中职学生）心理健康日，"5·25"的谐音即为"我爱我"，提醒大学生"珍惜生命，关爱自己"。此节日的核心内容是：关爱自我，了解自我，接纳自己，关注自己的心理健康和心灵成长，提高自身心理素质，进而爱别人，爱社会。如今，"5·25"大学生心理健康活动周/月已成为全国大学生活动的一个著名品牌，是我国实施大学生心理健康教育的一项特色宣传活动。通过组织设计系列内容丰富、形式多样、参与性强、针对性强的活动载体，宣传大学生心理健康知识，普及建设和谐社会、和谐校园、和谐心灵的理念，为学生搭建起锻炼心理素质、提高心理承受能力的平台，全方位地加强对大学生的心理健康教育，在广大学生中营造一种关注心理健康、懂得心理健康、重视心理健康的氛围。

3. "10·10" 世界精神卫生日宣传活动

"世界精神卫生日"是由世界精神病学协会（World Psychiatric Association，WPA）在1992年发起的，时间是每年的10月10日。世界各国每年都为"世界精神卫生日"准备丰富而周密的活动，包括拍摄、宣传促进精神发育健康的录像片、开设24小时服务的心理支持热线、播放专题片等等。1996年9月10日，卫生部印发《关于开展1996年"世界精神卫生日"宣传教育活动的通知》（卫医康发〔1996〕79号），要求全国各地开展形式多样的"世界精神卫生日"宣传活动。在高校开展"10·10"世界精神卫生日心理主题活动，旨在进一步在全校范围内广泛宣传、普及精神卫生知识，增强大学生心理健康意识，引导同学们积极关注自我，培养健康心态，更多地参与到心理健康维护的活动中。

4. "12·5" 心理健康教育主题活动

"12·5"取其谐音"要爱我"，"12·5"心理健康教育主题活动是为了丰富学生课余生活，在广大学生中宣传心理健康知识，开展心理健康主题活动，从而提高学生心理健康意识，掌握基本的心理调节方法。在全校范围内组织开展以"要爱我"为主题的心理健康教育活动，活动以主题班会、团体心理辅导、心理电影赏析、辩论赛等多样形式帮助学生学习心理自助方法，深入了解心理求助渠道。

（5）结合新生入学、学生毕业时间段开展相应的心理健康教育活动。新生入学后，可开展新生心理健康教育专题讲座，开展新生适应团体心理辅导活动或者新生班级的心理健康快车活动，以帮助大一新生尽快融入大学生活。在学生毕业前夕，开展有关就业择业心理调适讲座和团体心理辅导、职业心理测评等，帮助学生顺利就业和步入社会。

第二节 心理健康教育实践活动的常见类型

一、宣传活动

1. 知识宣传

通过编印发放心理健康报、心理刊物、心理健康知识手册（包括新生心理自助手册、精神卫生宣传手册、心理委员培训手册等）向学生普及心理健康卫生知识，增强学生的心理保健意识，提升心理健康知识素养。

2. 媒介宣传

通过校园广播、心理健康网站、微信公众号等媒介形式宣传心理健康知识，增加对心理健康知识的摄入途径，让更多的学生能接收到信息，以此来达到面向全体学生进行心理健康知识普及的效果。

3. 心理游园会

心理游园会目的是提高广大学生心理健康意识，营造积极向上的校园文化，提高大学生心理健康素质，引导大学生在学习工作和生活中拥有积极乐观的心态面对挫折和挑战，培养大学生良好的团队合作精神，增强大学生的社会适应能力。活动内容多彩多样，趣味横生。一般来说，心理游园会会设置心理测试区、心理游戏区、心理实验区、心理知识科普区和咨询区五个摊位，向同学们进行心理知识和心理现象的科普，减少心理学和心理咨询的神秘感。有多种活动性、趣味性、体验性的项目，也可能组成闯关活动。

二、竞赛活动

1. 心理健康知识竞赛

心理健康知识竞赛活动可以丰富大学生课余生活，普及心理健康知识，拓宽大学生知识面，增强大学生对心理方面的了解及关注，增强大学生综合素质。健康、积极地引导学生掌握心理健康基本知识并用于实践中，让广大学生掌握更多维护心理健康和提高心理素质的方法，加深对心理知识的理解，自觉维护自身的心理健康，认识到心理健康的重要作用，帮助大学生树立心理健康意识，优化心理品质，增强心理调适能力和社会生活的适应能力，预防和缓解心理问题。

2. 心理征文比赛

心理征文比赛可以宣传和学习心理健康知识，树立心理健康理念，丰富大学生的课余生活，让学生更加关注自身和他人心理健康，关注心灵成长，感悟心灵，珍爱生命。同时为学生抒发内心、宣泄心情提供了一个机会，有益于他们的身心健康，也有助于了解学生的内心世界，从而有针对性地开展心理辅导。

4. 心理漫画比赛

心理漫画是无形心理状态的外在影像，既是大学生自我探索、自我认知的一种途径，又能诠释心理健康理念，普及心理健康知识。心理漫画比赛鼓励学生站在健康心理学的角度，去观察自己、观察身边的人和事，觉察自身对待生活的态度，感受生活的点滴。

5. 园艺贴画比赛

园艺贴画比赛是一种创新宣传活动，引导大学生走进大自然、亲近大自然，利用校园里的枯枝、落叶等大自然的材料，制作一幅反映心理世界的创意贴画。从大自然中获取积极心理能量，感受生命与艺术的融合，感受静心与艺术的魅力，进一步培养大学生的积极心理品质。

6. 校园心理情景剧大赛

校园心理情景剧是近年来心理辅导领域出现的一个新生事物，在大学生心理辅导和心理治疗方面发挥了独特和良好的教育作用和效果，是高校开展大学生心理健康教育的一种有效的教育辅导方式。心理情景剧是在心理剧的理论基础之上，从青少年的心理需求出发，以体验为主要途径，通过演绎校园生活中的人和事来减轻学生的心理压力，使学生学会如何应对和正确处理生活中的问题，为学生提供互助的氛围和平台。它寓教于剧，让学生在轻松愉快的气氛中潜移默化地学到一些解决心理问题的方法，得到一些有益的启示，从而重新审视自己的问题，改善人际关系，获得成长，同时能发动学生用自己的视角思考，发掘学生自编、自导、自演的创作能力，引起同学们的共鸣，提高学生的心理素质，让更多的人关注自身心理健康，达到自我教育的目的。

7. 手语舞比赛

手语舞比赛活动旨在引导学生关注心理健康，弘扬心理文化，更好地展现当代大学生积极进取的精神面貌。同学们通过无声手语的展示，引领并带动其他同学共同体悟生命的精彩与感动，达到净化心灵、改善身心和谐的健康目的。手语舞大赛能够丰富校园艺术文化生活，浓厚校园文化氛围，促进同学间的交流，增强同学们的团队意识和协作能力，让同学们更深刻地了解有关大学生心理方面的知识，提高同学们对大学生心理方面的重视。

三、专题讲座

组织学生开展心理健康专题讲座，比如：新生入学心理适应、自我认知、情绪管理、压力管理、时间管理、人际关系、亲子关系、毕业生就业心理调适、挫折应对、生命教育等，帮助学生有效地应对各种心理问题。

四、心理主题班会

心理主题班会是大学生互助式的心理健康教育活动形式，内容丰富，形式灵活，可以采用讲座、座谈、辩论、参观访问、拓展训练、心理剧表演、行为训练、心理活动课等富有特色、同学喜闻乐见的方式进行。一般每月一次心理主题班会，有利于加深学生对心理健康知识的掌握。

五、心理电影沙龙

展播一部心理题材的电影，以培养学生的心理健康意识。很多电影都包含了一定的心理学思想，对于那些对心理学感兴趣、渴望学到心理学知识的同学来讲，心理电影毫无疑问提供了好的情景和个案。通过组织学生观看心理学电影，观看心理电影后进行观影赏析，可以把心理电影中体现的心理学思想及相关专业知识进行剖析，激发学生对心理学学习的兴趣，丰富学生心理学知识。

六、户外素质拓展活动

户外素质拓展活动是培养学生的团队协作能力、积极进取拼搏精神的重要手段，它可以丰富学生课余文化生活，增强学生间的交流与沟通，培养学生良好的沟通能力和团队合作精神，发展良好的人际关系，让学生挑战自我，提高克服困难的能力，提高学生的综合能力，促进学生全面发展。

第三节　心理健康教育活动特色创新与品牌创建

一、心理健康教育活动开展的特色创新

心理健康教育活动是一种以实践为主的生动体验，活动的内容和形式在新时期需要不断突破，推陈出新。它要求活动的组织者以合情合理的活动形式与心理健康教育相结合，同时置身学生的视角紧扣活动主题，提升活动的参与率。通过分析高校心理健康教育现状并结合实践经验提出的创新性活动方案，能够在一定程度上丰富校园文化，提升心理育人实效，完善心理健康教育工作。

（一）丰富以互联网为载体的活动形式

随着各种新媒体的出现，传统的心理健康教育活动已经不能满足互联网时代的教育模式，需要高校更好地利用和掌握新媒体技术，丰富以互联网为载体的心理健康教育活动。由于当代大学生会投入大部分的时间和精力在互联网上，高校心理教育工作者们就要利用好数字化和新媒体，通过研究各平台的运营方式进行活动创新。比如，通过微信公众号和小程序传播心理小知识、讲述心理小故事、开展心理小测试等，通过一定周期更新的方式不断推送新鲜的心理知识相关内容，传达给学生阳光积极的心理力量，教给学生处理日常琐事的技巧。短视频形式的生动活泼使抖音等平台风靡兴起，我们可以通过一定的技术手段把心理健康的相关视频制作上传，利用公众号进行发布和宣传，引导学生学习和关注日常心理现象等有趣的内容，根据学校或学院不同时期的校园文化主题适时推送给面临升学、就业、考试等各类压力的学生。

（二）通过艺术表达创新心理健康教育活动开展形式

1. 心理沙盘表达

心理沙盘游戏是一种运用意象与潜意识的心灵对话，它对人格发展、想象力、创造力的培养以及健康心理维护等发挥着积极的促进作用。团体心理沙盘游戏可有效促进现实人际互动的改善，学会从别人的角度看问题，通过感悟他人的心理，从而促使自己心理的成长。

2. 绘画心理表达

绘画是潜意识的表达，是无声的语言，也是真实的语言。绘画作为一种天然的表达自我的有效工具，一张画，就能透露出一个人的内心世界，通过看画能理解他人，更能读懂自己。团体绘画生动趣味，可增进互相了解，促进相互信任与合作，从而提升人际关系与沟通能力。

3. 心理情景剧

校园心理情景剧是把学生在日常学习、生活、人际交往等过程中遇到的心理冲突、烦恼、困惑以角色扮演的形式展现在舞台上，并积极有效地解决心理冲突，从而让学生从中体验心理的细微变化，以达到宣泄、释压和心理调节效果。校园心理情景剧主要围绕问题展开，重在通过问题展现人物的心理发展历程。它是一种演绎过程，更是一个分享的过程，通过演绎和分享，能促进当事人和观众共同成长。

4. 音乐疗法

音乐疗法是学校心理辅导和心理健康教育的重要手段，适合学校的教育情境，对于预防和治疗同学们的身心疾病，调适不良情绪，维护身心健康，促进同学们的自我表达，开发同学们的创新思维和创新能力等具有非常重要的作用。音乐作为一种载体，是情绪的语言，同学们很容易唤醒被隔离的感受和传递个体最深的情绪情感体验，敞开心扉打开"真实"的自己，更容易营造出真诚、信任的辅导氛围，同学们在音乐体验的过程中，缓解心理压力，从而达到心理宣泄、心理治疗、心灵沟通等效果。利用音乐疗法工作坊对学生心理压力进行疏导，调节心理压力、情感挫折及不完整人格，降低内心的不稳定情绪，使同学们用正确积极的心态面对学习、就业、情感、生活中的各种压力，端正情感态度与价值观，在提升文化素养的同时，提升心理素养，促进全面发展。

5. 舞动疗法

大学校园舞动治疗体验可以将舞动疗法工作坊和专题活动、舞蹈课等形式相结合，以主题性活动来观察学生体验心得，由群体舞动、游戏、手语舞、交流、总结等内容组成。首先要制定舞动体验坊的训练内容和活动主题，并邀请专业的舞蹈教师和心理咨询教师的参与。舞动治疗的体验实践研究活动，可改善当代大学生的心理健康和人格培养。大学校园舞动疗法体验活动的主要意义有以下几点，一是缓解心理压力，调节身心平衡；二是建立自信，懂得健康的意义；三是正确认识事物，树立良好的世界观。参与者精神面貌得到了改善和找到一种调适的方法，他们学会更多地融入集体，找到归属感，学会释放心灵，懂得感悟人生。

（三）以身体锻炼方式促进心理健康

研究及实践证明，以身体锻炼为主导的行为方式可以有效促进个体的心理健康。适当的身体锻炼可以帮助抑郁症和焦虑症患者减轻病症，中国传统的书法、舞蹈、太极拳等修身养性的锻炼方式也能够达到强身健体、促进心理健康的功效。因此，在高校心理健康教育环境下，组织学生适当进行户外锻炼活动能够降低学生心理问题的发生率，相应地促进和改善学生心理健康状态。在策划和组织运动锻炼时，要根据学生身体强度和自我意愿，结合具体运动的接受度和趣味性适度开展。运动锻炼的方式可以在团队建设项目、趣味运动会、心理游园会等系列活动中选取并因地制宜改造某些运动量适中、适应性较强且需要团队协作完成的运动项目。在倡导多元化运动锻炼方式的当下，创新和发展趣味运动是提高学生活跃度和参与度的重要举措，只有激发起学生群体的积极性，提升活动反馈的满意度，才能有效普适心理健康教育。①

（四）开展符合青年学生心理特点的实践活动

目前，处在高校受教育阶段的大学生群体多是"00后"，这是一群追求自由和个性张扬的年轻人，他们的思想有独特性、显著性特征。因此，在开展心理健康教育实践活动时，需要充分考虑他们的需求和喜好，可以通过前期线上问卷调查找到学生的关注点和兴趣点，并让心理协会等干事参与到活动主题的策划和环节的编排中，利用青年学生乐于接受的新形式开展他们感兴趣的主题活动。这样，心理健康教育实践活动会更加彰显青年学生的活力和风采，也会与时俱进、不断创新。

二、心理健康教育活动开展的品牌创建

探索实践具有一定特色的学生心理健康教育主题活动，引领学校品牌化大学生心理健康主题教育活动的组织开展，是进一步加强和改进学校心理健康教育工作的重要举措。创建心理健康教育活动品牌需要结合本校实际校情，精心策划主题鲜明、寓教于乐的心理健康教育活动，以"3·25""5·25"为主线开展实践活动，注重形成品牌效应，成为心理健康教育工作的特色亮点，创造心理活动氛围，活动品牌的打造需要做足做细做实，且需要长年累积创新。常见的品牌活动包括：

1. 心理素质拓展活动

心理素质拓展活动需要进行师资培训和购买拓展训练器材，且根据不同对象和目的设计相应的活动项目。把心理素质拓展活动融入课堂和培训，尤其是对学生干部的培训形成惯例，每年定期举办心理素质拓展比赛，常年积累即形成品牌活动。

---

① 王晶，赵贵臣．高校学生心理健康教育活动的创新性探索［J］．教育教学论坛，2021，(18)：176-179.

2. 校园心理情景剧大赛

校园心理情景剧大赛是大学生心理健康教育的良好载体，它为广大学生提供了一个展现自我的平台，同学们自编自导自演，讲述自己的成长故事，启发学生从另一个角度重新审视和感悟自己的生活，有效提升学生的心理素质，因而备受同学们的欢迎。校园心理情景剧大赛一般作为"5·25"心理健康宣传月的系列活动之一，也可单独进行，还可校际联赛。近些年也组织开展了全省及全国大学生心理情景剧大赛，为各校展示心理健康教育品牌活动创设了一个契机。

3. 心理健康大讲堂

可聘请校内外心理健康教育专业师资，围绕着全校师生关注或感兴趣的话题设计主题，每月一次或每两周一次均可。举办前要进行调研，了解学生需求，举办后进行反馈效果，以不断改进更新，一般来说举办两三年就能打造成品牌活动。

4. 心理健康快车

"心理健康快车"活动一般由心理健康教育中心指导、阳光心理协会主办，通过对大一新生以班级为单位进行心理健康朋辈辅导，帮助新生提高人际交往能力，解决学习发展困惑；同时加强新生班级建设，引导新生更好地适应大学生活。"心理健康快车"活动可分若干主题，如："适应与蜕变""新生活新起点""沟通与交往""目标与决策""挫折与应对""个性与合作""心灵的成长""亲情友情爱情"等，可涵盖大一新生部分班级也可全部（根据情况），开展前需要充分培训主持人，做好精心设计和准备。该活动使学生能够搭乘心理健康快车，在其成长过程中真正感受到心理健康教育的快乐，在开展过程中不断创新，已成为深受广大同学认可的品牌活动。

5. 心理嘉年华

心理嘉年华是心理游园活动的升华版，活动设计分成三个层面，第一：认知类活动。目标是发展学生智力、创造力和系统思维以及与生俱来的潜力；第二：体验类活动。让参与者的体验扩大到三个层面：内心体验，艺术、美感体验，身体体验；第三：实践类活动。通过实践活动让参与者与社会自然发生真切的联系，在志愿服务中提升个人责任感、集体责任感，在户外活动中，建立与自然的联结。

6. 心理园艺贴画

该活动新颖富有创意，利用校园里的花草、枯枝、落叶等来自大自然的材料，引导大学生从大自然中获取积极心理能量，制作形成反映作者内心特征的创意贴画。心理园艺贴画活动既能增强学生对美的认识，又能以花草树叶为媒，以花草树叶化心，让同学们在园艺贴画制作过程中表达内心，疗愈自我。该活动可以个人或团体为单位，通过选题、构图、粘花草树叶、主题分享与寄语等方式让学生与自己的内心对话。活动紧密结合心理艺术表达及绿色环保发展等理念，充分提高了学生对活动的兴趣，多角度提升了学生的心理健康意识，丰富了学生们的校园生活，培养了学生的的积极心理品质。

附件 心理健康宣传活动策划示例

示例一："5·25"心理健康宣传活动月广场活动策划书

为进一步加大和改进大学生心理健康教育，广泛宣传普及心理健康知识，展现当代大学生奋发蓬勃、主动向上的精神风貌，持续提升大学生心理素养和心理咨询工作水平，营造和谐校园、和谐心灵，丰富大学生的第二课堂，特此举行"5·25"心理健康宣传月活动，其意义是让同学们认识自我、接纳自我，能体验到自己的存在价值，乐观自信。

"5·25"即"我爱我"和我的大学生活——从周围的故事里了解心理健康的知识，领会心理健康理念，自觉关注自我心灵的健康，从中感悟发觉、摸索及解决自身问题的思维方式。

一、活动目的

1. 使同学们真切地体验到心理学中的乐趣，意识到心理问题的重要性，引导更多的同学来关注大学生的心理健康问题。

2. 宣传普及心理健康知识，提升大学生心理健康水平，增强大学生的调节能力。

3. 从关注心理健康的角度营造主动健康的校园文化氛围，培养团队协作精神。

二、活动主题：健康心灵，和谐校园，和谐社会

三、主办单位：心理咨询中心

四、协办单位：心理协会

五、对象：全体学生

六、活动地点：室内篮球场

七、活动时间：5月12日（星期四）下午5：00—6：30（人流量最大的时刻段）

八、前期预备

1. 策划：心理咨询中心和心理协会合作对本活动进行策划。

2. 宣传：各班级心理委员负责向各自班级宣传，提早一周挂横幅、出海报，提早三天到宿舍发宣传单、抽奖券，鼓舞同学们参加活动。

3. 工作人员穿上心理协会服于下午3：00到场预备场地用品。

4. 提早一周申请活动工具、场地；买好活动用品、奖品。

九、活动内容

游园活动

（一）丢掉苦恼、展现期望区

参与的同学能够先把自己的苦恼写在卡纸上，然后放到相应的箱子里。把自己写的期望和献给自己感激的或心中牵挂的人最真挚的祝福，写在卡纸上，然后亲手贴在事先摆放好的心形木板墙上。

（二）现场咨询区

邀请心理咨询中心教授或咨询师在活动现场和同学们进行面对面交流，解答同学们感情、学习、工作、家庭方面的疑虑和心理障碍，并向同学们宣传心理咨询，解除部分同学对心理咨询的误解。

（三）心理测试区

本区可提供多种心理试题测试，测试的结果会针对各题的情形作出相应的个性分析，同学们能够按照结果大致地了解自身目前的心理状况，了解真实的自我，学习到心理知识，走出心灵的逆境。

（四）心理图片展区

以展板为载体，通过图文并茂的形式向学生们宣传有关的心理健康知识，以及推荐一些优秀的心理学读物，向同学展现心理学的重要性和魅力，引导学生关注心理学。

（五）心理知识学习区

利用展板把一些常用的心理知识展现出来，给同学们自由学习，引导同学们学习心理知识，找到恰当的方法，走出心理逆境。

游戏区

（一）解套

目的：使参与者能够认识到，在遇到看似复杂问题的时候，只要通过换位摸索以及团队的合作就能够顺利地解决问题。

要求：

1. 人数控制在 5~10 人最佳。

2. 要有一个比较开阔的空地。

程序：

1. 要求所有的参与者围成一个圈。

2. 从任何一个人开始，要求她（他）将两只手分别与不相邻的两个人相握；然后这两个人再各自与不相邻的人握手，按此顺序继续，直至所有人的手都与其他的人相握。

3. 这时，所有人的手连接起来形成一个交错的套，现在要求大家在不松开手的情形下通过移动自己的躯体变换自己的位置，来解开交错的套。

评分：在小组人数相等的情形下，以解开套时所用的时刻的长短作为标准。

（二）瞎子走路

目的：关心学员、体会信任的建立取决于对自己团队成员的信心，相互之间的沟通是树立这种信心的基础，一旦信任完全建立，你就会感受到团队的工作气氛时那么地轻松愉快。

要求：两人一组（如 A 与 B）。

程序：A 先闭上眼睛，将手交给 B，B 能够虚构任何地势或路线，口述指引 A 行进。如："向前走……迈台阶……跨过一道小沟……向左手拐……"然后交换角色，B 闭眼，A 指引 B 走路。

分析：通过亲自体验，让学员体会信任与被信任的感受。作为被牵引的一方，应全身心信任对方，大胆遵照对方的指引行事，而作为牵引者，应对伙伴的安全负起全部的责任，对所有的指令均应保证准确、清晰；另外，万一指令有错，信任受到怀疑后很难重建。

评分：可算扩展游戏，不参加竞赛。

（三）穿越雷区

目的：培养两个人的信任合作精神及默契感。

要求：

1. 两人合作。

2. 需要若干长布条。

3. 要有一个比较开阔的空地。

程序：

1. 先分好组，每组若干 2 人小组，人数相等。

2. 在空地上划分 N 多雷区，每组难易程度相当。

3. 用长布条蒙住 2 组中一人的眼睛，另一人指挥，通过雷区，不能碰线，碰线者即被剔除。

评分：在规定的时刻内，走出雷区人数最多的小组获胜。

（四）如何建立信任

目的：增强团队建设。

要求：带眼罩行走，两人一组。

程序：

第一时期：一个人戴眼罩行走，另一人手牵手，能够提示；

第二时期：一人戴眼罩行走，另一人在其左右，但不能躯体接触，也不能使用语言提示；

第三时期：一人戴眼罩行走，另一人与其保持一定距离，不能使用语言提示。

游戏讲明：

1. 领导行为、观点的连续性、一致性，保持沟通，是信任建立的全然保证。
2. 手把手教—引导—建立信任，授权，同时持续给予指导。

（五）蜈蚣翻身

目的：训练学生躯体的灵活性、柔韧性、和谐性，让学生充分体验竞争与合作带来的压力和欢乐。

要求：参加人数以10人以上为一组。

程序：

1. 将组分好，举荐组长，以纵队方式排好。
2. 全组同学把双手搭在前面同学的双肩上组成一条"大蜈蚣"，开始练习一下"大蜈蚣"跑动，看看彼此是否和谐。
3. 接下来开始做"蜈蚣"翻身竞赛，要求第一位组员依次从第二、第三人拉手处，第三、第四人拉手处……一直到队伍最后两位的拉手处钻过去，第二位组员、第三位组员……跟随前面的组员一直钻完所有的手拉孔。

评分：完成"蜈蚣"翻身用时最少的组为胜。

（六）风雨同行

目的：通过游戏让学生接纳他人的长处，培养学生在体验团队合作中的扬长避短。

要求：1. 有一定的活动空间。
2. 眼罩、口罩、短绳，运动的其他物品能够任意预备。

程序：

1. 按7人一组分组，在7人中规定有2个"盲人"、2个"无脚人"、2个"无手人"、1个"哑巴"。
2. 在角色分配完成后按要求"盲人"戴上眼罩，"哑巴"戴上口罩，"无脚人"捆绑双脚，"无手人"捆绑双手。
3. 主持人把各组带到竞赛的起点，让小组成员把所有的物品搬运到终点。

评分：以用时最少者为胜。

（七）踩气球

目的：活跃气氛，增进和谐性和协作能力。

要求：分组进行，一组人数为3—5人，一次3—4组进行角逐。

程序：

A. 小组成员必须始终手拉手，背朝里围成一个圈。

B. 一个小组中只在一个人腿上绑四个气球，其余成员负责保护本组气球不被其他组踩破，同时要将其他小组的气球踩破；当某一组的气球全部被踩破了，则退出游戏。

C. 计分：每个小组最终剩下的气球个数+踩破其他小组的气球个数，一个计1分。

评分：得分高者取胜。

（八）绑腿跑

目的：培养信任合作、融合沟通的能力，和谐合作。

要求：

1. 空阔的场地。

2. 短绳。

程序：

1. 以5人一组为最佳，5人并排站成一行，相邻的两人腿绑在一起。

2. 宣布开始以后，小组集体向终点跑。

评分：用时最少的小组获胜。

（九）穿鞋子

目的：增强团队的协作能力。

简述：大伙儿合力来穿回自己的鞋子。

要求：每组三人以上。

程序：

1. 分组，不限几组，但每组必须三人以上。

2. 每个人脱下自己的鞋子，每组把鞋子堆成一堆，然后每个人围着鞋子一圈手牵着手。

3. 看哪组能最快地不放手地把每人的鞋子找出并穿上，系好鞋带。

十、场地布置

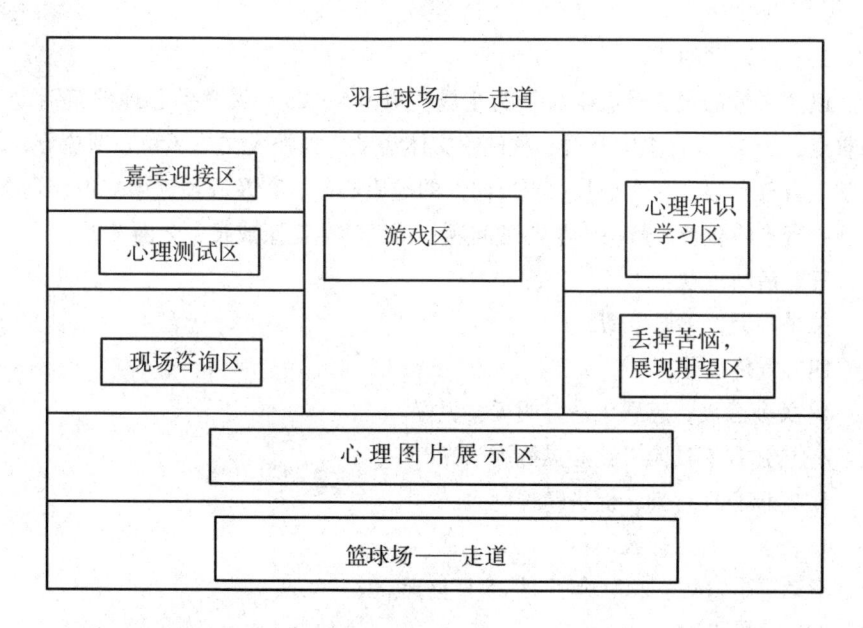

```
┌─────────────────────────────────────────────────┐
│              羽毛球场——走道                      │
│  ┌─────────┐   ┌─────────┐   ┌─────────┐        │
│  │嘉宾迎接区│   │         │   │心理知识  │       │
│  ├─────────┤   │  游戏区 │   │学习区    │       │
│  │心理测试区│   │         │   └─────────┘       │
│  └─────────┘   └─────────┘                      │
│  ┌─────────┐                  ┌─────────┐       │
│  │现场咨询区│                  │丢掉苦恼, │      │
│  │         │                  │展现期望区│      │
│  └─────────┘                  └─────────┘       │
│      ┌──────────────────────────┐               │
│      │     心理图片展示区       │               │
│      └──────────────────────────┘               │
│          ┌──────────────────┐                   │
│          │  篮球场——走道    │                  │
│          └──────────────────┘                   │
└─────────────────────────────────────────────────┘
```

十一、费用预算

1. 场地布置、海报费用 100 元。
2. 游戏工具 150 元。
3. 纪念品 150 元。
4. 游戏奖品 200 元。
5. 抽奖奖品 200 元。
6. 嘉宾邀请函、水共 50 元。
7. 宣传单 60 元。
8. 心理健康小手册制作 400 元。
9. 其他费用 100 元。
10. 总计 1410 元。

示例二:"5·25"大学生心理健康活动节策划方案

一、活动背景

5 月 25 日是全国大学生心理健康日,"5·25"的谐音为"我爱我",提醒大学生"珍爱生命,关爱自己"。其核心内容是:关爱自我、了解自我、接纳自我,关注自己的心理健康和心灵成长,提高自身心理素质,进而爱别人,爱社会。为增加大学生心理健康意识,提升大学生心理健康水平,根据教育部思想政治教育司文件精神,特开展心理健康活动月系列活动。

二、活动目的

以"关爱心灵，感恩生命"为主题，以"5·25"大学生心理健康活动节为重点，于4—5月集中开展心理健康文体活动，加强人文关怀和心理疏导，培育学生自尊自信、理性平和、积极向上的健康心态，普及心理健康知识与理念，实施心理素质教育，解决学生心理问题，帮助学生健康成长、全面发展。

三、活动主题

关爱心灵，感恩生命。

四、宣传口号

1. 关爱心灵，感恩生命，明天会更好。

2. 构建和谐校园，让心灵洒满阳光。

3. 提倡心理咨询，促进精神健康。

4. 健身健心，你我同行。

滚动屏幕宣传：2021年5月25日整天。

五、目标人群

全体师生。

六、活动时间

2021年4月20日—5月25日。

七、活动内容及时间安排

活动之一："为你打Call"活动

活动形式：通过便利贴的形式，可以是为自己欢呼、加油，为同学喝彩，为朋友助威，为教师点赞，为父母赞美等。

要求：内容积极向上，抒发真情实感；各班心理委员收齐之后粘贴在本班教室宣传栏里，并拍照发至邮箱＊＊＊@＊＊＊.com，可作为本学期一次心理主题班会活动。

活动时间：2021年4月20日—5月20日。

活动地点：各班级教室。

活动之二：学生干部心理素养提升培训讲座

活动时间：2021年4月20日—5月10日。

活动地点：各系自行安排。

讲座主题：压力调适、人际沟通、时间管理、素质拓展等。

参与对象：各班班长、系学生会团总支干部等。

培训教师：各系安排，另附。

要求：请各系联系主讲教师确定本系培训讲座的时间，并组织本系学生干部参加培训讲座，结束后把讲座安排课表、讲座简报、图片等材料发送至邮箱＊＊＊@＊＊.com。

活动之三：艺术心理表达工作坊

（一）团体沙盘游戏工作坊

活动时间：2021年5月11日14：00—17：00。

活动地点：大学生活动中心沙盘游戏室（医务室楼上）。

活动对象：对心理学感兴趣或渴望改善关系的同学（心理协会会员优先）。

参与人数：12人。

参与方式：把本人班级、姓名、自我简要介绍（性格、爱好、参与动机）、联系电话等信息于4月30日前发送至邮箱＊＊＊@＊＊.com，筛选后通知参与。

主讲教师：＊＊＊。

（二）团体绘画心理工作坊

活动时间：2021年5月11日14：00—17：00。

活动地点：大学生活动中心团体心理辅导室（医务室楼上）。

活动对象：对心理学感兴趣或希望提高团队合作能力的同学（心理协会会员优先）。

参与人数：24人。

参与方式：把本人班级、姓名、自我简要介绍、联系电话等信息于4月30日前发送至邮箱＊＊＊@＊＊.com，筛选后通知参与。

主讲教师：＊＊＊。

活动之四："自强于心，感恩有你"贫困生团体心理辅导

活动时间：2021年5月18日14：00—17：00。

活动地点：大学生活动中心团体心理辅导室（医务室楼上）。

活动对象：每系限选派3人（本着学生自愿参与原则）。

主讲教师：＊＊＊。

要求：各系把参与团体心理辅导的贫困生名单报给学生处资助中心＊＊＊教师（5月14日下班前），并通知学生准时参加。

活动之五：优秀心理委员评选活动

评选对象：2019级和2020级在职心理委员。

时　　间：2021年4月30日前。

评选方式：系部推荐与中心量化考核相结合。由辅导员对本班心理委员的工作进行考核和初评，把符合标准的心理委员进行推荐，再由学生本人填写推

荐表（另附）、辅导员填写推荐理由、系部盖章后把纸质推荐表于4月30日前送到大学生活动中心二楼心理值班室，并把电子版（文件名备注系名班级）发送至邮箱＊＊＊@＊＊＊.com。逾期视为自动放弃推荐，请各辅导员本着公平、公正的原则进行推荐，并在截止日期前完成推荐工作。

奖励办法：评选结果公示无异议后，颁发优秀心理委员证书。

活动之六："5·25"心理健康节现场宣传暨心理游戏闯关活动

活动时间：2021年5月25日13：00—17：00。

活动地点：图书馆前文化广场。

活动内容：

区域名称	活动内容
模块一：自我认知	活动1：我眼中的我
模块二：人际交往	活动2：拥抱 Free Hugs
模块三：学习策略	活动3：时间都去哪儿了
模块四：压力管理	活动4：与压力共舞
模块五：情绪智力	活动5：谁动了你的情绪按钮
模块六：生命无价	活动6：寻梦环游记

活动说明：

1. 每项活动的设计都是为了帮助大学生更深入地了解自身的心理状况，请认真对待。每项活动完成后可获得盖章，根据参与活动的数量（盖章的数量）兑换奖励。

2. 心理游戏闯关活动设有志愿者岗位，每项活动设有"关主"，由心理委员和心理协会会员担任，以锻炼学生的助人能力，有意者请于5月17日前到大学生活动中心二楼值班室报名。

3. 奖励措施

（1）现场参与闯关体验活动的学生可获得《大学生心理健康自助手册》一本（数量有限，以参与先后顺序发完为止）。

（2）参加体验的学生可以作为本学期《大学生心理健康教育》课程的加分项，通过4关加3分，通过5关加4分，通过6关（全通关）加5分，低于4关不加分。

（3）全部通关的学生可以参加抽奖，抽到奖的有惊喜礼品。

活动之七："蝶变·成长"第三届校园心理情景剧大赛

活动内容：本次大赛分剧本征集和现场表演两个比赛。

比赛时间：2021年5月25日19：00。

具体要求

1. 大赛内容：反映大学生学习生活及人际关系等方面的矛盾和情感冲突，心理问题表现清晰，心理冲突明显，解决方法、手段有效。剧本需为原创，内容积极健康，充分表现大学生心理成长过程，给人以启迪。

2. 每个系部至少提交一个原创剧本，参赛作品于5月9日前提交大学生活动中心二楼心理值班室，同时将电子版发送至邮箱＊＊＊@＊＊＊.com。

3. 人员要求：每个系组织一支代表队，每支队伍确定一名指导教师。请各系于5月20日前将参赛人员名单、剧本以电子版方式发送至＊＊＊@＊＊＊.com。其他事项另行通知。

4. 奖项设置：本次大赛设置一等奖1名，二等奖2名，三等奖4名，发放奖金和奖状。剧本比赛另设一等奖1名，二等奖2名，三等奖4名，优秀奖若干名，发放证书和奖金。

八、经费预算

序号	名称	单价（元）	数量	总价（元）
1	海报	20	20张	400
2	条幅	10	30米	300
3	展板	70	8个	560
4	印章	8	6方	48
5	印泥	6	7盒	42
6	心理健康手册	6	300本	1800
7	水彩笔	12	10支	120
8	油画棒	15	10支	150
9	卡纸	3	10张	30
10	气球	10	3个	30
11	礼品	6	100件	600
12	证书	7	100本	700
13	奖状	10	10张	100
14	设备租赁费	500	1套	500
15	服装租赁费	40	5套	200
16	请帖	5	20张	100

续表

序号	名称	单价（元）	数量	总价（元）
17	奖金（心理剧）	3600	1笔	3600
18	其他耗材	1	300件	300
总计		9580元		

十、宣传报道

1. 前期在＊＊网、学生班级群等网络上进行宣传，同时辅助以海报宣传。

2. 活动中后期在＊＊网、学校网站同步宣传。

学生处心理健康教育中心

2021年4月20日

第四章

团体心理辅导

团体心理辅导在学校心理健康教育工作中有着特殊地位，是学校心理育人的重要载体。团体心理辅导有着特殊规律和特殊技巧，其操作规范的"心育"功能是其他形式的"心育"载体所难以承担的，它满足了相同年龄段青年共同的心理发展需要。心理健康团体心理辅导也为传输丰富的"心育"内涵开辟了专门的渠道，它涵盖了大学生心理发展过程中方方面面的问题，如自我意识发展、情感情绪调适、人际交往训练、择业就业适应等等。它用一个比较充分、集中的辅导时间，围绕一个比较专一的辅导主题对学生进行辅导，为学校"心育"工作开辟了专门的渠道，也为学校"心育"操作提供了广阔的舞台。心理健康团体心理辅导为实现学校"心育"的目标提供了课程构架的保证，作为学校"心育"的重要载体，常常融入课程教学、实践活动中去，它在提升学生的心理素质、发展学生个性、学校教育人性化方面所起的独特作用，是其他"心育"形式所无法完全取代的。

第一节 团体心理辅导概述

一、团体心理辅导的概念和特点

团体心理辅导是在团体情境下进行的一种心理辅导形式，以群体动力学、社会学习理论、人际交互作用分析理论、个人中心治疗理论等为理论基础。具体而言，团体心理辅导是在团体领导者的带领下，团体成员围绕一个或多个共同关心的主题，经由团体内的人际互动，成员之间通过观察、体验、分享、反馈，认识自我、了解他人、改善人际关系，学习新的态度和行为方式以发展良好的生活适应的助人过程。①

团体心理辅导具有以下特点：

1. 聚焦正常人的发展

团体心理辅导参加者是正常人群，非病态人群。工作聚焦在帮助成员发展现有需要，并预防不良过程的发生。

2. 设定特定的、明确的目标

对于团体心理辅导，设置的目标是非常清楚的，例如，成为更有效的问题解决专家，学习沟通技巧，或者防止手机依赖的萌芽。

3. 结构性

团体心理辅导过程不是随心所欲的，经常包含了结构化的练习和活动，例如技能训练、角色扮演。

4. 价值效率

团体心理辅导的时间是有限的，每次团体成员之间的互动设置时间节点，每次会谈都结构化在团体的整体计划中。

5. 增强教育

团体心理辅导为成员提供或讲授有关团体主题相关的信息（例如在压力预防团体中有关压力的信息）。团体是教育性的，可以包括简短的小演说和相关资料的提供。

6. 发展生活技能

团体心理辅导力图增强成员的特定技能。每次会谈一般都会注意训练成员的知识获取、实践能力、技能展示和技能学习。例如，在压力预防团体中，成员可能会练习放松的一系列技巧，并学习如何在自己的生活中使用放松来减少压力。

7. 产生此时此地的互动

团体心理辅导计划并引导提升成员与成员之间此时此地的互动。他们不集中于单向的信息传输或者完全聚焦技能训练。成员的想法、感受和行为也是非常重要的。

在高校开展团体心理辅导具有独特的优势：一是感染力强，影响广泛；二是效率高，省时省力；三是效果容易巩固。这些特点使其成为心理健康教育的有效形式之一。

---

① 樊富珉，何瑾．团体心理辅导［M］．上海：华东师范大学出版社，2010.07.

二、团体心理辅导的功能和类型

（一）团体心理辅导的功能

团体心理辅导的功能包括危机预防功能、心理治疗功能以及教育教学功能。危机预防功能：在团体心理辅导中的团队成员，经过相互交流，可以充分进行自我认识，及时发现自身的问题，并采取相应的应对措施。心理治疗功能：由于团体心理辅导设置的情景与学生日常生活接触的情景相类似，所以团体心理辅导可以收到良好的治疗效果。教育教学功能：教学内容可以通过团体心理辅导形象生动地传递给学生，由此，学生的学习积极性高涨，学习效率不断提高。

在学校心理健康教育中运用团体心理辅导，可以帮助学生认识自身潜能，增强自信心，改善自身形象，使同辈群体的力量得到积极的增长和发展，克服心理惰性；可以帮助学生改善人际关系，让学生之间融洽合作，共同进步；可以增进集体参与意识与责任心。团体心理辅导适用于自卑心理、自我效能感、自我接纳、考试焦虑、同伴关系、心理压力、适应问题、人际交往、自我认同、网络成瘾等问题解决，实践结果表明团体心理辅导具有良好的干预效果。总之，团体心理辅导可以促进学生快乐、健康成长。

（二）团体心理辅导的类型

根据不同的分类依据，团体心理辅导可分为不同类型的团体。

根据团体目标可以分为心理教育团体、心理咨询团体和心理治疗团体；根据团体成员的特点可分为同质性团体和异质性团体；根据团体活动形式分为结构式团体、非结构式团体和半结构式团体；根据团体开放程度分为开放式团体和封闭式团体；根据团体心理辅导所依据的理论又可分为心理分析团体、行为主义团体、当事人中心团体和理性情绪团体；等等。

高校大学生常见的团体心理辅导多为心理教育团体、同质性团体、结构式团体、封闭式团体，且除了正规招募的团体外，通常还采用班级心理课、主题班会或心理训练形式进行。团体心理辅导的主题内容涉及新生适应、人际交往、自信心提升、情绪管理、压力管理、恋爱成长、生涯规划等等。

三、团体心理辅导的一般过程和常用技术

（一）团体心理辅导的一般过程

完整的团体心理辅导须经历创始阶段、过渡阶段、工作阶段和结束阶段。在团体创始阶段，团体心理辅导的任务包括团体热身、介绍活动、澄清目标等，

目的是使成员彼此认识、试探，建立团体基本规范；团体过渡阶段促进团体成员彼此信任、建立联结，鼓励成员表达和处理冲突情绪，打破心理防卫；团体工作阶段进一步增强团体凝聚力，围绕辅导主题激发成员思考，引发团体成员讨论，通过团体合作，寻找解决对策，鼓励成员在团体中学习并获得最大收益；团体结束阶段回顾与总结团体经验，评价成员的成长和变化，对成员个人作出评估，鼓励成员将团体中的学习应用于生活。①

（二）团体心理辅导的常用技术

团体心理辅导技术是对团体带领者为了达成团体目标，发展团体动力，促进团体成员互动，提升学习效率，适时地采用的方法、态度、策略或手段的总称。在团体心理辅导过程中会涉及许多技术，既有个体辅导的技术，比如倾听、同感、复述、反映、澄清、总结、解释、支持、询问、对质与自我表露等；也有团体心理辅导特有的技术，比如连结、促进等。一个团体领导者在团体中所做的任何事情都可以视为技术，包括沉默、建议一种新的行为、邀请成员处理一次冲突、给予成员反馈、布置家庭作业等。②

根据团体进行的不同阶段，可把团体心理辅导的基本技术归纳为三类：反应技能、互动技能和行动技能（张英俊，2021）。

1. 反应技能

反应技能本质上是回应，常用于团体的创始阶段，包括积极倾听、反映、复述、澄清、总结、追随、扫视等技术。

（1）积极倾听

倾听是团体带领者的基本功。带领者要注意成员交流中言语和非言语的信息，不去评判或评价。通过训练和使用倾听技术，能够促进成员充分被理解，鼓励成员自我暴露和自我探索。

（2）反映

反映是指带领者用心去关注团体成员的感受，包括表情、动作、语调等非语言行为，并像镜子一样通过自己的语言、动作和表情反映团体成员的信息，让成员体会到他们的处境、感受和行为被带领者理解和接纳。

（3）复述

复述是指带领者用与参与者略有不同的语言重新阐释其意义，以确定是否

---

① 樊富珉. 结构式团体心理辅导与咨询应用实例［M］. 北京：高等教育出版社，2015.06.

② 樊富珉，何瑾，贾烜. 辅导员团体心理辅导工作技能［M］. 北京：高等教育出版社，2021.07：64-68.

正确理解参与者的表述，目的是提供支持和澄清。

（4）澄清

澄清是指带领者针对成员表达不清楚的或混淆的地方，通过关注成员表达的核心信息简化其陈述，将所传达的信息变成有意义的理解，帮助成员厘清冲突和困惑的感情及想法。

（5）总结

总结是指带领者在团体完成某个主题或即将结束练习时，简要地概括团体历程中发生的事情，从而使成员对本次团体心理辅导加深认识，形成整体印象，为整次团体心理辅导指明方向，提供连贯性和意义感。

（6）追随

追随是让话题持续，眼神接触、关注等表明对说话人的兴趣和注意。追随可让一个话题聚焦或者流转。

（7）扫视

当一个成员在发言时，带领者需用视线扫视其他成员，观察他们的行动和反应，关注他们的注意力。扫视可将没有说话的成员纳入带领者的视野中，帮助带领者在个别成员成为焦点时，同时与其他成员保持连接。

2. 互动技能

互动技能本质上是一种控制和引导，可用于过渡阶段、工作阶段和结束阶段，包括调和、解释、联结、阻断、支持、限制、保护等技术。

（1）调和

调和是控制团体互动的管理技术，让所有的声音都有机会发出来，尤其是出于被压制时，可加以支持。确保所有意见、观点和情感得以公平传播，用于保持团体内公平、平等。

（2）解释

对成员确定的行为感受和思考提供可能的解释，鼓励更深层次的自我探索，为团体成员思考和理解自己的行为提供新的视角。

（3）联结

联结是将个体成员沟通中的共同因素联系在一起。联结帮助成员更加认同彼此，通过对比两者的观点发现不同的视角，探索差异和潜在动力，促进团体的整体凝聚。

（4）阻断

阻断是对团体中的反团体行为进行干预，防止不理想、不符合伦理或者不恰当的行为，保护成员，促进团体过程的流动。

(5) 支持

支持是提供鼓励和强化。旨在创造一种氛围，鼓励成员继续期望的行为。当成员面临困难时提供帮助，建立信任。

(6) 限制

限制是明确界限、规定、结构或者方向。目的是限制团体成员互动的范围，防止侵犯团体成员权利甚至导致过度或偏离的行为。

(7) 保护

保护成员免受团体中不必要的心理伤害。警告成员参与团体可能存在的风险，并尽量降低这些风险；防止替罪羊出现。

3. 行动技能

行动技能本质上是引导和促进，用于过渡阶段和工作阶段，包括提问、重构、探索、面质、设定基调、个人分享、示范等技术。

(1) 提问

团体带领者还会对成员表达的一些重要信息提出询问，以了解更清楚的信息，促使成员进一步表达。提问有开放式提问和封闭式提问，一般以开放式提问为好，因为这种提问可以获得更多的信息，引起进一步讨论。

(2) 重构

重构是帮助成员扩展对事件、话题或者问题的看法。目标是消除阻碍，获得新的意义、观点或者解决办法。

(3) 探索

探索是在外在力量指引下，更加深入他们自己内心及其问题。目的是深入探索个人的问题或者观点。

(4) 面质

面质是挑战参与者去回顾自己的有关语言和行为，或身体和话语交流的差异；指出冲突的信号或内容。面质中鼓励诚实的自我调查，促进充分利用各种潜力，以此产生自相矛盾的意识。

(5) 设定基调

设定基调是建立会谈的情绪基调，以调整成员的情绪状态及团体氛围，有利于改变团体心态。

(6) 个人分享

个人分享是团体带领者的自我暴露，是在适当的时候有意识地分享与团体主题或者此时此刻成员关注问题有关的个人经验、感受和观点，以促进团体成员自我认识或促进其更深入地探索自我，目的是帮助成员进一步表达，营造良好的团体气氛，增强成员示范性学习的效果。

（7）示范

示范是指在团体心理辅导中，团体带领者作为成员学习的榜样，通过行动自觉展示对团体适合的行为，比如平等、公正、热情、亲切、尊重，这样能促进成员习得更多对团体有利的行为，激发团体成员发挥其潜能。困难的练习、身体动作，领导者先示范。

第二节　团体心理辅导方案的设计

开展团体心理辅导活动前，首先需要带领者设计合理的团体心理辅导方案，以保证团体心理辅导科学、有效地进行。

一、团体心理辅导方案设计的内容

团体心理辅导方案设计是指运用团体动力学及团体心理辅导的专业知识，有系统地将一连串的团体活动或练习，根据目标加以设计、组织、规划，以便领导者带领成员在团体内活动，达成团体心理辅导目标。[①] 一个良好完备的团体心理辅导方案设计应大致包括以下内容：团体名称、团体性质、团体目标、理论依据、团体领导者、团体对象、团体规模、团体时间、活动次数、活动场地、团体计划书、团体效果的评估等。

（1）团体名称：用于体现团体心理辅导的主题和目的。团体名称可以分成"宣传名称"和"学术名称"。宣传名称应该尽量新颖、生动，具有吸引力，尽量用正面词语，切忌用负面的语言。如培养学生干部组织管理能力的"领导才能训练营"，克服考试焦虑的"轻轻松松进考场"，等等。

（2）团体性质：用于明确团体的各项性质，包括：团体是半结构式还是结构式的团体，是教育性、发展性、训练性还是咨询性、治疗性的团体，是开放式还是封闭式团体，是同质团体还是异质团体，等等。

（3）团体目标：用于指导团体心理辅导的开展方向，主要依据团体心理辅导目的和主题设置。团体心理辅导目标分为总目标、阶段目标和练习目标。总目标是团体心理辅导的主旨方向，阶段目标是根据团体发展的历程而设定的步

---

① 樊富珉，何瑾. 团体心理咨询的理论技术与设计［M］. 北京：中央广播电视大学出版社，2014.06：319-330.

骤性目标,因此当团体处于不同阶段时可能会有不同的阶段目标,而练习目标是指每一个团体练习所要实现的具体目标。

(4) 团体设计的理论依据:理论依据使得团体练习和团体过程能够有内在的逻辑联系,有理论支持的团体心理辅导能够更好地发挥作用,这是方案设计的关键。因此,在活动方案的设计中应遵循某个心理理论,团体心理辅导的主要理论很多,比如以人为中心理论学派、心理分析学派、行为治疗学派、认知行为学派、沟通分析学派、积极心理学派等等。

(4) 团体领导者:用于明确团体带领人的身份等信息。团体心理辅导方案中需要说明团体带领者和协同带领者是谁,他们的专业学术背景、带领团体经验等。在有条件的情况下还可以请团体经验丰富的专家担任督导者,或者请同行或初学者担任观察员,为团体带领者提供客观的反馈,以协助领导者更好地带领团体。

(5) 团体对象与规模:用于规定团体成员的特征、类型以及人数等信息。团体心理辅导方案中需要明确说明团体招募的成员类型,比如性别、年龄、职业身份、学历、问题性质、目标等。团体成员的特点会直接影响团体方案和练习的设计。此外,还需要规定参加团体的人数以及后续的甄选方式。

(6) 活动设置:包括活动次数、频率、单次活动持续时间以及活动场地等。设计团体心理辅导方案必须考虑团体心理辅导的时间次数,具体包括团体心理辅导计划的总时长是多少,团体需要进行多少次,每次聚会时间是多长,两次聚会时间间隔多久,团体进行中途是否需要休息等。在聚会次数上,团体心理辅导可以是单次的训练性工作坊,或 3 次到 10 次的短程团体,也可以是 15 次以上的长程团体,根据团体的性质和目标各有不同。针对不同年龄段的成员,每次团体聚会持续的时间也有所不同。团体会面的时间尽量不要打乱成员的常规生活时间,要考虑成员的年龄、职业和生活习惯。通常,大学生辅导团体每周辅导一次,每次 2 小时为宜。

团体心理辅导方案也需要考虑团体心理辅导开展的地点。团体心理辅导场所需要确保成员在没有干扰的情况下,能够集中注意力去投入和互动。因此方案设计者应该考虑到团体场所的舒适性、保密性、功能性、互动性、非干扰性。房间首先应该通风、温度、亮度合适,色彩和家具布置整洁温馨,以使成员情绪稳定和放松;为保护成员隐私,团体心理辅导室的窗户玻璃最好透光不透明,使成员有安全感;同时,为了保证团体心理辅导时不受外界干扰,团体心理辅导室还需要注意隔音等问题。

(7) 团体计划书。团体计划书需要说明整个团体的流程以及每次团体会面的具体练习，通常可以用简表的方式列出每次团体活动的名称、目标、活动内容、花费的时间长短、需要准备的材料、道具等。

（8）团体评估方法：用于检验团体心理辅导的效果如何，团体心理辅导的效果可以用测验量表、成员自陈报告、领导者观察等方法来评估。团体评估可以在团体过程中进行，也可以在团体心理辅导结束后总体进行评估。评估者可以是带领者，也可以是团体成员，还可以是督导者或者观察员。评估的指标包括成员的收获与成长、团体目标是否实现、团体成员互动情况等。以上内容在方案设计时都需要考虑到。

（9）其他。除了上述内容外，团体心理辅导方案还可以说明其他需要补充的信息，比如引用的文献或参考方案，以及团体心理辅导练习需要用到的材料和经费预算等。

一份结构严谨、要素充分、活动内容适宜的团体心理辅导方案不仅有助于领导者准确把握团体活动进程，而且有助于团体成员从活动中获益。因此，在设计团体心理辅导方案时，领导者可以结合自己的特质、带领风格、能力范围，以及团体成员的特质和辅导主题等，设计一份切合实际、具体可行、贴合目标的团体心理辅导方案。

二、团体心理辅导方案设计的步骤

（一）了解服务对象的心理需要

在开展团体心理辅导之前，必须要先了解服务对象即参与成员对团体心理辅导的心理需求是什么，团体方案设计者可以通过观察、问卷调查、访谈、心理测验等方法，了解大学生的主要问题，需要哪些辅导和帮助等。

（二）确定团体的性质、主题与目标

在明确服务对象特点和需求的基础上，团体方案设计者应针对其主要需求确定团体心理辅导的主题，围绕主题确定希望达成的总目标，并弄清总目标可以拆分为哪些子目标和阶段目标；团体心理辅导能够开展的时间和频次，以及哪种类型的团体心理辅导最能给服务对象带来帮助。

（三）搜集相关文献或已有方案

当团体方案设计者确定了团体性质和目标后，就要通过查找相关资料、阅读书籍和杂志等方式，为团体设计寻找充分的理论支持。同时，也要了解和搜集同类团体是否有前人带过，是否有可借鉴的方案和可吸取的经验，有哪些需要注意避免的问题等等。

(四) 规划团体心理辅导整体框架

根据制定好的团体目标和成员需求规划团体心理辅导整体框架。整体框架需要包含每阶段的团体心理辅导目标和相应的过程计划；根据该目标和计划，再整理出每次团体心理辅导的单元目标和主要练习流程。无论是总体计划、阶段计划还是每次团体会面的练习设计，都需要与相应的目标吻合，并保持内部逻辑联系。表5-1是可供参考的团体心理辅导整体框架。

表5-1 团体心理辅导整体框架

单元	单元名称	单元目标	练习内容及流程	时间	所需材料
一					
二					
三					
四					
五					
六					
七					

(五) 安排每次团体心理辅导练习

在规划好团体心理辅导的整体框架后，团体带领者应详细计划和认真安排每次的团体心理辅导练习，设计具体的练习和进行流程，完成团体练习单元计划表（表5-2）。每一次团体心理辅导通常可以分成开始（热身练习）、中间（主要练习）和结束（结束练习）三个部分。

1. 热身练习。通常每次辅导可用15—20分钟来做热身练习。目的是为团体开场打破僵局；促使成员进入团体增加团体凝聚力；增进成员彼此互动，为主要活动做准备。

2. 主要练习。这是团体的核心活动，是关系团体目标是否达成的关键。应按照团体内容目标而设计，以促使成员深入讨论。一般常用的练习有绘画、角色扮演、纸笔练习和讨论等。

3. 结束练习。结束前5—10分钟，为该次团体进行总结；让成员分享心得体会；预告下次团体的主题；布置作业巩固成员在团体中所学。

表 5-2　单元计划表①

单元名称		次数		人数	
		时间		地点	
单元目标					
所需器材					
实施情况与注意事项					

（六）团体带领前、带领中、结束后的评估及修正

在团体方案实施前、中、后，都要通过不同方式对其进行评估和修正。在团体带领前，可以先请同行或督导者评估方案的可行性，认真思考究竟此团体心理辅导方案带给成员何种感受、何种经验、何种认知收获，对个人及团体有哪些益处。针对上述问题通过与同行探讨交流、激发思考，可以使设计的方案与练习得到确认和支持，为有效实施奠定基础。也可以先行组成一次实验性小团体试用一次，根据试用结果加以修改完善。

团体带领中，带领者也要随时评估团体效果和进展状况，及时修正和调整团体心理辅导方案。在团体心理辅导结束后，带领者应通过多种评估方式考察团体方案的有效性，必要的话，可以对团体方案做最后的修订，以备将来推广使用。

三、团体心理辅导练习的设计

团体心理辅导练习一般是在结构式的练习中，也称团体练习、团体习作、团体活动，是针对团体成员的需要、个人行为、建设性反馈、过程作用和心理的整合而设计的演练性活动，是一种经历性的感受体验。

（一）团体心理辅导练习常见的形式

1. 音乐表达：常表现为歌曲与语操，经典的团辅音乐有《感恩的心》《从头再来》《真心英雄》《阳光总在风雨后》《我真的很不错》《相亲相爱》《同一首歌》等。

2. 绘画表达：图画接力赛，自画像，家庭金缸，我的墨迹故事，人生绘本，

---

① 樊富珉，何瑾，贾烜. 辅导员团体心理辅导工作技能[M]. 北京：高等教育出版社，2021.07：84-87.

突破困境，希望曼陀罗等。

3. 游戏活动：团体沙盘、团队合作游戏（同舟共济、心有千千结）、人际沟通游戏（有缘千里来相会、哑口无言、糖葫芦串、单双向沟通、胸卡设计、红色轰炸、棒打无情、真情告白）等。

4. 纸笔练习：我的五样、时间馅饼、压力圈图等。

5. 角色扮演：信任之旅（盲人 & 拐棍一起走）、心理情景剧等。

6. 拍卖练习：家庭事业超市、人生价值观拍卖。

7. 行为训练：放松练习、正念练习。

8. 幻游技术：生涯幻游、六岛环游。

9. 媒体运用：影视作品。

（二）设计练习活动需要考虑的因素

1. 年龄层次：低龄设计动态活动；高龄设计静态讨论。

2. 性别分布：同性别设计肢体活动；两性分享。

3. 同质异质：同质适合情感性持性活动，异性适合多元化设计。

4. 性格特点：外向适合多元化活动，内向适合催化性。

5. 学历层次：高层次适合认知性学习性活动，低层次适合技能性训练性活动。

（三）团体各个发展阶段的设计重点

1. 创始阶段

创始阶段可设计无压力状态下的互相认识活动，澄清成员期望，拟定团体契约与规范，进行初步的、公开的自我表露活动。这一阶段可用的练习有：相识游戏（滚雪球、寻找我的那一半、表达性连环自我介绍、自制名片等）、热身游戏（手动操、大风吹、相似圈、光谱测量等）、制定团体规范（签署、小组讨论、海报呈现）、分组（报数分组、生日分组、工龄分组、抓阄分组、爱好分组）。

2. 过渡阶段

过渡阶段可设计一些成员激发成员真诚开放的活动，让成员在团体中分享感受，促进自我表露，增进团体信任。催化团体动力等。这一阶段可用的练习有：我喜欢的人、三个最、风中劲草、团体温度计、同舟共济、你我之间、突围闯关等。

3. 工作阶段

工作阶段可设计引发成员深层次的自我表露、引发成员间正向/负向的反馈、探讨个人问题及促进改变行为的活动。这一阶段可用的练习通常有：自我探索（自画像、我的五样、生命线等）、人际互动（信任之旅、角色扮演等）、积极反馈（红色轰炸、漂流求助信等）、问题解决（头脑风暴、问题树等）。

4. 结束阶段

结束阶段可设计引发成员中层或表层的自我表露的练习，这一阶段的活动主要是成员回顾团体经验、彼此给予和接受反馈、自我评估进步程度和团体的进行状况、处理离开团体的情绪和未完成事项等。这一阶段可用的练习通常有：赠送心意卡、真情告白、留住你的心、水晶球、未来同学会、互送祝福卡、大团圆、总结会等。

第三节　团体心理辅导的组织实施

一、团体心理辅导前的准备工作

（一）确定团体带领者

团体领导者的配备（人数、背景等）。

（二）拟定团体心理辅导目标

团体中运用练习可以达到的目标，包括：

第一，促进团体讨论和成员参与；

第二，使团体聚焦，注意力集中；

第三，使团体的焦点改变、转移；

第四，提供一个经验性学习的机会；

第五，为团体成员提供有用的资料；

第六，增加团体的舒适度；

第七，为团体成员提供乐趣和轻松愉悦的体验。

（三）设计团体心理辅导方案（编制团体方案计划书）

包括团体时间的长短（单次或多次，每次的时间）、评估方式、经费预算等。

1. 团体方案设计内容说明

团体名称、团体目标、团体对象、团体性质、领导者。

2. 每次团体的设计框架

（1）热身活动：为团体开场打破僵局；促使成员进入团体增加团体凝聚力；增进成员彼此互动，为主要活动做准备。

（2）主要活动：是团体的核心活动，关系团体目标是否达成，按照团体的目标而设计。

（3）结束活动：结束前5—10分钟，为该次团体进行总结；让成员分享心得与巩固所学；预告下次团体的主题；指定家庭作业。

（四）确定参加成员和团体的规模（参加者和人数、封闭还是开放、异质还是同质）

1. 成员招募：多种来源

（1）宣传招募：成员自愿报名参加。

（2）班级辅导：辅导员或班主任转介而来。

（3）咨询辅导：咨询师选择平时咨询中有共同问题的人，建议他们报名参加。

（4）课程安排：在心理健康课、生涯规划课中引入团体心理辅导方式进行授课。

2. 评估和甄选团体成员

（1）目的

了解团体成员的适合性（与团体目标一致者、不会阻碍团体过程、不被领导者损害）、提供团体讯息给团体成员、建立领导者、团体成员的个别关系；成员参加的目的，想从团体中获得什么，是否了解团体的目的和性质，希望知道领导者的哪些信息等。

（2）考虑因素

甄选团体成员时需要考虑成员性别、成员背景、知识能力水平、行为表现、同质性程度等因素。

（3）方法

以直接接触可能者为优先考虑，如面谈；还可以开展问卷调查选拔。

（4）结果

选出合适或不合适的成员，优先选择自愿参加者、成长动机强、与他人易相处、具有一般表达能力、参与目的与团体性质符合等条件的成员；排除专制的团体成员、充满敌意、极端批评、自杀倾向、精神分裂者、反社会性格障碍等。

（五）安排团体心理辅导场地（场地的布置、陈设、座位安排等）

为了配合团体心理辅导的练习和功能，团体心理辅导场地需备有录像、录音设施，以及白板等；此外，为了便于成员彼此交流和互动，座位以圆形布置为好，以方便彼此能看见和听见；房间要有足够的练习空间让成员随意走动和练习身体，避免在成员之间摆设桌椅、花木等妨碍成员练习的物品。

（六）组织团体前的预备会议

团体心理辅导方案及各方面的准备就绪后，可组织一次团体前的预备会议，让参与成员知晓团体活动的要求、流程及注意事项，也可了解一下成员的需求和建议，这样在活动进行时可以作灵活调整，保证团体心理辅导发挥较佳效果。

二、团体心理辅导实施过程及任务

（一）团体心理辅导实施过程

1. 开始阶段 40 分钟

（1）带领者自我介绍。

（2）说明团体目标。

（3）介绍团体规则。

（4）签署团体规范承诺。

（5）破冰：热身游戏。

（6）分组：彼此相识。

2. 工作阶段 70 分钟

开展主体练习活动 2—3 个。

3. 结束阶段 10 分钟

（1）成员每人总结：时间紧，每个人一句话或一个词就可以了。

（2）带领者总结：结束团体。

（二）团体心理辅导实施过程各阶段的特征及任务

团体心理辅导实施过程：任何一个团体心理辅导与咨询都会经历一个启动、过渡、成熟、结束的过程。在整个团体过程中，每一个阶段都是连续的、相互影响的。作为一个胜任的团体领导者，必须对团体的各发展阶段的特征和可能出现的问题有所了解，明确各阶段的任务和常用技术，才能把握住团体，有效地开展团体心理辅导活动。

1. 团体初创阶段

（1）特征

①想认识别人。

②成员冒险水平较低。

③成员关心他们被接受还是被排斥。

④可能出现沉默和尴尬的时刻。

⑤安全和信任是一个核心问题。

（2）领导者的职责与任务

①清晰地说明团体心理辅导的目标。

②使成员尽快相识，建立安全感和信任感。

③签订团体契约，制定团体规则规范，重申保密的重要性。

④开放性地处理成员关心的问题和疑问。

⑤鼓励成员投入团体，积极促进成员互动。

（3）技术方法

①相识：可通过按摩操、自我介绍、互相介绍等方法开启成员对团体的信任。

②分组：报数随机组合、抓阄随机组合、同类组合、分层随机组合、内外圈组合、活动随机组合法等。

③让成员参与团体的技术：通过一些原则协助推动成员准备从团体中获得最大收获，比如，主动积极地参与并表达自己；倾听、关心别人并给予适当反馈；合理、肯定但不具有攻击性地表达情绪；不时反思团体行为是否有助于促进团体目标；每一位成员都可以具有领导团体的责任；等等。

（4）可能出现的问题及处理

①成员可能被动等待，领导者运用支持、倾听、澄清、提问等技术，采用一些轻松认识的活动，打破僵局，促进成员参与进来。

②成员对团体表现出抗拒，领导者要运用接纳和理解的态度减轻他们的不安和猜疑。

③成员对团体认识模糊和误解，领导者需明确团体的宗旨以消除成员的误会。

2. 团体工作阶段

这一阶段是团体心理辅导的关键时期。团体成员最主要的需求是利用团体了解共同的困扰，或者解决自己的问题。团体发展到这个阶段，团体凝聚力和信任感形成。成员有安全感、归属感，互相接纳，互诉衷肠，开放自我，表达出更多的个人信息及其生活中的问题，并愿意探索问题和解决问题。

（1）特征

①成员彼此信任和凝聚力水平高。

②成员之间的交流直接而又自如。

③团体的沟通是公开的，能表达自己的真实感受；成员愿意冒险，愿意被他人了解。

④将自己的主题带到团体中讨论反馈不会再引起成员的防御。

⑤成员有勇气愿意尝试新的行为。
(2) 团体领导者的职责与任务
①促进团体成员互动。
②引发团体成员之间的讨论。
③在支持和面质中取得平衡。
④通过团体合作寻求解决对策。
⑤鼓励成员从团体中学习并获得最大受益。
⑥评估成员对团体的兴趣与投入的程度。
(3) 技术方法
①引导参与技术：鼓励并提供每一个成员参与团体活动的机会，刺激成员思考、沟通，并确定解决问题的行动。
②解决问题技术：正确评估外部环境的变化，积极作出符合自己人生目标和价值观的抉择，减轻个人因在生活中遇到的问题而产生的心理压力。
③团体讨论方法：圆桌式讨论、分组讨论、论坛式讨论、辩论式讨论、脑力激荡法、世界咖啡研讨等。
④角色扮演技术：说明情境，成员自愿选择角色，即兴表演，观众做明智的观察，表演结束共同讨论，重演或换人表演，互换角色，进行总结。
⑤行为训练技术：选择并描述情境，确定训练目标，领导者示范，正式训练，综合评估。
(4) 可能出现的问题及处理
①无法忍受不一致的意见，领导者需要重申开放、包容、非评判的态度对待成员的发言。
②回避相互挑战，领导者要善于鼓励大家进行善意温和地修正成员的个人问题。
③不在团体外采取行动，领导者督促成员将团体中学到的有效行为迁移到日常生活中去。

3. 团体结束阶段
(1) 特征
①面对结束可能会出现一些不舍和焦虑的情绪。
②团体中对分离存在一些担心。
③成员可能会表达他们的担心、希望以及对彼此的关心，可能会谈到团体结束后的关系。
④成员希望总结在团体中的收获。

⑤成员希望将团体经历带到日常生活中。

（2）领导者的职责与任务

①回顾与总结团体经验。

②评价成员的成长与变化，提出希望。

③协助成员对团体经历作出个人的评估。

④鼓励成员表达对团体结束的个人感受。

⑤让全体成员共同商议如何面对及处理已建立的关系。

⑥提供机会让成员彼此提出建设性的反馈。

⑦对团体心理辅导与咨询的效果作出评估。

⑧检查团体中未解决的问题。

⑨帮助成员把团体中的转变应用于生活中。

⑩计划团体结束后的追踪调查。

（3）技术方法

①预告团体结束技术：让成员提早做好结束和分离的心理准备，尽早处理未完成的问题。

②团体历程结束技术：领导者带领成员回顾团体历程，成员用一句话总结自己在团体中的感受，成员互赠礼物、互相道别和祝福，展望未来，巩固团体心理辅导的效果，如我的计划、行动等。

③采用团体活动结束：带领成员做大团圆、化妆舞会、茶话会、联欢会等活动。

（4）可能出现的问题及处理

①团体非正常结束，领导者必须尽量考虑周到，防止团体突然结束给成员带来新问题。

②成员避免相互接近，领导者应进行适当处理，保证达到团体和个人目标。

③团体经验无法应用到现实生活，领导者要鼓励成员离开团体后继续发展团体中的改变。

三、团体心理辅导成效的评估

（一）团体心理辅导结束时评估的内容

团体心理辅导目标是否达到？

团体成员反应是否良好？

团体工作方法是否正确？

团体成员合作是否充分？

团体方案有无改善之处？

(二) 团体心理辅导效果的评估方法

1. 团体领导者自我评估

团体领导者自我评估可以在每次会面结束时进行，也可以在团体结束时进行。一般常用的评估题目有：

我是否严格遵循团体的计划？

我对自己的领导行为满意程度有多大？

我能在多大程度上满足成员个体的需要？

团体过程中是否出现未曾计划或预期的事情？

团体过程中有哪些地方可以改善？

在 1-10 量表上，我怎样评定对这次会面的总体满意度？和上次相比有什么改变？

2. 心理测量

自编问卷或量表

标准心理测量量表

团体成员自我改变主观报告团体过程

结束焦点团体访谈行为记录分析

社会测量法（行动的评估）

3. 对团体成员的调查

你从该团体的经验中获得的最重要的东西是什么？

团体心理辅导中哪项活动、讨论或话题让你印象最深刻？

你喜欢团体的哪些地方？你不喜欢团体的哪些地方？

你对领导者带领团体的方法有什么意见？

团体经验对你个人的生活有哪些影响？

除了上述三种主要方法外，还可以通过团体成员的日记、自我报告，领导者的工作日志、观察记录、录像录音等方法来评估团体的发展和效果。

附件　经典大学生团体心理辅导活动示例

新生适应团体方案

一、团体名称：赢在起跑线

二、团体性质：结构式封闭式团体

三、团体规模：由30人左右组成的班集体

四、参加对象：20××级大一新生。希望组员有尽快融入新集体的意愿，性格友善、坦诚，能够大胆发言。

五、团体活动时间、活动地点：

时间：20××年10月27日2：30—5：00

　　　20××年11月3日2：30—5：00

　　　20××年11月10日2：30—5：00

地点：大学生活动中心团体心理辅导室。

六、领导者

＊＊＊，女，国家二级心理咨询师，应用心理学硕士研究生，参加过团体心理辅导师资培训，有一定的经验和实践能力，性格开朗，亲和力强，沟通协作能力好。

七、团体目标：希望帮助刚进大学校门的大一新生认识和适应新的学习环境，在新环境中重新认识自我、调整心态，尽快、更好地融入新集体中，形成良好的集体观念及人际关系，增强班集体的凝聚力。

八、理论依据

1. 团体心理学关于群体的研究，如果成员之间有了互信，团体的凝聚力会更强，也将能更有效地发挥团体的效能。

2. 马斯洛需要层次理论揭示每个人都渴望被他人接受、尊重和欣赏；团体可以满足人社交的需要以及归属与爱的需要。

3. 按照埃里克森的心理发展观，青年期主要面临的问题是自我同一性，同一性混乱具体表现为自我认识不全面、不客观，自我目标不明确，自我与环境适应不良，由此导致了自我认识偏差、自卑、人际关系不良、生涯规划不明等一系列迷失性问题，主要表现为孤独、自我封闭、迷茫、恋爱关系的不适应等。

九、团体方案

（一）第一单元

1. 主题：我们相识

2. 活动目的：促进团体成员间的进一步了解认识，强化团体氛围，建立团体成员在团体内的个人安全感，为以后的班级建设和团体活动打下基础。

3. 具体内容：

活动一：暖身：刮大风

目的：寻找彼此间的相识性，迅速暖身，打破一开始作为的规则。

活动规则：全体成员围成一圈坐好，领导者介绍活动规则。指导者说："刮大风，刮大风，大风刮到所有……（具有某一特征的人，比如说戴眼镜的人）身上"，那么具有这些特征的人就必须离开自己的位置，寻找新的位置坐下。

时间：10分钟左右。

注意事项：这个活动常用于暖身阶段，由于带有运动的成分，容易使气氛活跃起来。但是要注意，内容易于流于表面，因此活动的时间不宜过长。

活动二：花样握手—接龙—相互敲打放松

目的：让成员进一步相识，产生亲密感

活动规则：

1. 根据指导者的口令进行花样握手，口令包括：以前见过你——现在见到你——衷心祝福你！具体的花样握手动作由指导者演示。

2. 双方握住手以后相互间进行自我介绍，介绍的内容可以包括姓名、籍贯、爱好等。相互介绍完毕后进行猜拳（石头剪刀布），输的一方将双手搭在对方的肩膀上，组成龙。

3. 组成龙后，可在团体中自由走动，与其他的龙或者成员重复以上的活动，最后所有的人接成一条巨龙。接成巨龙后，可适当走动一下，让大家感受一下，也可适当让大家分享一下接成一条龙的时候是什么感觉，当然不必强求。

4. 将巨龙的首尾相接，组成一个圈，后面的成员帮前面的成员揉肩膀、捶背。过段时间后大家集体向后转，为刚才帮自己揉肩的成员服务。可适当让成员分享感受，但不必强求。

时间：20分钟左右。

注意事项：活动中会有成员不适应身体的拍触，有些部位会比较敏感，特别是女生，此时指导者注意适当调节。

活动三：棒打薄情郎

目的：尽快相识，增进团体凝聚力。

时间及材料：20分钟。

用挂历纸或旧报纸卷成一根纸棒，或使用轻巧的吹气塑料棒。

活动规则：

1. 成员分成两组，两组成员面对面站好后蹲下，在中间竖一块板，使两组成员看不见对方成员。

2. 两组每次派一名成员，领导者数"1，2，3"，数到"3"时同时站出来，说出对方名字，先说出的为胜，输的一人被俘虏到对方阵营。

3. 先输光的一组表演节目。

活动四：我们的团体

目的：加强团体认同，增强团体凝聚力。

活动规则：按照活动三中的分组，指导者会发给每个小组一盒蜡笔和一张白纸让小组成员一起设计本小组的代表标志、标语，以及五条活动契约。

设计好后，小组内可进行相互间的分享，然后每个小组派一名代表向所有的成员解释本小组的设计。

然后所有的小组一起喊出自己小组的口号和契约，将小组的设计贴在墙上。

时间和材料：30分钟左右，蜡笔若干盒，白纸若干张。

注意事项：指导者尽量适当地关注每个小组的创作过程，如有机会可适当参与进去。

（二）第二单元

1. 主题：我们相知

2. 活动目的：促进团体成员间的进一步了解认识，强化团体氛围，建立团体成员在团体内的个人安全感，为以后的班级建设和团体活动打下基础。

3. 具体内容：

活动一：高举信心

目的：松弛团体的紧张情绪，增进团体成员间的信任。

时间：30分钟。

活动规则：

1. 成员站成一纵列。

2. 将最前面的一个成员高举后传至最后放下。

3. 团体的第二个人就变成第一个，团体再举起最前的一个传至最后，依次轮流。

4. 团体的每个人都被举过之后，大家讨论。

注意：1. 被试者闭上眼睛，头部朝后，向后传递。2. 在下面的人要尽量使被举者舒适安全，要把持住被举者的头部、腰部、臀部、双脚。3. 被举者要身心放松，肌肉放松。4. 下面的人要慢慢来，保持安静，注意安全。

活动二：优点轰炸

目的：学习发现别人的优点并欣赏之，促进相互肯定与接纳，了解到欣赏的重要性，推己及人，要多多表扬别人的优点，也是自我了解的途径。

规则：请一名成员坐在小组的中央，其他人轮流说出他的优点及欣赏之处，具体话语模式"×××，我很欣赏你，因为……"，每个成员表扬完后，被表扬的成员都要真心地说"谢谢"！

所有成员表扬完后，该成员要说出自己的感受。轮换其他成员坐到小组中央接受表扬，直到每个成员轮换完为止。

每个小组都完成后，可请几个成员起来向所有的成员分享自己的感受。

时间：25分钟左右。

活动三：无家可归

目的：让成员体会到无家可归的感觉，感同身受，体会到团体对个人的重要性，更愿意投入团体，增强团体凝聚力，另外一个重要的作用是分组。

活动规则：

1. 全体成员围成一个圈手拉手，充分体会在一起的感觉。

2. 指导者说口令："变——4个人一家"，成员必须按照要求，短时间内重新组成四个手拉手的新家。

3. 指导者可以多次变换人数，让成员体会团体。最后一个口令可根据团体的人数喊出，以分成几个较合理小组，为后面的活动打下基础。

时间：10分钟左右。

讨论分享：在步骤2中可以请那些没有找到家的成员谈谈游离团体之外的感受，可能会谈到"孤独、被抛弃、没有依靠、失落等"，可以启发联想家的感觉，以及团体在一起的感觉，启发大家联想渴望在班里获得什么样的感觉。

注意事项：在活动中，可能会有成员被单出来，此时该成员可能会感到失落与尴尬，指导者可以让他向某个"家"发出请求加入，这个家的成员集体大声喊出"同意加入"。

指导者通过观察，如果发现团体成员的相互熟悉还不够，可让每次"家"中成员再做相互间的介绍。

活动四：集体创作——"**是个好地方"（**代表大学所在的城市）

目的：建立团体的力量和支持，提供同伴间可获得支持的团体资源，突出文化特异性,团体凝聚力进一步形成。

活动规则：

1. 指导语：我不是＊＊人,但是听上去＊＊是一个非常棒、非常不错的地方。如果现在让大家自由创作一幅题为《＊＊是个好地方》的画,大家想怎样呈现？我们想让大家按照现在的小组,在一张规定的纸上作画,注意我们的规则只有这一条：为了不影响大家创作,请大家作画时不要相互交流。大家可以用你们认为的任何东西来表达"＊＊是一个好地方",请不要交流,相信你的队友,你们一定能默契地完成这幅画。

2. 完成之后,小组内相互交流画作的内容和想要表达的东西。然后,每个小组派一个代表给所有的成员讲解本小组想要表达的内容。

时间及材料：作画 20 分钟+分享 15 分钟,蜡笔若干盒、白纸若干张。

注意事项：指导者要尊重小组的创作成果,不对作品做任何评价性描述。

（三）第三单元

1. 主题：我们相信

2. 目标：加强团体成员之间的合作与信任,让团体成员进一步体会团体力量,寻找团体支持,加强团体凝聚力。

3. 具体内容：

活动一：松鼠大树

活动目标：拉近团体成员之间的距离,建立良好的团体关系。

活动时间：10 分钟。

活动规则：三人一组,两个人手拉成圈,将另一个人包围起来,圈中的人为松鼠,围圈的两个是大树。当领导者喊"风来了",大树动,松鼠不动。当领导者喊"水来了",松鼠动,大树不动。当领导者喊"地震了",松鼠和大树变换角色,重新组合。这时会多出一些"松鼠",领导者可以随机安排一些奖励措施（松鼠表演一些节目等）。

活动二：解开千千结

目的：团体合作,靠集体的力量解决问题,体会团体支持对个人的意义和重要性。

规则：上个活动完成后,适当分成三组左右。

每个小组站成一个圈,所有人向小组的圆心前进,然后每个成员的左右手寻找另一个成员的左手或者右手握住,但是,一定不要握住和自己相邻的人的左手或者右手,这样就形成一个复杂纠缠的结。

形成结后,要求成员集体合作解开这个结,回到最初的状态,不能松手,但是可以钻、跨、绕。练习需要成员有耐心,相互配合,齐心协力。当排除困难解决问题时,可请成员分享活动感受。

时间:20分钟左右。

注意事项:每组的人数不宜太多,8—12人为宜,关注小组中可能出现的负面情绪,并给予适当的处理,例如:当小组中出现负面情绪时,可以将活动暂停,小组内成员一起来探讨问题的原因,提出解决方案后再继续。

活动三:信任证言

目的:增加身体、智力和情绪的信任与了解;探索团体中的信任程度,进行开放讨论;提供一个给团体成员作信任感回馈的机会。

时间及材料:60分钟,每个成员一张白纸、一支笔、一份信任证言。

活动规则:

1. 请成员向团体描述印象最深刻的童年经历(约2—3分钟,每个人都要讲)。

2. 领导者指导成员讨论下列问题(20分钟):

(1)何种情境会引起你害怕?

(2)你希望何种生活情境在未来的某时刻出现?

(3)何事能使你快乐?

(4)你想努力做什么?

3. 领导者要每位成员脱掉一只鞋,摆在团体外围的地方,每个成员沿着指定的地方,一个挨着一个地将鞋放下。一张纸条写上自己的姓名并放在鞋前端,以辨认。

4. 领导者发一些纸条、一支笔和一份信任证言单给每位成员,然后领导者指引成员花几分钟熟悉这份单子。

5. 根据信任证言单进行以下行动:

(1)每位成员至多从信任证言单中挑出最能说明他对另一位成员信任程度的五个句子。

(2)拿一张纸条写下一位成员的姓名,再写上所运用信任证言单上的题号,并签上自己的姓名。

(3)将替那位成员所写的纸条,放进那位成员的鞋子内。

(4)每位成员均须为其他成员写,所选择的句子可重复。

6. 当每位成员将纸条分发完毕,则可各自取回已放有纸条的鞋子。

7. 每位成员读出其他成员给他的纸条,并在信任证言单子上记录(哪位成员给哪个题号，则将那位成员姓名写于题号前）。

8. 每位成员跟团体分享对自己所得纸条的反应，而且可请求所得回馈的澄清。

9. 领导者领着团体讨论活动目标和经历，并且，可就信任证言单之任何句子作话题谈。

信任证言单

1. 我信任你：会与我分享你的快乐。
    2. 我信任你：替我保管钱。
    3. 我信任你：替我照顾我的孩子。
    4. 我希望：会告诉我别人对我的感受。
    5. 我信任你：会在我某些方面无能为力时，给我协助。
    6. 我希望：会在我需要时，给我协助。
    7. 我信任你：会与我保守约定。

8. 我希望你：会在我探查用品时，告诉我真相。
    9. 我希望你：会与我分享某些好运。
  10. 我信任你：对我最诚实。
  11. 我信任你：不会在我缺席时，讲我闲话。
  12. 我信任你：会把我所爱的一切分享给你。
  13. 我信任你：会对你的坦诚分享保守秘密。
  14. 我信任你：会成为海上旅行时很独特的伴侣。
  15. 我信任你：是我遗产的最好处理者。
  16. 我信任你：会开我的车子。
  17. 我信任你：会还我所借给你的钱。
  18. 我信任你：住我家并管理我的住宅，当我不在时。
  19. 我信任你：会完成我所交付给你的工作。
  20. 我信任你：当我需要一个地方睡觉时，替我设法安置。
  21. 我信任你：会自如地给我你的友善。
  22. 我希望你：当我需要时，会给我情绪上的支持。
  23. 我求取你：在人际关系上给我些忠告。
  24. 我希望你：会与我共度某些余暇时刻。
  25. 我会与你分享我的创意。
  26. 我毕业信任你。
  27. 我希望与你说话，即使是一句话，也会觉得很舒适、自然。
  28. 我信任你：所说的均是实言。
  29. 我信任你：会是很好的发泄对象。
  30. 我信任你：对政治事件的观点。
  31. 我希望你：会分享、接受我对你的任何感受。
  32. 我信任你：会分享、接受我对你的任何感受。
  33. 我信任你：会让我与你分享我的某些性经验。
  34. 我信任你：会伴我度过困境。
  35. 我信任你：会机智地代表我处理商业事务。

"生涯规划与职业指导"团体心理辅导计划书

一、团体名称：彩绘生命的蓝图

二、团体性质：封闭式、结构式团体

三、成员对象：大学一年级学生

四、领导者：＊＊＊

五、人数：10—12人

六、筛取方式：自愿报名，一个专业的成员人数不超过2名

七、团体时间：20××年10月17日—20××年11月20日，每周二18：30—20：00

八、团体次数：5次，每次90分钟左右

九、团体地点：校心理辅导活动室

十、辅导理念

根据美国职业指导专家霍兰德依据人格—职业匹配理论对人格和职业的类型划分。人格可以分为现实型、研究型、艺术型、社会型、企业型和传统型。相对应的职业可以分为实际型、研究型、艺术型、社会型、企业型及传统型。

十一、团体目标：协助成员自我了解，建立恰当的生涯目标

1. 认识到进行生涯规划的重要性。

2. 引发成员的生涯自主意识，初步建立暂定生涯目标。

3. 对暂定的生涯目标进行力场的分析。

（一）第一单元　寻找生涯之旅的伙伴

单元目标：

1. 领导者、成员相互认识，建立团体融洽气氛。

2. 协助成员认识团体性质、目标、内容及进行方式。

3. 商定团体规范，以利活动进行。

活动名称	活动目标	活动内容	时间	准备材料
一、暖身活动	1. 协助成员相互认识。 2. 激发成员对他人的兴趣。 3. 引导成员参与。	1. 成员在音乐声中入场，寻找与自己的"生涯彩虹卡"相匹配的另一半，结成生涯伙伴。 2. 两位生涯伙伴间相互介绍。 3. 将自己的生涯伙伴介绍给其他成员。 成员自问并思考回答以下问题：	15分钟	音乐带、播放机、生涯彩虹卡

续表

活动名称	活动目标	活动内容	时间	准备材料
二、团体形成	1. 引导成员参与团体活动。 2. 澄清团体目标及成员参加动机。	1. 我理想中的团体应该是…… 2. 我是一个（有、无）生涯目标的人 3. 我参加团体的希望是…… 4. 我能为我们的团体做的……	25分钟	
三、认识团体	建立团体规范	1. 成员对彼此已有初步印象，也已经了解他人参与团体的期望与动机。 2. 领导者借机说明团体功能、内容和目标。 3. 小组内成员讨论，将讨论好的规范写在生涯彩虹卡上。	20分钟	彩色笔、卡纸、录像带、播放机
四、分享与反馈	建立和谐、融洽、开放、友善的团体气氛	全体成员讨论，确定规范并贴在辅导室显眼的地方，播放名人纪录片，成员思考自己的未来应该是怎样的。	30分钟	

（二）第二单元　探索生涯彩虹

单元目标：

1. 引发成员的生涯自主意识与责任。

2. 成员检视个人生涯发展形态。

活动名称	活动目标	活动内容	时间	活动准备
一、暖身活动	1. 活跃团体气氛。 2. 树立职业选择的正确意识。	幸运闯关：领导者提出与职业选择有关的24个题目，全体成员回答"是"或"否"，答"是"者站立，答"否"者坐下。只要答错一题即被淘汰，比一比谁是坚持到最后的胜利者。	15分钟	题目，见附录一

128

续表

活动名称	活动目标	活动内容	时间	活动准备
二、认识生涯发展任务	协助成员自我探索，发现自己的生涯发展任务。	1. 填写表格《现在的我关心的事》。 2. 将所填的内容按重要性排序。 3. 与团体成员分享，展示自己最关切的三个生涯发展任务。	35分钟	表格，见附录二
三、引起生涯觉察	引发成员对自身以后职业角色的思考和定位，并初步设定未来可能的角色。	小组讨论和成员单独思考相结合，回答： 1. 我未来可能扮演的角色是什么？与生涯发展任务有关吗？ 2. 如果有关，我将如何扮演这些角色？ 3. 我的职业角色的重要性如何？	30分钟	
四、生涯奇幻活动	明确自己未来可能的角色以及该角色可能持续的时间。	根据上一环节确定下来的未来角色，填写《未来10年人生图》。	10分钟	图表，见附录三

（三）第三单元　探索个人类型

单元目标：

1. 了解自己的个性、风格、兴趣爱好等。

2. 认识个人类型与职业选择的关系。

活动名称	活动目标	活动内容	时间	活动准备
一、暖身活动	协助成员理解个性特点与职业选择的关系。	1. 播放杨澜在《艺术人生》节目中的访谈。 2. 讨论：杨澜为什么会在事业的巅峰时刻选择离开央视？	20分钟	访谈片录像带

129

续表

活动名称	活动目标	活动内容	时间	活动准备
二、小品表演	体验气质的个体差异。	设置情景：话说李逵、孙悟空、林冲、林黛玉四人一起去看戏，眼看马上就要迟到了，按剧场的规定，迟到者必须在幕间入场。大家急匆匆地奔得满头大汗，谁知赶到剧场时，检票员刚刚把门关上。这时，他们会怎么做呢？请学生按人物特点进行表演。	20分钟	排演小品
三、价值澄清活动	了解自身气质类型和性格，以及与之匹配的职业类型。	1. 做气质和性格问卷。 2. 领导者对结果进行解释。 3. 根据霍兰的职业分类表，找出与自己性格、气质类型较匹配的职业类型。	30分钟	气质问卷、性格问卷
四、职业定位活动	确定自己的职业偏好。	填写职业偏好比较表。	10分钟	职业偏好比较表，见附录四
五、建立生涯档案袋	收集资料。	整理关于自己性格、兴趣爱好、气质、适宜职业等资料，建立个人生涯档案袋。	10分钟	大号信封

（四）第四单元 生涯资料探索活动

单元目标：

1. 整合个人特质的探索，建立生涯期待及暂定的生涯目标。
2. 认识个人与环境的关系。
3. 对暂定生涯目标进行力场分析。

预定活动内容或进行方式

活动名称	活动目标	活动内容	时间	活动准备
一、暖身活动（脑力激荡）	扩展成员的职业思路。	领导者列举一系列专业的名称，成员迅速说出该专业毕业生的可能出路。	10分钟	收集各专业的名称

续表

活动名称	活动目标	活动内容	时间	活动准备
二、生涯博览会	1. 成员对职业有感性的认识。 2. 了解各职业的形态及对个体的要求。	成员汇报收集的有关各职业的资料。	40分钟	报告格式，见附录五
三、审视周围环境	1. 认识个人与环境的关系。 2. 检视自己暂定的生涯目标。	1. 小组合作，回忆填报高考志愿时受社会和家庭因素哪些方面影响？ 2. 对暂定的"生涯目标"进行力场分析（填表格）。	40分钟	表格，见附录六

（五）第五单元　再认生涯发展任务

单位目标：

1. 再次整理暂定生涯目标及所需的准备。
2. 制定短期目标。

预定活动内容或进行方式：

活动名称	活动目标	活动内容	时间	活动准备
一、暖身活动	调动起气氛，坚定成员为生涯目标努力的信念。	全体成员一起唱《我的未来不是梦》。	10分钟	音乐带、播放机
二、人生价值象征图	1. 更充分地认清自己与理想职业目标间的差距。 2. 制定短期奋斗目标。	仔细思考下列问题，填写"人生价值象征图"。	40分钟	"人生价值象征图"，见附录七
三、决策练习	认识短期目标对自己的可能影响，从而坚定为实现自身生涯目标努力的决心。	小组合作填写"生涯平衡表"。	40分钟	"生涯平衡表"见附录八

附录一　幸运问答

1. 每个人终身只能有一个适合他的职业。
2. 选择一个专业或职业后不能再改变。

3. 不做（生涯）决定是不好的，因为这表示他不成熟。

4. 我相信有这样一份测验能告诉我将来要做什么。

5. 总会有人来指点我将来要做什么。

6. 只要我有兴趣，我一定能成功。

7. 把所有资料分析完之后才能作决定。

8. 男人不宜从事女性职业。

9. 未来的事情应按照我的计划兑现才可靠。

10. 如果父母要求我将来做什么而我不去做，我会对不起他们。

11. 我有能力独立决定职业方向。

12. 如果事实证明我的选择是不明智的，我将自责。

13. 世界变化太快，前途对我们而言很茫然，现在的决定意义并不大。

14. 如果我听取他人的不同意见会使我受到伤害。

15. 如果让我选择，我宁愿上大学后考虑职业问题。

16. 我不愿别人干涉我的决定。

17. 我将收集有关职业资料供教师、父母帮我分析。

18. 选择低于自身能力的职业更有利于发挥水平。

19. 选择高于自身能力的职业更有利于发挥自我。

20. 在选择职业的过程中，我并未尽全力，所以即使失败也并不意味着什么。

21. 花一些时间考虑职业问题是值得的。

22. 即使选择了一个职业，我也应多花时间学习其他知识。

23. 女性选择职业时与男性没什么区别。

24. 不宜向别人公开我的选择。

附录二　现在的我关心的事

目前关心或想做的事	类别	重要性	备注
1.			
2.			
3.			
4.			

类别包括：时间方面、金钱方面、知识方面、个性方面、休闲方面、能力

方面、自主方面、社会参与方面、友谊与亲密关系方面、认同与价值方面、职业与生涯方面等。

附录三　未来10年人生图

时间 未来事件与预定目标	公元	2022	2023	2024	2025	2026	2027	2028	2029	2030	2031
	年龄										

附录四　职业偏好比较表

职业名称	4	3	2	1
1	4>1 因为……			
2				
3				

附录五　教育与职业资料整理单

职业名称：

资料性质：

资料来源：

资料内容：

1. 价值观的满足

2. 环境

3. 工作报酬

4. 生涯形态（角色组合）

5. 达到该目标的途径与机会

6. 应具备的资格和准备

7. 短期内我应达到的目标

备注

附录六 暂定生涯目标"环境"力场分析

影响因素 \ 暂定生涯目标	1	2	3
社会与文化	阻力	阻力	阻力
	助力	助力	助力
家庭与亲戚	阻力	阻力	阻力
	助力	助力	助力

附录七 人生价值象征图

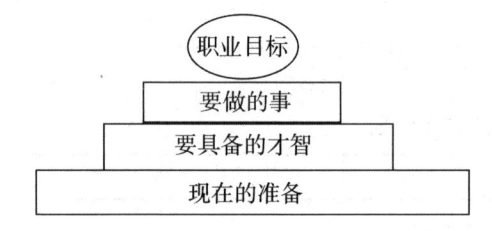

```
        ( 职业目标 )
       ┌──────────┐
       │  要做的事  │
     ┌──┴──────────┴──┐
     │   要具备的才智   │
   ┌─┴──────────────────┴─┐
   │     现在的准备        │
   └──────────────────────┘
```

附录八 生涯平衡表

项目 \ 选择	权重	短期目标1 有利	短期目标1 不利	短期目标2 有利	短期目标2 不利	短期目标3 有利	短期目标3 不利
个人方面的得失							
家庭方面的得失							
亲友方面的得失							
社会方面的得失							

大学生恋爱成长团体心理辅导

一、团体名称：大学生恋爱成长团体

二、团体性质：同质、封闭的成长小组

三、参加对象：在校大学生，同质，年龄基本相同，来自同一班级，有强烈的自我认识、自我探索的意愿，性格各异，但都对人坦诚，成员之间最初是完全熟悉的。

五、团体活动的时间、地点

时间：20××年4—5月，平均每周一次，共有7次，每次1.5~2小时。

地点：安静且较大的有可移动椅子的活动室。

六、团体目标

认识两性的心理与行为，学习与异性的沟通技巧，探索爱情的真谛。

七、理论依据

1. 埃里克森的人格发展理论。大学生处在成人初期，是形成亲密感对孤独感的时期。这一时建立起与异性的亲密关系，发展爱情。

2. 马斯洛的需要层次理论。人有爱和归属感的需求，人都需要爱别人和被爱。

八、团队领导者：＊＊＊

九、团体方案

次数	活动名称	目标	活动内容
一	团体形成	相识，共建团体交往规范，认识到人际交往中保守秘密的重要性。	1. 最佳搭档 2. 连环炮 3. 滚雪球 4. 盖章契约
二	知己知彼	形成温暖信任的气氛，让成员了解异性交友观念。	1. 信任之旅 2. 组员心声 3. 知己知彼的异性交友观念 4. 语句完成 5. 回旋沟通 6. 结束
三	爱的困境	形成温暖信任的气氛，让成员学会在人际交往中要善于观察他人，了解自己，理解他人。	1. 信任考验 2. 完美的拼图 3. 神奇商店 4. 交友盾牌 5. 结束

续表

次数	活动名称	目标	活动内容
四	价值澄清	增强小组凝聚力，强化成员自我认识，促进自我察觉。	1. 解开千千结 2. 最喜欢的作品展 3. 我为何想交男（女）朋友？ 4. 爱情价值观澄清大甩卖 5. 结束
五	征婚启事	促进人际关系，培养团队合作精神，了解男女之理想择偶条件。	1. 突围闯关 2. 征婚启事 3. 结束分享及今日团体活动
六	两性的沟通艺术	培养成员对他人的敏感性，相互沟通，相互接纳。	1. 镜中人 2. 两性沟通艺术 3. 结束
七	亲密关系	加强大学生对自己生理方面及爱情的常识的认识。	1. 生理亲密度问卷 2. 生理亲密度 3. "爱是什么？" 4. 结束
八	失恋阵线联盟团体回顾	正确处理失恋，体验彼此的肯定与支持，鼓励继续成长。	1. 失恋阵线联盟 2. 分手&失恋的处理调适 3. 笑迎未来 4. 大团圆

第五章

心理咨询

心理咨询是高校心理健康教育工作的重要组成部分，在呵护大学生心理健康、引导大学生健康成长中起到了至关重要的作用。因此，高校应该进一步强化咨询服务，提升当代高校心理咨询的工作水平，向学生提供经常、及时、有效的心理健康指导与咨询服务。

第一节 高校心理咨询概述

一、高校心理咨询的特征和功能

心理咨询是专业咨询人员运用心理学的理论、方法和技术，帮助来访者排除心理障碍，发展个人潜能、提高其社会适应能力、增进心理健康的过程。高校心理咨询不同于社会上的心理咨询，比较严格正规，高校是一种育人的场所，秉持服务理念，更加侧重于心理辅导，而且比较注重学生的心理安全。高校心理咨询有以下几个突出特征：

第一，心理咨询服务于学生的健康成长，为学生提供免费咨询。学校心理咨询场所给学生提供一个温馨关爱的氛围，心理教师为学生提供暖心贴心的咨询服务。

第二，多为发展性咨询。高校心理咨询常常是帮助学生解决在学习、交往和恋爱等方面遇到的问题和困扰，侧重于心理健康辅导，坚持预防大于治疗的原则。

第三，多为短程辅导咨询。心理咨询的目的主要是解决学生当前的心理困扰，强调如何解决问题，并且以正向的、朝向未来的、朝向目标的积极态度促使改变的发生。

第四，心理咨询中灌输心理教育，给来访者提供辅导建议，帮助他解决心理困扰和提升个人素质，有时还与思想教育结合，纠正其不良信念和行为。

第五，注重预防，保障生命安全，避免心理风险。学校心理咨询注重预防高于发展的原则，常采用姑息疗法，控制不良事件发生，稳定来访者的情绪行为是咨询的首要任务，其次才是长期的个人成长。

第六，各方力量协同配合。学校心理咨询中尤其是学生出现心理危机时，心理咨询往往与系部领导、辅导员、家长和精神科医生等协同工作，以帮助来访者安全度过心理危机。

心理咨询是增进心理健康、防治心理疾病的重要措施，是心理教育的重要组成部分。高校心理咨询不仅是针对大学生中少数有心理疾病的学生，更是为了塑造全体大学生良好的人格，发掘潜力，帮助大学生更加全面、健康地发展。实践已证明：心理咨询可以帮助大学生实现有效的调节，扬长避短，提高心理素质，对于维护大学生心理健康具有非常重要的作用，具体有以下几种功能：

1. 心理咨询可以为来访者提供一种新的学习经验和机会。通过与咨询员的交流，体验新感觉，学习新经验，纠正不适应的行为，为来访者更加有效地面对现实提供了机会，使他们更全面、更客观地认识自己和现实，采取积极的方式去面对现实。

2. 心理咨询可以纠正来访者的某些错误观念。通过心理咨询，帮助来访者以更准确的观念取代原有的某些错误观念，从而获得适应社会的行为。

3. 心理咨询可以深化来访者对自身的认识。心理咨询员可以引导来访者去发现真实的自我，从而根据自己的心理状况设计自己的行为，获得实实在在的成长。

4. 心理咨询可以提供一种建立新型人际关系的机会。在心理咨询中，咨访双方彼此信任，充满安全感，平等参与，可降低来访者的心理防御反应，形成一种和谐的咨访氛围。

5. 心理咨询可以帮助人们认识到自身问题的很大一部分是由于尚未解决的内部冲突，而不是外界的影响造成的。这是更为重要的功能。只有解决了自己的内部冲突，才能解决问题，并获得成长。

二、高校心理咨询的设置与形式

（一）高校心理咨询的设置

在高等学校中，心理咨询扮演着非常重要的角色，是高校心理健康教育工作的重要组成部分，遵守专业设置并符合专业规范是发挥心理咨询专业效能的基础保障。心理咨询中的设置是指咨询中的各个环节、咨询技术、咨询环境、咨访关系、咨询收费、咨询保密等与咨询效果相关的基本状况。心理咨询作为一种专业化的助人活动，与一般的人际帮助活动不同之处在于心理咨询的场景是一个非自然的、"人工的"场景。这样一个场景是通过特定的设置构成的。心理咨询设置是用来保证和促使咨询向有利于来访者成长的方向发展，更好地帮助来访者解决问题。高校心理咨询的设置应包括以下几个方面：

1. 咨询机构与环境场地设置

完备的高校心理咨询机构设置一般包括预约接待室、心理测评室、个体咨询室、团体心理辅导室、情绪宣泄室、身心反馈室、沙盘交流室、档案室、咨询师工作室、咨询督导室、会议室、办公室等，配备必要的办公设备、心理健康类书籍、心理测量工具、统计分析软件等。在心理咨询室位置选择上，要充分考虑对来访学生的影响，尽量安置在既方便学生咨询同时又尽可能打消学生顾虑的地点。作为个案咨询辅导的主要场所，心理咨询室要设置一个独立的、封闭的空间，约12平方米，太大不安全，太小容易引起来访者的压迫感；环境布置要求安全、宁静、温馨，以降低来访者的心理防卫和抵触情绪，提高个案咨询效果；房间内基本配备需要有咨询沙发和茶几、电话、挂图、绿植、挂钟等。

2. 咨询人员与咨访关系设置

心理咨询的人员设置主要是配备心理咨询专业人员，具有学历和资质要求的专职心理咨询师，主要负责心理咨询工作。高校心理咨询中心的工作内容繁多，专业和行政工作不宜混在一起，否则容易导致工作人员角色、职能定位混乱。应将心理中心的工作人员分为专业人员和行政人员，专业人员负责心理咨询、团体心理辅导、危机干预等工作，行政人员负责预约、组织测试、档案管理、宣传活动、接待参观等工作，只有职责清晰明确，才能确保高校心理咨询中心专业高效地运作。同时在高校兼职的心理咨询人员，应该是指那些有资质的、已注册的心理咨询师、心理治疗师或精神科医生。在咨访关系设置上，咨询师应尽量避免在咨访关系上出现与来访者的双重或多重关系，高校咨询师一般都担任学生授课任务，学生心中的"教师"身份会在一定程度上影响咨询效果，这种特殊的"师生"关系设置与心理咨询的基本原则不相符，有条件的高校应设置专门从事心理咨询工作的咨询人员。

3. 咨询时间与收费设置

心理咨询必须遵守一定的时间限制，咨询时间一般规定为每次50分钟左右，原则上不能随意延长咨询时间或间隔。一般来讲，心理咨询很少能一次解决问题，大多数个案都需要咨询几次才能把问题解决好，若是较复杂的个案，可能需要好几次或更长时间，一般为每周一次，由咨询师和求助学生共同约定下次咨询时间和个案结束时间。

咨询收费也是心理咨询服务的一种重要设置，它本身有一定的心理治疗和不良人格矫治作用，收费服务对来访者的咨询行为也是一种行为上的规范，对增强咨询者的自我意识、责任心、自我控制能力等都有积极作用，收费是心理咨询与治疗工作的价值体现。而目前我国高校心理咨询一般是免费服务本校学生，这种免费的咨询随意性强、约束性低，不收费的心理咨询常容易出现来访者在接受治疗时主动自我探索和改变自己的动力不足，在咨询中等待他人援助而自身不作为。从严格意义上讲，高校提供免费的心理咨询并不是真正意义上的心理咨询。

4. 咨询保密与突破设置

保密是心理咨询的工作原则之一，也是职业伦理的集中体现。在咨询开始前，咨询师有责任向来访者说明咨询的保密原则及其应用的限度、保密例外情况并签署知情同意书。来访者的个人信息及咨询的相关问题不会被随意谈论，来访者的信息登记表不会被带到咨询室之外的任何地方。但下列情况为保密原则的例外：（1）来访者出现自我伤害或伤害他人的倾向时，有必要通知校领导、来访者辅导员、父母以及相关人员，以采取必要的措施；（2）来访者的问题涉及法律责任，如有必要，咨询师应将信息资料呈交有关司法机构。

（二）高校心理咨询的形式

1. 个体咨询

个体咨询是高校心理咨询最常见、最普遍的咨询方式。来访者通过预约和咨询师在个体咨询室进行一对一的面谈。

2. 团体心理辅导

团体心理辅导是通过团体来指导个人，通过团体活动协助参加者解决个人问题及克服情绪、行为上的困难，一般情况下由一位或两位心理辅导教师主持，多个团体成员参加（少者3—5人，多者十几人甚至几十人）。

3. 网络咨询

网络心理咨询是指以网络为媒介，运用各种心理学理论和方法，帮助当事人以恰当的方式解决其心理问题的过程。就目前而言，网络咨询服务方式主要包括即时聊天软件（通过QQ、微信等媒介进行语音、视频、文字聊天）、电子邮件（E-mail）、电子布告（BBS）与个别人或团体交谈等。网络心理咨询作为一种新形式，它既有传统心理咨询（主要包括门诊咨询、信件咨询和电话咨询）所无法替代的优势，又有其明显的弱点与限制。

4. 电话咨询

电话咨询被称为学校心理咨询的"生命线"，个体在出现心理危机时可拨打电话咨询，是学校心理安全的重要保障。

5. 朋辈心理辅导

朋辈心理辅导是高校心理健康教育职能部门通过培训和督导一批志愿从事心理援助工作的学生，在心理辅导基本原则的指导下，对周围需要心理帮助的同学给予心理开导、安慰和支持，提供一种具有心理辅导功能的服务。它可以理解为非专业心理工作者作为帮助者在从事一种类似于心理辅导的帮助活动。

三、高校心理咨询工作建设

（一）心理咨询机构建设

高校心理咨询机构的组织归属有两大类，即独立型和挂靠型。高校通常有比较完善的学生管理工作体系，校学生处具有行政管理职能，可以直接指导各院系学生管理工作，因此心理咨询机构往往挂靠于校学生处，通过各院系学生管理工作者开展心理健康教育，使心理健康教育工作更易于在全校范围内开展。

高校心理咨询机构应选择相对安静的地点办公，缓解学生紧张情绪，减轻心理压力，有利于进行心理咨询。良好的心理咨询环境能使来访的学生降低焦虑感，消除顾虑，达到较好的交流沟通效果。

（二）心理咨询规范化、制度化建设

规范化、制度化是心理咨询由自发到自觉、从无序到有序的保障。通过建立规范的心理咨询机构、设置规范的专职岗位使心理咨询获得经常性的经费保证，使工作得以常规性地开展。2001年教育部专门下发《关于加强普通高等学校大学生心理健康教育工作的意见》，对心理健康教育的任务、内容、原则、途径、方法以及心理健康教育队伍建设管理工作作出了明确的规定，使高校心理咨询在全国普及有了规范。该文件确立了依托学生的工作体制开展心理咨询的工作体制，为稳定高校心理咨询队伍以及推进全面普及心理咨询起到重要的示范指导作用。

制度化是对规范化的进一步发展，将规范性的内容用制度化的形式确立下来，以更加有效地起到组织和监管的作用。为保证心理咨询工作按相关规定有序运行，心理咨询的操作要遵循相关规范和制度，主要包括值班、预约、回访、重点反馈制度，心理咨询个案记录与档案管理制度，咨询记录和有关档案材料归档制度，个案研讨与督导制度等。同时，心理健康教育工作者要遵循职业道德规范及各项规章制度。

（三）师资队伍建设

1. 专业化师资队伍建设

建立以专职教师为骨干、专兼结合、专业素质高、相对稳定的心理咨询师资队伍。从事一线心理咨询服务的教师，要具有相关学历和专业资格证书。重视专兼职教师专业培训，制订培训计划，提升教师素质。

2. 朋辈辅导队伍建设

有调查表明，心理危机发生时，向同学、朋友求助的学生占经历心理危机学生总数的39.9%，向教师求助的占49.0%。朋辈咨询时，因年龄、生活背景、经历、遇到问题的性质等方面都很相近，易产生共鸣，能快速建立咨询关系，且朋辈心理辅导的优势在于可以在任何时间、地点进行。在某些心理问题上，朋辈心理辅导处理时效性比较高。特别是在心理危机干预时，朋辈心理辅导的优势更明显，可以较早发现，并在心理危机发生时发挥监护作用。朋辈心理辅导队伍建设要与学生管理工作紧密结合，贴近学生的学习和生活。

（四）加强心理咨询宣传

向学生公开心理健康咨询机构的电话、信箱和网址。有条件的学校可提供网上预约和咨询服务。专家定期进行网络咨询，这样咨询者不会存在任何顾虑，也避免了面对面的尴尬，有利于咨询工作的顺利进行。向学生宣传心理咨询预约方式和渠道，普及心理咨询的目的、意义和咨询工作流程等。

（五）心理危机预防与干预体系建设

心理危机以预防为主，应早预防、早发现、早干预，降低危机事件发生概率，避免重大危机事件发生，做好日常心理健康知识宣传与普及，通过心理健康状况普查、心理危机定期排查、随访等方式，及时发现学生出现的心理危机。要明确工作流程及相关部门的职责，制订心理危机干预预案。建立科学有效的心理危机转介机制，积极搭建学校咨询机构—校医院—精神疾病医疗机构的工作平台，提高全体师生对心理危机事件的正确认识及应对能力。

（六）保证心理咨询机构的经费支持

高校心理咨询机构是一个服务性机构，因此，需要投入一定经费来支持和保证其正常运行。把高校心理咨询机构的专项经费纳入学校预算，有专项资金作保障，才能更好地确保大学生心理咨询工作的正常有序开展。

四、高校心理咨询的伦理问题

在高校，因咨询师角色、学生角色以及咨询场所的特殊性，高校心理咨询在咨询伦理、咨询过程中面临着不少困境和挑战。高校心理咨询师在实际工作中存在忽略知情同意、难以保持价值中立、难以避免双重关系、不能严格遵守保密原则、无法提升专业胜任力等专业伦理问题。[①]

1. 普遍存在忽略知情同意过程

知情同意是对心理咨询操作过程的规范性要求，指寻求专业服务者可以自由选择是否开始或维持一段专业关系，且有权利了解专业工作的目的、方法、自身权利、保密权利、保密例外以及咨询师资质和理论取向等。无论是校外的心理咨询服务还是高校的心理咨询工作，来访者事先了解知情同意相关内容后，可以更好地配合、监察和反思心理咨询的过程，从而建立和维持良好的咨询关系，提高咨询的有效性。高校心理咨询师对保密权利了解得较为全面，但往往容易忽视咨询中的知情同意过程。对知情同意过程的忽视，往往会阻碍咨询工作的进程，对咨询效果产生消极影响。如咨询师在咨询开始时，并未告知来访者咨询工作的目的、方法、基本设置，在咨询过程中就容易出现来访者滔滔不绝，超出咨询时间限制，从而被迫中止咨询，引发来访者不满等情况；或出现咨询师与来访者不能及时恰当地终止咨询，造成咨询时长严重拖延，扰乱心理咨询的基本设置，从而影响咨询效果等情况。

2. 难以坚持价值中立原则

价值中立原则是指咨询师在咨询过程中不掺杂个人情感与价值，对来访者的情感、观念、行为给予无条件的接纳与尊重。咨询师在咨询过程中坚持价值中立原则，有利于咨访双方建立相互信任的咨询关系，从而为来访者营造良好的自我暴露的咨询氛围，能对咨询效果起到正向影响。

高校心理咨询的工作目的是帮助来访者自我成长，较其他领域的心理咨询多了一层育人的含义。大学生处于青年初期向青年期的过渡阶段，生理发育基本成熟，但心理发展水平尚不成熟，自我意识水平较高，但尚未形成稳定的人生观、世界观及价值观，因此，教育引导在大学生成长成才的过程中必不可少。高校心理咨询师在咨询过程中一旦发现来访者存在过于偏激的思想认识或价值判断，往往会主动承担起价值引导的职责，双方价值观的冲突会带来咨访关系的冲突，从而影响咨询效果。高校心理咨询师在咨询过程中既要坚持专业伦理，又要肩负育人的责任，必然难以秉持价值中立原则，从而产生专业伦理困惑。

3. 难以避免双重关系

双重关系是指当心理咨询师在与一个人发生专业关系的同时发生其他关系，

---

① 孙伟，杨文娴．高校心理咨询中的专业伦理困境及对策［J］．江苏教育，2021，(68)：29-31.

或承诺在将来发生专业关系以外的社会关系。高校心理咨询师与高校之间存在天然的联系，使得高校心理咨询不可能成为单一的专业咨询关系。高校心理咨询师的教师身份能够在一定程度上获得学生的依赖和信任，能够较为及时全面地了解学生的认知、情绪及行为变化，有利于促进学生心理问题的解决，但是，双重关系的存在势必会给高校心理咨询带来一定的消极影响。

第一，双重关系的存在不利于建立平等的咨访关系。高校心理咨询师往往还承担辅导员、管理人员或任课教师等工作职责，在学生眼中，既是心理咨询师又是教师，学生在尊重的同时还会怀有畏惧之情，教师身份产生的权力优势不利于形成平等的咨访关系。第二，双重关系的存在使学生难以充分信任心理咨询师。高校心理咨询师在承担咨询工作的同时，也承担着管理、教育学生的责任，他们在工作中的大多时刻都是站在学校的立场上认识和处理问题的，会忽视从当事学生的角度出发帮助学生处理面临的思想和纪律困境，因而难以得到学生的信任。第三，双重关系容易使心理咨询变为思想政治教育，部分承担心理咨询工作的辅导员在咨询过程中容易受到德育思维影响，将心理咨询变成批评教育，严重影响心理咨询的有效性。

4. 保密原则与管理要求有冲突

保密原则指心理咨询师有责任保护来访者的隐私权，同时明确认识到隐私权在内容和范围上受到国家法律及专业伦理规范的保护和约束，同时保密原则的应用有其限度，在特殊情况下存在保密例外情况。保密原则是心理咨询的重要伦理原则，是建立良好咨访关系的基础。

高校心理健康教育部门通常隶属学校学生管理部门，独立性相对较差，部分高校会安排具有心理咨询资质的辅导员担任心理咨询师。这部分心理咨询师承担了学校行政管理及学生管理工作，当发现学生存在纪律问题、价值偏差或违法行为时，他们往往会突破心理咨询服务于学生工作的界限，选择将学生存在的问题及隐患上报学生管理部门。这会造成学生个人隐私的泄露，导致来访学生与学校心理健康教育部门对立，甚至引发学生个体的心理危机事件。

5. 专业胜任力不足

专业胜任力指心理咨询师遵守法律法规和专业伦理规范，以科学研究为依据，在专业界限和个人能力范围内开展评估、咨询、治疗及督导等工作的能力。《中国心理学会临床与咨询心理学工作伦理守则》（第二版）指出，"心理师应不断更新专业知识，提升专业胜任力，促进个人身心健康水平，以更好地满足专业工作的需要"。

当前高校心理咨询工作正处于发展阶段，对心理咨询师队伍的系统化培训同样处于发展阶段，且大多数培训以理论讲授为主，缺乏咨询技术的操作训练。高校兼职心理咨询师在实际咨询过程中仍然存在难以运用咨询面谈技术、仅凭自身成长及工作经验进行心理咨询工作的情况，使心理咨询过程变为德育过程或辅导员谈心谈话过程，引起来访学生的反感，破坏咨访关系，影响心理咨询的有效性。

针对以上伦理问题和困境，有必要针对高校这一特殊咨询场所，以及高校心理咨询师与学生之间的特殊关系，制定统一规范且切实可行的相关工作伦理。高校心理咨询专业伦理的制定，应当从保障学生权益的角度出发，明确界定学生与心理咨询师双方的权利和责任，规范高校心理咨询师的专业知识结构和技能训练。同时，高校应当通过相应的伦理要求规范高校心理咨询工作，切实提高高校心理咨询的有效性。高校心理健康教育部门应当为心理咨询师提供定期且系统化的专业伦理培训。专业伦理培训不仅能够提高高校心理咨询师的伦理认识水平，而且能够帮助其树立正确的咨询意识和助人态度。

五、高校心理咨询发展的趋势

（一）心理咨询热线电话与网络心理咨询的兴起

心理咨询热线电话是指对情绪危机者进行心理干预的一种电话服务形式。近些年来，心理咨询热线电话以其方便快捷、自主安全、经济有效等特点，不断被引入高校校园，成为当前许多高校开展心理咨询服务向学生提供心理援助的有效途径之一。高效开通心理热线服务需要进行场地、设备和热线咨询员队伍建设，并加强规范管理。

网络心理咨询是指心理咨询师通过各种网络通信工具，运用心理学原理和技术给来访者提供心理咨询帮助的一种新型的心理咨询。与传统咨询方式相比，这种不受时间和空间限制的咨询方式，以及在咨询过程中一贯体现的自主性、便捷性和匿名性必定会为它带来远大的发展前景。高校网络心理咨询应基于网络媒体的发展特点，因势利导，扬长抑短，推动高校心理健康教育的蓬勃发展。在未来的发展中，要不断加强高校网络心理咨询的专业化和规范化。高校需要从准入规范、职业道德、网络技术方面加强网络心理咨询队伍建设，加大网络心理健康教育的宣传推广，网络心理咨询人员需要继续加强网络心理咨询的理论与技术、适用性和有效性研究。

（二）推动发展性心理咨询模式

发展性心理咨询模式是指高校心理咨询要以大学生的发展为重点，以促进发展为目标，面向全体的学生，强调个人成长和全面发展的工作经验。当前，高校咨询活动与具体操作层面都体现了发展性为主的趋势。宏观上咨询活动是通过广播、网络、电视、校刊、橱窗、校报、板报等宣传媒体，组织开展了心理健康宣传周或宣传月和专题讲座等。具体操作上将个别咨询、心理与行为训练、团体心理辅导、信函咨询、网络咨询和电话咨询等相结合，有针对性地为需要帮助的学生提供经常性、及时性、有效性的心理咨询服务，促进学生心理健康成长。

高校心理咨询强调了发展的功能与教育的功能，同时得兼顾保健与治疗功能。不仅要为学生提供个别咨询，更重要的是必须着眼于广大学生心理问题的预防与早期发现，以及心理健康的增进与人格发展。

（三）心理咨询的本土化

心理咨询的本土化，是指运用适合中国人心理的咨询理论和方法，进行心理咨询工作和活动，以最大化地实现咨询效果。它是在合理地吸收和接纳中西方心理咨询思想和方法的基础上进行的。① 具体来说，心理咨询的本土化途径一是在西方的心理咨询理论上加以改进和修正，使之更适合中国人，比如钟友彬教授创造的认识领悟疗法；二是利用我国传统文化资源，结合中国人的社会心理特点，挖掘出具有本土特色的心理咨询理论与方法，比如立道家认知疗法、中医心理疗法等。

在高校，探索心理咨询的本土化有两个方面的要求，第一，了解本土大学生的心理特征。本土化要求必须切实地描述、分析、理解、预测大学生的心理与行为，进而建立有关大学生心理与行为的知识体系。第二，本土化着眼解决本土大学生的实际问题。研究者要深入地探讨与理解中国社会的问题，包括政治、经济、文化与教育的问题，进而才能整合出适合中国学生自身的预防与解决之道。

第二节　高校心理咨询的基本程序和方法技术

一、高校心理咨询的基本程序

高校心理咨询的基本程序包括预约与接待、开始阶段（评估）、中期阶段、结束阶段（转介）、追踪反馈。

---

① 孔德生. 我国心理咨询本土化的探索与实践 [J]. 学术交流，2007，(12)：31-35.

(一) 预约与接待

1. 预约

预约接待员的首要工作是为来访者完成预约。来访者预约咨询主要有三种途径：打电话预约、直接来咨询中心预约以及通过心理中心的网络平台在网上预约。预约的最终目的是接待员为来访者确定具体在什么时间与哪位咨询师会面。

预约接待员在接待预约的来访者时，需要进行以下工作：

（1）初步判断来访者是否属于危机情形。如果来访者明显属于危机情形（如自称有自杀倾向、听起来或看起来情绪状态明显异常、说话语无伦次等），接待员就应立即上报咨询中心，请专业人员进行紧急干预，或者予以转介。

（2）简单澄清来访者对心理咨询的疑虑。有些来访者虽然来到心理咨询中心求助，但对心理咨询并不十分了解，可能会问许多问题，接待员应进行简单的介绍，初步澄清来访者对心理咨询的疑虑。

（3）具体商定咨询师和咨询时间。预约工作应该以具体、明确为基本原则，接待员要和来访者确定咨询师和时间，预约的咨询时间以对咨询师和来访者双方都比较合适为宜。

2. 填写文件

高校心理咨询中心要为每一位前来咨询的大学生建立档案，作为工作记录保存。为了让学生在知情同意的情况下接受心理咨询，咨询中心通常要求来访者在预约时填写"预约登记表"，并签署"知情同意书"。如果来访者通过电话或网络预约，预约接待员通常问询来访者或在网络上填写相关个人信息。

（1）填写"预约登记表"。"预约登记表"包括来访者的基本信息、家庭背景以及自诉的主要问题等内容，基本信息包括来访者的姓名、年龄、年级、学习的专业、家庭基本状况以及来自城市或农村等，还有既往心理咨询经历、重大事件、家族精神疾病史以及求助的主要问题等。"预约登记表"有助于咨询师对来访者的情形有初步的了解和判断，在与来访者初次会谈之前进行简单的准备，也能缩短建立关系的时间。

（2）签署"知情同意书"。知情同意书一般包括心理咨询的基本原则、来访者的权利和义务以及咨询师的职责等内容，特别是对保密原则以及突破保密协议的若干情况等有较为具体的介绍，这些都是来访者知情同意的重要内容。咨询师和来访者签署"知情同意书"，标志着双方建立了正式的专业关系，规定了专业关系本身的约定和限制，使咨询过程在一个比较清晰的框架下展开，这是咨询产生效果的重要保障。①

（二）开始阶段（评估）

这个阶段的主要任务有：建立咨询关系、收集来访学生的资料、进行分析评估。

1. 建立咨询关系

咨询教师与来访学生建立起信任、真诚、接纳的咨询关系，才有助于咨询教师真实了解学生的情况，确定咨询目标并有效达到目标。对学生而言，基于这种积极的关系，才会与咨询教师积极合作，对心理咨询抱有热情和信心，从而有助于提高咨询效果。能否建立起积极的咨询关系，咨询教师担负着重要责任。

要建立并保持积极的咨询关系，需要咨询教师掌握一些有效的方法，如无条件的积极尊重、准确的共情和真诚。对来访学生要热情耐心，装束整洁得体，行为举止大方。初次会谈，来访学生往往比较紧张、局促，因此咨询教师的态度会对其心理产生很大的影响。热情友好的态度给人以亲切感，可有效拉近双方的距离，特别是他们在受心理困扰时，热情友好的态度本身就是一种安慰，能在很大程度上降低其焦虑水平。

初次会谈时，咨询教师要先向前来咨询的学生进行简明扼要的自我介绍，接着就咨询的性质、目标以及特殊关系等向对方作出解释。解释的内容包括时间的限制、会谈的次数、保密性及保密例外、正常的期望等。对这些问题的说明，可以减少来访者的困惑，消除因此引发的焦虑，也使对方不致对咨询产生不当或过高的期望。在初次会谈中，有必要澄清保密性的问题：对咨询过程中必要的记录给予说明，对所谈内容和隐私权的保密与尊重作出肯定性承诺，以此消除来访学生的戒备心理；保密例外的情况则是当来访者有伤害自身或他人的危险时，出于保护当事人生命安全的原则，心理教师有义务向有关人员汇报，但也是最低限度披露来访者的信息。

2. 收集来访学生的资料

收集与来访学生有关的各种资料，咨询教师可通过会谈、观察、倾听、心理测验等方式，了解对方的基本情况及存在的心理问题。

来访学生的基本情况包括姓名、年龄、班级、家庭及社会生活背景、自身的生活经历、兴趣爱好、学习生活近况及有无心理咨询经验等。通过对基本情况的了解，掌握其过去、现在等各方面可能与当下心理困扰相关的信息，有助

---

① 贾晓明主编．高校心理咨询理论与实务［M］．北京：北京理工大学出版社，2018.10.

于对其主要心理问题的把握。

认识来访学生的心理问题是确定心理咨询目标的基础。这可能比收集基本情况要复杂得多，因为来访学生一般心存顾虑，往往不愿直截了当地把面临的心理问题如实暴露出来，或是他们自己也弄不清问题的实质，只是感觉到困扰，希望改变现状。由于心理问题涉及多方面，这就需要咨询教师通过收集有关资料弄清心理问题的性质、持续时间及产生原因。

3. 进行分析评估

分析评估是在收集资料的基础上，进一步明确来访学生心理问题的实质、程度及原因，并对其作出正确的评估。分析评估包括下列内容。

（1）确定心理问题的类型、性质，决定咨询的适应性

咨询教师首先要确定心理问题的性质，是属于学习问题，还是人际关系问题，还是自我发展问题，或者是其他方面的问题等等；是属于发展性问题、适应性问题，还是障碍性问题。同时判断来访者的问题的性质，是一般心理障碍还是严重的精神疾病，以确定是否属于心理咨询的范围。咨询教师需通过了解来访者的疾病史、个人生活史等信息，进行初步的心理评估，决定咨询的适应性。因为只有那些心理因素是其痛苦的原因的人才适合进行心理咨询，并非所有有心理障碍症状的人都适合做心理咨询。如来访者属于器质性疾病，应及时介绍到医院就诊，若发现来访者有心理障碍、精神障碍的症状或现象，要及时将其转介到医疗机构进行诊断。

（2）分析心理问题的程度，判断是否需要紧急危机干预

对来访者的心理问题的严重程度要进行分析评估，只有经过专业判断后不属于危机情形的来访者，咨询教师才能按照心理咨询的常规程序为其提供咨询服务。如果发现来访者出现明显的冲动、无助或绝望等负性情绪时，必须要对其进行危险性评估，一旦属于危机情形，咨询教师要启动危机干预机制，必须根据实际情况进行相应的紧急处理。一般来说，对于有危险性的来访学生，咨询师必须在咨询完成后立即填报"危机个案情况表"登记备案，同时还要与辅导员、学生处及系部领导通过电话或当面通报情况，及时启动危机干预程序，展开相关的工作。另外，咨询师还要事先告知来访学生，向其解释突破保密原则的原因，并耐心地进行解释以征得来访者的知情同意，并与来访者商定紧急联络人等事宜。

（3）寻找心理问题产生的原因

寻找原因是诊断来访学生心理问题的重要组成部分。造成来访学生心理问题的原因是多方面的，可从主观和客观两个方面进行分析。客观分析就是针对

来访学生心理问题形成的诱因事件、成长经历、家庭社会等因素进行全方位的搜索。主观分析是对来访学生的认知信念、个性特征、需要动机等进行深度剖析。把握住心理问题产生的主观原因，将为心理问题的解决奠定最重要的基础。

（三）中期阶段

经过开始阶段，心理咨询进入了中期阶段，这一阶段主要任务由两部分构成：明确咨询目标，进行指导帮助。

1. 明确咨询目标

心理咨询的目标，就是心理咨询所追求的结果与所要达到的目的，明确咨询目标是通过对问题的分析和评估实现的。这和上一阶段中收集资料分析评估结合在一起同时进行。分析来访学生的问题后，咨询师需要对咨询目标加以明确，咨询师可以这样询问来访学生：通过咨询，你希望解决什么问题，有什么改变，达到什么程度，等等。在确定咨询目标时要注意以下三个问题：

（1）必须由咨访双方共同制订目标

咨询目标的制订，必须要咨询教师和来访学生共同配合、互相交流并最终达成一致。这样的咨询目标才比较客观、真实，才能使双方共同努力去实现目标。共同制订咨询目标，首先要求咨访双方在心理问题的把握和原因分析上取得一致意见，为此咨询教师要鼓励并引导来访学生全面、深入地倾述和反映，同时咨询教师也必须将自己的认识、看法、结论反馈给来访学生。其次，咨询教师要引导和鼓励来访学生思考和提出自己的要求，坦诚提出对咨询目标的看法。若双方意见有分歧，应认真分析，是表述上的不同还是内容上的差异，是掌握材料不够还是看问题角度不同，是不是局部目标与整体目标上的差异等，在此基础上逐步达成一致。

（2）保证心理咨询目标的针对性

咨询目标的针对性，即解决心理问题而不是其他问题。在学校心理咨询中，经常会遇到一些不属于心理方面的问题，如学生经济上发生困难、考试不及格等。这些问题虽然使来访学生感到不安，但心理咨询的目标只能是帮助来访学生调整认知和心态而不是直接解决这些问题本身。

（3）心理咨询目标必须具体、可行

来访学生的表述有时比较具体、明确，如考试焦虑、失眠问题等，但有时比较笼统、抽象，如希望有较强的学习能力、善于交往等。这样的目标因大而空泛，既难以操作、落实，又无从对咨询效果进行评估，因此，心理咨询很难进行。这就需要咨询双方经过商讨，共同将抽象的目标具体化，模糊的目标清晰化。总之，咨询目标必须具有可行性。

2. 进行指导帮助

咨询教师给予来访学生指导帮助时，要与包办代替相区别。心理咨询是一种谈心行为，双方是彼此合作关系，咨询教师的职责是帮助来访学生分析自身的心理问题，提供指导意见，而解决问题则要靠来访学生的自我努力，通过改变自我认知和行为方式来恢复心理平衡。咨询教师在对来访学生充分理解的基础上，帮其分析自我问题的性质，寻找问题的根源，商讨解决问题的对策。

在这个阶段，咨询教师需根据来访学生的问题采用不同的咨询方法，可灵活运用鼓励、指导与解释，对来访学生的积极方面给予真诚的表扬、鼓励和支持，增强来访学生的自信，促进其积极行为的增长；可以直接指导来访学生做某件事、说某些话，或以某种方式行动；可以通过解释，使来访学生从一个全新、全面的角度面对自己的问题，重新认识自己及周围的环境，从而提高认识能力，促进其人格的完善和问题的解决。

（四）结束阶段（转介）

心理咨询经过实施一段时间取得成效后，就应进入结束阶段，以终止咨询。这一阶段的工作主要是判定效果和巩固效果，同时还需注意转介问题。

1. 咨询效果的评价

心理咨询结束前首先要判定是否取得疗效，这就需要进行对咨询效果的评价。一般来说，心理咨询效果的评价方法有以下三种：①来访学生自评，可从其情绪的改善状况、异常行为的矫正程度、学习能力、交往能力及生活能力的恢复与进步程度等方面评估；②咨询教师的观察，也可从来访学生的症状缓解程度及社会功能改善状况两方面进行，在咨询后期，通过观察来访学生的各种表现来判定咨询目标是否实现；③心理测验结果，分析咨询前后来访学生的心理测验指标的变化，也可给咨询效果的评定提供参考依据。

2. 巩固咨询效果

巩固已取得的咨询效果，是结束咨询之前必须完成的一项任务，具体需要做以下工作。

（1）咨询教师应向来访学生指出其已经取得的成绩与进步，说明已基本达到既定的咨询目标。咨询教师和来访学生对此应达成共识。来访学生认识到自己的进步，对他不仅是巨大的鼓舞，也是一种暗示，即预示着心理咨询的过程即将结束，使来访学生对此做好心理准备。为此，咨询教师应耐心、具体地分析来访学生所取得的成绩，指导来访学生真正认识到自己的进步。

（2）咨询教师应和来访学生一同就其心理问题和咨询过程进行回顾总结。重新审视来访学生心理问题的前因后果，以及据此确定的咨询目标、咨询方法、咨询过程中出现的问题和进展等，对前两个阶段进行总结。这有助于帮助来访学生加深对自己问题的认识，总结咨询经验，了解努力的方向，获得有益的启示。这种总结本身就具有巩固、优化咨询效果的意义。总结最好是通过咨询教师的启发由来访学生作出。

（3）指导来访学生巩固已有的进步，将获得的经验运用到日常生活中去，并逐步稳定、内化为来访学生的观念、行为方式和能力，使之能独立有效地适应环境。应指出从学习"经验"到运用"经验"尚有一段距离。通常来访学生在咨询教师的指导下，在特定条件下能表现其习得的经验，但当其独立面对实际生活环境时，又显得难以应付。这既有经验掌握尚未牢固的原因，也有其自信心不足的心理因素。能否顺利完成这一过渡，是能否实现"结束"咨询的前提条件。

向来访学生说明结束咨询时，应尽可能以交谈的方式进行，暗示来访学生结束咨询是件自然、平常的事情。

3. 转介

如果咨询教师觉得不能继续提供帮助，就可以通过转介的方式让来访学生去找其他咨询教师或者向某个指定的机构寻求帮助。在咨询中有以下几种情况需要转介：

（1）来访者不属于心理咨询服务对象

发现来访者已经出现幻觉、妄想或严重的认知、行为障碍等精神症状，或者来访者的症状明显是由器质性原因引起的，咨询师应建议来访者及时转到精神科医院接受诊治，以防贻误治疗时机。如果造成来访者困扰的主要原因是现实生活中的困难，而心理咨询并不能帮助来访者解决这种困难时，这种情况下也必须将来访者转介。

（2）来访者的问题超出了心理咨询师的能力范围

从保护来访者的利益出发，咨询师必须在自己能力范围内为来访者提供服务，在专业能力范围之外提供服务是违背伦理操守的。因此，在评估时，咨询师要结合自己的专业能力和实践经验作出判断。

（3）由于某些原因不利于建立良好的咨询关系时，也必须转介

例如，来访者与咨询师已经有其他人际关系，为避免出现双重关系就需要转介；咨询师与来访者因个性等人格特征方面明显不协调，或者来访者的价值观与咨询师的价值观有冲突，或者来访者求助的问题正好是咨询师无法接受的议题等，都需要尽早转介。

（4）来访者对咨询关系感到不满意，要求转介

转介有时是由来访者提出的。例如，来访者对咨询效果不满意，在咨询几次之后问题没有得到很好的控制或有效解决，就可能对咨询师产生不满而要求转介。如果影响到了咨访关系，就最好转介给其他咨询师。

如果咨询教师判断来访学生需要转介，要做的就不仅仅是停止对来访学生的咨询，因为转介是一个过程，需要一段时间才能完成，对来访学生的转介也是一个工作交接的过程。在转介时需注意以下问题：

（1）转介要征得来访者的同意

将来访者转介不是咨询师一个人可以决定的，虽然可以由咨询师提出，但一定是在来访者知情同意的前提下进行的。或许，这个困难的个案给咨询师带来了很大的压力，造成了很多困扰，但咨询师一定要谨慎行事。

（2）适当地说明与解释以缓解来访者的迷茫与焦虑

咨询师不仅要告知来访者需要转介，而且要与来访者讨论其对转介的看法和反应。通常，来访者对待转介的反应是自己心理问题很严重以至于咨询师无法帮助自己。因此，咨询师要真诚地向来访者解释需要转介的理由，耐心做好来访者的思想工作，不要给来访者增添心理负担。

（3）以接纳和关怀的态度了解来访者的矛盾情感

当被告知需要转介以后，来访者的心情通常是十分复杂的，担心、紧张、怀疑与期望并存。咨询师要给来访者倾诉的机会，对于来访者的不满等情绪要给予理解和接纳。在来访者与新的咨询师会面之前，咨询师可以与来访者保持一种支持的、鼓励的关系。

（4）帮助来访者与接手的咨询师建立联系

咨询师在有了将来访者转介的想法后，要确定将其转介给哪位咨询师，要考虑这位咨询师有没有胜任能力，要明确这位咨询师目前有没有时间空当可以接待该来访者。在此基础上，咨询师可在专业限制的范围内帮助来访者与新的咨询师建立联系。

（五）追踪反馈

追踪反馈是心理咨询过程的补充与延续，对来访学生的咨询效果进行最终调查并寻求反馈，以便积累完整的案例资料，全面评价咨询效果，是整个咨询过程中不可忽视的一步。

在高校，对曾经咨询过的学生进行追踪反馈往往是高校学生管理工作的重要内容。特别是对有些心理问题比较严重的同学，咨询中心应在咨询结束后一段时间内予以密切关注。

追踪反馈是在咨询结束后的回访设置，通常在咨询结束后三个月、六个月或一年进行。在学校心理咨询中，追踪反馈可采用以下方式进行。

（1）填写信息反馈表

信息反馈表一般是由心理咨询机构统一印制，咨询教师应嘱咐来访学生定期填写并反馈给咨询教师。

（2）约请来访学生定期前来面谈

咨询教师与来访学生面谈是直接了解咨询效果的有效方式。这种方式获得的信息量大，容易深入，也便于咨询教师及时察觉问题，并适时予以进一步指导。

（3）访问他人

向了解来访学生学习、生活等情况的人，如父母、辅导员、同学、关系密切的朋友等了解来访学生现在的适应状况。这种做法一般比较客观。如果能将这种方式所获得的信息与其他方式反馈的信息综合起来考察，得出的结论将更全面、真实。运用这种方法时，必须注意维护来访学生的利益，保护其自尊和隐私，注意保密原则，因此，有时需要以间接、委婉的方式进行。

经过追踪反馈，一般会有以下三种不同的结果：一是来访学生的问题已经得到解决，咨询效果十分显著。对于这种情况，咨询教师可对整个咨询过程做一次回顾与反思，提炼成功的经验，以便更好地指导今后的咨询工作。二是部分问题得以解决，咨询取得一定效果，但不是很显著。这时需要咨询教师认真总结经验教训，重新探讨来访学生的问题范围和性质，对咨询目标和方案进行适当调整与修正，如来访者提出要求，继续帮助他解决尚未解决的问题，或进行转介其他咨询教师帮助解决问题。三是咨询效果不明显，问题基本没有解决。这种情况下，咨询教师就应分析原因，是自己评估错误运用咨询方法不当，还是来访学生配合不够未按咨询师要求去做。若是前种原因，咨询教师可对咨询过程再做一次回顾和反思，找出问题症结所在并重新进行咨询；如是后种原因，咨询教师就必须对来访学生继续进行帮助，并与其说明咨询效果需要本人的主观努力和配合。

二、高校心理咨询的一般方法

1. 提供宣泄与疏导

宣泄是指来访学生将自己积压已久的不良情绪（如烦恼、忧愁、愤怒等）和心理困扰问题倾诉给咨询教师的过程。这是心理咨询最基本的功能，给来访者提供可供宣泄的场所和倾诉痛苦的对象，宣泄可给人以解脱，使人感到轻松。

在宣泄过程中，不论是内心巨大的痛苦或挣扎，还是觉得难以启齿的个人隐私，这些有碍个人身心健康的困扰和障碍，都得到了有效的自我调节。

疏导是指咨询教师运用专业性辅导技术，采取有效措施解除来访学生的心理困扰和障碍的过程。它侧重于"导泄""疏理""诱导""解析"等，给予来访者以理解支持，进而帮助其纠正非理性想法，打开"心锁"。咨询过程中，咨询教师要鼓励来访学生倾诉内心痛苦并有针对性地进行疏导，帮助来访学生端正对自身问题的认识，调整个人的应对方式，以产生积极的心理平衡。

2. 探寻根源和领悟

领悟是指来访学生在咨询教师的帮助下，全面、深刻地认识自身心理困扰与障碍的过程。

领悟是个体克服心理困扰与障碍的关键。咨询师对导致来访者心理问题形成的各种相关因素进行探索分析，寻找心理问题症结，帮助其了解和认识周围的环境，积极协调自我与环境的关系，改变某些偏见和消极的行为方式，权衡自己的心理需求，调整行为动机，防止和减弱不良情绪对身心健康的危害。

3. 改进认知和行为

理解领悟属于认知，但认识到问题仅仅是前提，还需要进一步帮助来访者改进自我的认知和行为，这才是心理咨询的核心，也是目标。这就需要在心理咨询过程中，咨询教师运用一些心理干预技术（比如强化干预、放松训练、角色扮演、合理情绪干预等），指导并督促来访学生进行一段时间的学习、训练和矫正，以达到认知和行为上的渐进改变。

4. 促进健康与成长

从心理障碍恢复到心理健康，更多的是要靠个体的自我调整，心理咨询只是起到加速和促进作用。在心理咨询过程中，咨询教师应通过认知改变的方法帮助来访学生认识到：人的潜能是无限的，人在生活挫折和挑战面前，积极调整自己，挖掘自身潜力，便可产生巨大的能量来战胜未来生活的困难。

总之，心理咨询就是通过宣泄、疏导来缓解来访者的心理压力，鼓励来访者倾诉内心困扰和痛苦并进行针对性指导；探寻来访者的问题并使其领悟；协助来访者改进认知结构，通过学习和训练建立起健康、有效的行为习惯和适应方式；促进来访者排除心理障碍和自我成长，从而使心理咨询对来访者产生积极的影响。

三、高校心理咨询的一般技术

（一）参与性技术

1. 倾听

倾听是指咨询师全神贯注地聆听来访者的叙述，认真观察其细微的情绪体势的变化，体察其言语背后的深层次情感，并通过自己的言语和非言语行为表达对来访者叙述内容的关注、理解和接纳。倾听贯穿于心理咨询的任何阶段，是心理咨询中最重要的方法，也是一种咨询态度。

2. 询问

询问技术包括开放性询问和封闭性询问。开放性询问通常以"什么""如何""为什么""能不能"等字眼发问，让来访者就有关问题、思想、情感等给予较详细的说明，开放性询问没有固定的答案，允许来访者自由发表意见，从而带来较多信息，因此被认为是最有用的咨询技术之一。

封闭性询问通常以"是不是""要不要"等发问，来访者能以"是""否"简短的词作答。这种询问可以用来针对性地收集信息，以澄清事实，或制止来访者滔滔不绝的言谈。封闭性提问仅在必要的时候采用，不宜过多使用。

3. 鼓励和重复

鼓励是指咨询师对来访者所说的话予以简短重复或仅仅以某些词语如"嗯额""是这样""然后那""还有吗""接着说"等来强化来访者叙述的内容，并鼓励其讲下去。这是最简单的技巧，它能使来访者了解到咨询师在认真地听他讲话，并希望他继续讲下去。

鼓励除了促进继续会谈外，还可以就所叙述内容的某一点、某一方面做选择性关注，引导来访者朝着某一方向做深入交谈。这就是重复技术。以重复语句作为鼓励对方的一种反应，是一种很有效果的反应方式。

4. 反应

反应技术包括内容反应和情感反应。内容反映也叫释义或说明，指咨询师把来访者所讲的主要内容加以综合整理后，用自己的语言反馈给来访者。释义使得来访者有机会再次剖析自己的问题，重新组合那些零散的事件和关系，深化会谈内容，使得所诉内容更加明朗化。

情感反应是指咨询师把来访者言语与非言语行为中包含的情感整理后，反馈给来访者。情感反应与内容反应接近，区别在于着重于来访者的情绪反应。情绪往往是思维的外露，经由对来访者情绪的了解可进而推测对方的思想态度等。

5. 具体化

具体化技术是指咨询师帮助来访者清楚、准确地讲明他们的想法、情感和事件。具体化咨询技术可以让咨询师澄清来访者所表达的那些模糊不清的观念及问题，把握真实情形，同时也使来访者弄清自己的所思所感，从而促进咨询的顺利进行。

6. 概括

概括是指咨询师完整且扼要地叙述来访者已谈过的事实、感受和原因。概述可使来访者再一次回顾自己叙述的内容，并使自己获得休整的机会，用于结束一段或一次面谈。

（二）影响性技术

1. 解释

解释是指咨询师运用某一理论或自身的经验解释来访者的思想、情感和行为的原因、实质等，给来访者提供一种重新认识自己问题的可能性，借助于新的观念和思想来加深了解自身的行为、思想和情感，提高认识，促进变化。解释技术是面谈技巧中最复杂的一种，它侧重于对某一问题做理论上的分析。

2. 指导

指导是指直接明确地指示来访者做某件事、说某些话或以某种方式行动。指导是影响力最为明显的一种咨询技术。指导建立在咨询师判断来访者愿意实践的前提条件上。

3. 忠告与信息

忠告与信息是指咨询师对来访者怎样行动、怎样思考等提供建议，提供有助于来访者看待、思考的新信息。忠告与信息是一组非常有用的影响技巧，主要影响来访者的认知及新的可能的行动。

4. 情感表达

情感表达是指咨询师将自己的情绪、情感活动状况告诉来访者，以影响来访者。情感表达技术的作用是通过情感的表达、理解、鼓励来访者，促进来访者的探索和改变。

5. 自我表露

自我表露又叫自我开放、自我暴露，指咨询师把自己过去的或现在的经验、体会和感受告诉来访者。自我表露技术有助于建立和发展信任的、坦率的咨访关系，促进来访者的自我剖析及开放。

6. 反馈

反馈是指向来访者介绍咨询师或其他人是怎么看待、对待同样的问题，这种具体的信息可能有助于来访者认识到他人的思维和行为模式，从而受到启发。

(三) 其他技术

1. 共情技术

共情又叫同理心，是指咨询师站在来访者的立场，将心比心、设身处地体会其感受及想法，并把来访者表述和体验的情绪感受反馈给来访者。共情被认为是心理咨询中影响咨访关系建立的首要因素，是咨询的基本技术。

2. 处理阻抗技术

阻抗是指来访者在咨询过程中，否定咨询师的分析，拖延、对抗咨询师的要求，从而影响咨询的进展，甚至使咨询难以顺利进行的一种现象。[1] 消除阻抗主要是给予来访者者积极共情、尊重、关心、同感理解、建立良好的关系。

3. 应对沉默技术

沉默是指当需要来访者进行自我探索或回答问题时，来访者出现了停止回答与探索的现象，阻碍了咨询的顺利进行。咨询师应学会分析判断来访者的沉默现象属于何种情形，并相应作出回应，或适时沉默，或做试探性的询问。

四、高校心理咨询常用的干预技术简介

1. 焦点解决短程心理治疗

焦点解决短程心理治疗是以解决问题的方法为核心的问题解决技术，是最经济有效的方法，也是从资源优势取向的视角理解与开展学生心理辅导工作的方法。它聚焦于问题的解决方法，而非造成问题的原因，充分发掘与运用已经存在的资源来发展有效的解决之道。焦点解决短程心理治疗的核心技术有赋能技术、常态化技术和重新建构技术。

2. 认知行为治疗

认知行为疗法是一种有结构、短程、认知取向的心理治疗方法，主要针对抑郁症、焦虑症等心理疾病和不合理认知导致的心理问题。它的主要着眼点放在患者不合理的认知问题上，通过改变患者对己、对人或对事的看法与态度来改变心理问题。在高校采用认知行为治疗往往注重以问题解决为核心，帮助学生学会解决问题的聚集策略，强化学生解决问题的能力，让其明确了解过去与现在的痛苦来源于可认识的、有可能解决的问题。

3. 辩证行为治疗

辩证行为治疗是近年来发展起来的新型技术，它采用哲学性的思维方式，

---

[1] 乐国安. 咨询心理学，天津：南开大学出版社，2002：179-189.

尝试着去平衡"接受"和"改变"的关系，它能提高一个人在不失控的情况下处理个人情绪困扰的能力，可以帮助情绪调节有困难或表现出自我伤害行为的人。其焦点技术在于强化、肯定，不断调整当事人的情感反应，减少相应的极端行为，接受自己的反应，从而调节情绪，改善与他人的关系。辩证行为治疗的四大基本技能是核心正念技能、痛苦承受技能、人际有效性技能和情绪调节技能。

4. 支持治疗

支持治疗是以"应激与适应"为基本观念，针对当事人目前的现实问题，以"支持"为核心进行特殊治疗，给当事人提供适当的支持，帮助其调整对挫折的看法，利用其现有的内外资源应付目前的困难，使其适应并能够独立应对生活中的困难和挫折，达到真正的自我成长。支持治疗技术主要通过鼓励功能性的支持、鼓励、说明、指导、训练等方式与当事人一起探讨应付困难或处理问题的方式，并鼓励当事人采取成熟而有效的方式。

5. 正念治疗

正念，也称为冥想，是指意识到当前自己的思想、情绪、知觉和行为的能力，它强调活在当下和觉察现在，对于眼前的一切，以不带批判的心态进行全然开放的自我觉察。它可以增强个体承受痛苦的能力，并提高身心放松的程度。正念疗法主要有正念呼吸、身体扫描、正念行走、整体静坐等练习。

第三节　高职生常见心理问题的咨询辅导

我国高校心理咨询服务大致可分为三类：一是发展性咨询，咨询的目的是帮助学生更好地认识自我，发展自我，挖掘潜能，进一步提高学习、生活质量。二是适应性咨询，咨询的目的是帮助学生排解心理困扰，减轻心理压力，改善适应能力。三是障碍性咨询，咨询的目的是帮助学生通过系统的心理咨询与治疗缓解症状，恢复心理平衡。就高职院校学生来说，针对高职生的思想心理特点，就其常见的心理问题进行相应的咨询辅导。

一、高职生的思想特点和心理特点

当代高职生的思想、心理呈现如下特点：

1. 思想积极上进

高职生处于青年初期阶段，身心发展基本成熟，他们精力充沛，兴趣广泛，内心对未来有着无限憧憬,思想上追求上进,积极向上。但由于心理发展还不够成熟,又缺乏实践经验,有时候会出现迷惘思绪。

2. 个性追求独立

高职生性格相对独立,他们正处于个性渐趋成熟阶段,在心理上有独立自主的愿望和要求,崇尚个性风格,追求自我发展。但也有部分学生存在着独立性差,或者个人中心倾向。

3. 价值观念多元化

高职生思想比较解放,价值观上呈现多样化的趋势。绝大多数学生倾向于主流的社会主义核心价值观,但也有部分学生受社会不良思潮影响,出现了拜金主义、功利主义、享乐主义、个人主义等思想倾向。

4. 自信心不足

高职生因为高考相对受挫失利,高考的结果和他们期待的人生理想差距较大,同时由于缺乏生活锻炼和独立生活的能力,一旦受挫就会出现自我否定的情绪,学业上缺乏明确的奋斗目标,生活中存在着悲观失望,表现出缺乏自信,有强烈的自卑感。

5. 心理矛盾冲突多

高职生内心会有很多矛盾和冲突,主要表现在理想与现实的矛盾、轻松感与紧张感的矛盾、独立感与依赖感的矛盾、自尊心与自卑感的矛盾、认知与践行的矛盾、成才与能力的矛盾、交往需要与自我封闭的矛盾、追求上进与自我消沉的矛盾,等等。

6. 自我调节能力差

高职生处于身心发育接近定型阶段,由于他们思想尚未成熟,情感丰富但不稳定,存在着理想自我与现实自我的矛盾。生活中他们一旦遇到挫折便灰心丧气,缺乏承受痛苦和挫折的能力,容易使自我意识处于一种软弱无力的状态,失去改变自我地位的信心,从而不能进行正确的自我评价。

二、高职生常见心理问题的咨询辅导

(一) 心理适应与发展问题辅导

适应问题容易发生在大一新生中,新生入学以后,绝大部分同学是第一次远离家门,离开熟悉的亲人同学朋友和熟悉的环境,要适应了解陌生的校园、全新的人际关系、不同于以往的管理模式等等。大部分学生在一段时间后,能很快适应学校的学习和生活,而少数学生则出现适应障碍。新生常见的适应问题有理想与现实的冲突、自我地位改变引发角色错位的困扰、学习适应不良的焦虑、人际交往的心理孤独、缺乏自理能力致使生活应对的烦恼等。

心理适应与发展问题的咨询辅导要点：

1. 帮助新生自我调整

首先，要建立理性的认知方式，正确评价自我。高职生对生活的不适应，大多来源于其对现实的不合理认知方式，比如对自己、对别人绝对化要求，过分概括化、悲观预期等。因此，要引导高职生正确认识和评价自己，学会培养自己的辩证思维方式，改变自己对自我、对他人、对环境的不恰当认识是大学生适应的关键。

2. 确立目标，坚定信心

目标对大学生的适应和发展具有重要作用。很多适应困难都与缺乏目标或目标确定不当有关。要使自己能够成功地积极地发展，必须为自己确立一个合乎实际的目标。高职生可通过对现实、对自己的认识而确定目标，确立目标要考虑现实的社会条件、发展趋势和自身条件，制定近、中、长期目标。近期目标主要是以大学生在学时间为限，明确学业完成达到的标准。另外，应当依据变化了的情况及时调整脱离实际的目标，这样，行动就有了方向和动力，人生就会充满信心与活力。同时实现目标要有坚定的信心。坚定的信心是大学生达到良好的社会适应、保持个人的心理平衡的重要因素。要有积极的心态，树立成功的信心。

3. 主动交往，促进人际和谐

人对环境的适应，主要是对人际关系的适应。有了和谐的人际关系，人才有了支持的力量、有了归属感和安全感。大学阶段是人际关系最强烈的时期，他们渴望自己有一个和谐的人际关系环境。人际关系的建立既有认识问题也有技巧问题，高职生应该首先主动关心别人，为别人做些事情；还应当主动开放自己，增加人际交往的宽容，求同存异，学习别人的优点，包容别人的缺点。要建立良好的人际关系，既要拥有自尊自信的自我认识，又要有正确的认知方式，还要学会必要的人际沟通的技巧与方法。

4. 自强自立，积极行动

自强自立能力是适应环境的保证。大学生应当具有独立思考和独立处理问题的能力，拥有一个独立的头脑。面对日常生活的自我管理、社会生活中的各种矛盾、交往中的复杂人际关系、学习中的各种问题，都需要每个人独立面对、处理和解决。而这种能力主要靠在大学的学习生活实践和人际关系交往活动中培养、锻炼。高职生只有尝到独立的成功或失败，才能发展独立的能力，才会拥有应对各种环境和社会变化的能力，从而产生适应环境的自信和勇气。

有了独立的能力，还需要有积极的行动。积极的行动可以摆脱由于环境不适应带来的孤独、苦闷、烦躁、恐惧和空虚。当对环境不熟悉、不满意时，只要积极行动，为集体、为他人做些事情，就会逐渐熟悉环境并融入新的环境中。积极行动意味着主动投入学习和学校的各种活动中，投入社会各项实践活动中。在这些活动中，不断提高自我选择、决断、管理的能力，也提高处理各种复杂事务的工作能力。同时，提升了自我的心理健康水平，完善了人格。

（二）学习压力问题辅导

大学的学习特点和高中有明显的不同，如学习环境、学习内容、学习方法等，还要面临各种等级考试和职业资格考试等。大学的考试方式与高中也不相同，特别是高职课程还有新的考核方式。如果对这种现实不能正确接受和对待，逃避或否认现实学习，就会出现厌倦学习、学习疲劳、学习焦虑、考试焦虑等各种心理健康问题。

学习压力心理问题的咨询辅导要点：

1. **端正对学习的认识和态度**

明确高职生学习的目的对克服学习心理健康问题具有根本性的意义。当高职生认识到自己的学习与社会发展有密切联系时，当意识到学习不仅仅是为了自己，而是为了国家强大和自身发展时，高职生就会看到学习的价值，从而产生责任心、使命感，学习动机就会强烈，学习的动力和压力才会增强。因此，需要对高职生开展人生观、价值观的教育，使其多参加一些社会实践活动，了解国情、民情，了解本专业对社会的贡献，并在实践中运用知识，发现和解决问题。只有这样，高职生才能对学习、对考试有一个正确的认知和合乎实际的态度，从而改变对学习、对考试的不正确的认知和态度，才能从根本上消除学习心理健康问题。

2. **培养学习兴趣，学会学习**

兴趣是最好的教师，因此，要有意识地培养高职生的学习兴趣，激发起更强烈的学习动机，以消除因厌恶学习内容而产生的疲劳。首先，要培养对学科的兴趣，明确学科的社会意义和专业意义，认识此学科对于自己的专业学习、品行修养、技能形成等方面产生的影响。其次，带着问题去学习，抓住本学科中一些没有定论的、有争议的问题，广泛搜集资料，通过独立思考，提出自己的看法，这往往会使人产生对此学科的强烈兴趣。第三，要学会学习。学会大学的学习方法，掌握适合自己的学习方法，学习方法不当会使学习效果不佳，长期学习效果不佳会使学习缺乏动力，引发其他学习心理问题和障碍。高职生必须结合自己的特点，寻求适合个人学习的实际方法。

3. 克服学习焦虑，学会自我调节考试焦虑

高职生的学习焦虑，特别是考试焦虑是一种普遍的心理问题，绝大多数学生包括成绩非常好的学生都在不同程度上有过学习、考试的焦虑。心理咨询能帮助学生学会自我调节。

自我调节是一种极为有效而且也是最根本的方法。要消除学习焦虑、考试焦虑，首先，应当从改变认知入手，克服对学习、考试的不正确认识和态度，用平常心对待考试，正确认识考试成绩。其次，要善于找出学习、考试焦虑的原因所在，通过积极的自我暗示、宣泄自己的不良情绪等方式来稳定自己焦躁的情绪，也可以找知心同学、可信赖的教师以及心理咨询师诉说，使心理得到平衡，增强自信。第三，稳定情绪后，要努力使自己的注意力从对学习、考试情境及结果的担忧中转移到如何做好学习、应试的准备上。第四，在学习、考试中出现怯场、厌学厌考的情况时，可做深呼吸，有意识地使身体放松，逐步达到心平气和，从而将注意力和兴奋点集中到应试上。

4. 强身健体，科学用脑，消除学习疲劳

学习疲劳是因为学习时间太长、学习强度过大而在生理和心理上产生的劳累感。防治学习疲劳应注意几个方面：一是强身健体，注意科学搭配饮食营养。大部分学生往往由于学习任务繁重忽视体育运动，更不注意饮食的营养搭配，使身体处于亚健康状态，造成了学习疲劳的生理基础。二是科学合理地用脑，交替使用大脑左右半球，把需要高度抽象逻辑思维的学习活动同音乐、绘画、文娱体育活动交替进行，以利于克服学习疲劳。三是顺应生物钟的节律变化，合理安排学习的最佳时间状态。但生物钟的节律变化因地区或个人的差异而有所不同，学生应了解自己身体的工作规律，合理安排作息时间，避免疲劳过度。

（三）人际交往问题辅导

相比中小学阶段单纯的人际关系，大学生的人际交往更为复杂、更为广泛、独立性更强、影响更大、更具社会性。人际交往是大学生的必修课与不可绕过的坎，是大学生活重要的组成部分，也是作为准社会人的必备技能。但是人际关系的处理无章遵循，没有可操作的指南，同时高职生又自尊心强，情绪易冲动，社会经验不足，人际交往能力尚有欠缺，因而很多同学想获得良好的人际关系却屡屡受挫，形成苦闷与焦虑的情绪。大学生宿舍人际关系是高校心理咨询的重点咨询内容，狭小的空间，朝夕相处，不同的性格与作息规律，很容易出现摩擦。有的学生缺乏沟通与处理技巧，会导致冲突产生，宿舍形成帮派，被孤立的个体很容易出现心理问题。人际交往心理问题可概括为两大类：一是人际冲突，在日常生活中难以与周围他人和谐相处；二是人际回避，在日常生

活中不会与别人进行必要的交流与沟通。[①]

人际交往心理问题的咨询辅导要点：

1. 学会沟通

沟通是人际交往的基础。高职生人际相处与交往中的许多心理问题都是由同学之间缺乏沟通或沟通无效而造成的。高职生习惯于在事关个人利益时不能主动表明自己的人际关系态度，从而造成心理隐患，因为，个体不表态并不意味着能够接受；相反，内心是不平衡的，但这无助于问题的解决。只有通过沟通、对话，才会使周边的人明白自身的人际关系态度，从而消除心理隐患或防止心理问题产生。

2. 积极克服交往心理障碍，正确对待生活

高职生在人际交往中出现的常见心理障碍有孤独感、自卑、羞怯、嫉妒、猜疑等。摆脱孤独感的基本途径在于改变不适当的处世态度和生活方式，拓展生活空间，在积极交往中与他人取得联系，在紧张和充实的生活、学习中摆脱孤独。战胜自卑和羞怯，尤其是社交恐惧症，关键在于确立起成功交际的信心和勇气，破除社交神秘感，使自己在精神和身体两方面都得到放松，从而逐步走上良性循环。克服嫉妒心理要注意认清它的危害性，摆正自己和他人的位置，学会取长补短，克服私心，促使嫉妒情绪向积极方面转化。面对猜疑最根本的办法是端正人际关系认识，去掉私心杂念，同时，注意角色调换，设身处地为对方着想，站在对方的立场上处理问题。做到上述几点，可以有效消除大学生人际交往中的心理障碍。

3. 注意培养人际交往技能和良好的交往风度

人际交往技能是影响大学生正常人际交往的直接原因。因此，大学生应当注意交往知识和技能、技巧的学习和训练，通过移情能力训练、角色扮演、表达训练、利他行为实践等方法提升自己的社交技能。在学习中行动，在行动中学习，不断修炼自己的行为，修身养性，在交往时遇到不愉快的事情尽量从自己身上找原因，出现了矛盾，大家心平气和地坦诚沟通。

（四）恋爱与性心理问题辅导

大学生正值青春期后期，生理上趋于成熟，心智有了一定发展，对爱情生活有所追求与向往。但由于大学生所处的特殊环境及自我人格尚未成熟，恋爱问题不容易处理好，也就容易各种出现心理困扰和情感危机。大学生恋爱过程

[①] 冯海志，蓝滢主编. 大学生心理与辅导（高职高专版）[M]. 广州：华南理工大学出版社，2008.04：86-122.

中常见的心理挫折有单相思、恋爱中的感情纠葛、失恋、网恋等心理问题；特别是失恋后，往往产生强烈的挫败感和自卑感，使他们在情绪、自我评价、人际交往、学习、生活等各个方面受到打击和干扰，很容易产生一些消极的情绪性行为反应，如消沉、破坏、自责行为等，甚至精神崩溃，严重者可能会出现攻击行为：攻击自身，如自杀自残；攻击他人，如攻击恋爱对象或者所谓的第三者。

从个体的生理年龄发展阶段来看，由于性生理逐渐发育成熟，青年大学生会受到性意识的困扰，并且能体验到对性的压抑。这些困扰，通常只带来一般程度的不安和躁动，但如果达到严重程度时，就会产生心理问题。此外，对性知识、性行为的不恰当认识和理解会造成诸多心理压力，从而进一步发展为心理问题。性心理问题有性意识困扰、性行为困扰和性心理失调以及性心理障碍等。

恋爱心理问题的咨询辅导要点：

1. 正确认识恋爱的意义，树立健康的恋爱观念

首先，要正确认识恋爱。正确认识恋爱的意义对于调适恋爱中的心理问题具有十分重要的意义。恋爱是学习和另外一个人建立亲密关系的过程，是大学生自我成长的重要标志，也是良好心理素质的体现；它能使大学生在学习中满足自身及相互的心理需要；它是逐步培养和发展爱情的过程，是建立在对对方不断了解、接纳、发现、欣赏基础上的情感体验；它同时也是自我认识与成长的一个过程。通过恋爱，大学生会更好地认识自己，了解自己的情感世界、个性特点，发现自己的为人处世方式。

其次，要树立健康的恋爱观念。健康的恋爱观念包括：正确的人生观、道德观和价值观；正确的自我观念，面对恋爱理智而不痴情；坚强的意志品质；完整和统一的人格；理智与慎重。大学生只有形成这些良好的恋爱观念，不断发展完善自我，才能正确看待恋爱中的问题。

2. 培养和发展健康的恋爱行为，培养爱的能力和责任

培养和发展一种健康的恋爱行为和能力是大学生成长与发展的重要任务。健康的恋爱行为应当是：恋爱言谈文雅、文明；行为大方、举止得体；恋爱过程中平等相待、相敬如宾；善于控制感情，行事理智。这种行为的形成与爱的能力的形成分不开。爱的能力包括表达爱的能力、接受爱的能力、拒绝爱的能力、鉴别爱的能力、欣赏爱的能力、发展爱的能力、解决爱的冲突的能力、面对失恋的心理承受能力、维持爱的能力。只有具备了爱的能力才会引导一个人真正地爱别人或接受别人的爱，才能获得一种幸福的体验，才会消除因恋爱带

来的心理困扰。

3. 积极参加人际交往活动和各种社会实践

异性交往可满足大学生心理需求，达到性心理平衡，反之，缺乏异性之间的人际交往，是性适应不良的原因。积极参加人际交往活动有助于消除对异性的自卑、胆怯，减少空虚无聊。同样，由于大学生精力充沛、思想活跃，谈恋爱成了消耗精力的主要途径。因此，大学生通过深入生活、深入实践，广泛地参加各种形式的社会实践活动，了解社会，不断地丰富自己的社会阅历，磨炼自己的意志，提高自我认识的水平、自我控制的能力和社会适应能力，从而使自身感到生活是丰富多彩、充实而美好的。

4. 正确处理恋爱中的问题

首先要正确处理好恋爱中的几个关系，即恋爱与学业、爱情与人生、爱情与婚姻的关系。在大学期间要以学业为主、学习为重，懂得爱情不是人生的全部，准确把握好恋爱与生活的方向，既有追求爱情的勇气，又有承担爱情责任的准备。其次，要增强恋爱的责任感，把握好恋爱行为的分寸，体现大学生良好的精神风貌。第三，要善于处理恋爱挫折，如失恋、单恋、三角恋等问题。面对失恋应当正视现实，不要把失恋看成自我价值的贬损，而要进行适宜的合理化或情感宣泄；要冷静地对待自己单方的炽热爱情，克服恋爱错觉心理，重新对自己与对象的恋爱关系进行评价，使自己从无谓的恋爱感情纠缠中解脱出来。

性心理问题的咨询辅导要点：

1. 端正认识，正确看待性心理

了解性心理发展变化的规律，正确认识这些变化带来的各种情绪和行为反应，是大学生自我调适的重要基础。这些认识包括：正确看待身体的变化，愉快地接纳自己的性身份与性特征；正确看待性意识活动，树立科学与健康的性意识，以免陷入性幻想中不能自拔；正确看待性冲动和自慰行为，确立顺其自然的坦然态度；正确看待恋爱问题，明确恋爱与学业的关系；正确认识性心理健康的标准。

2. 掌握科学的性知识

大学生应当对性有个科学的认识。性科学作为一门综合的学问，揭示了性的产生和发展过程、规律。大学生学习了性科学知识可以去掉性禁忌，减少性神秘感、降低性压抑，学会主动承担性角色，控制自己的性心理，使自己的性行为符合人道和社会规范要求。因此，大学生应当努力学习和掌握科学的性知识，避免性无知，提高性文化修养，预防性心理问题发生。

3. 性行为要对他人负责

当性行为涉及另一个人，便会有社会责任感的问题。性行为可以给另一方造成心理和肉体上的伤害，可以产生第三个生命，影响其生活。因此，大学生应当意识到它的责任性，不要一时冲动，也不要抱着"不管天长地久，只管曾经拥有"的心理，应当了解个人性行为给他人、自我和社会带来的后果，因此，要尊重他人、尊重自我，对自己的行为勇于负责，同时用道德和法律制约自己的性行为。

4. 积极进行自我调节，发现问题及时处理

①正确控制性冲动。对于性冲动，除进行适度控制外，还可采取一些建设性且符合人道和社会规范的方式，取代和转移性欲。如投入学习、参加文体娱乐活动、参与社会实践等，进行正常的异性交往，尽量避免性信息的刺激、干扰或诱惑。

②努力克服遗精恐惧和月经焦虑，正确对待手淫、白日梦和性梦。

③发现问题，及时处理。性心理困扰是大学生常见的问题。因此，大学生应当了解性心理困扰常见的原因和表现，及早发现并给予积极的处理。具体地说，可以通过阅读有关书刊资料，修正自己错误的认识；可以找好朋友交谈，帮助自我认识；可以找心理专家咨询，消除心理困扰。

（五）家庭亲子关系问题辅导

家庭是最容易生成关系矛盾的地方，当今的大学生常常面临家庭贫困、家庭关系不稳定、亲子关系不和谐等危机遭遇，很多学生的问题与原生家庭和成长的创伤有关，这给大学生心理健康带来很大的安全隐患。而且，家庭亲子关系问题是诱发大学生抑郁症等心理疾病的主要原因，同时还会影响其人际关系和恋爱情感，在进行心理咨询辅导时往往需要一段时间进行关系的修复。

家庭亲子关系问题的辅导要点：

1. 认识自己，认识父母，理解父母

在理解学生内心痛苦的基础上，帮助学生客观认识自己成长经历中的叛逆及对父母的偏执认识，认识理解父母过去"伤害"自己或疏忽自己的行为，让其明白，天下父母都是爱孩子的，只是有些父母不懂得怎样科学地教育孩子，因此要学会谅解父母的过错，而非生活在过去的怨恨中恶化亲子关系。

2. 从我做起，改善与父母的关系，建设和谐美满的家庭

告诉学生，他现在也是成年人了，首先自己主动尝试改善与父母的关系，要明白亲情是世上最珍贵的，懂得换位思考，做父母的也有其难处和艰辛，要感恩父母的养育之情，学会体谅父母的良苦用心，控制自己的情绪，与父母发

生沟通不佳时，不要乱发脾气，这样亲子关系会逐渐趋向好转。

3. 化解心结、积极解读亲子关系、修复成长创伤，促进健康成长

对于在成长经历中受到父母打骂的孩子，要进行疏导化解，告知学生，虽然父母是用简单粗暴的方式进行家庭教育，但另一方面也是对孩子付出了心血的，只是采用了不合理的家庭养育方式。不过也可理解为"打是亲骂是爱"，重新解读父母的行为，内心的抑郁怨恨情结也会化解，从而有助于增进亲子关系良性发展，成长的创伤得以修复。

4. 走出原生家庭，创造自我人生成功幸福

在辅导时，要帮助学生走出过去原生家庭的苦痛创伤，看到现在的资源和自己未来的人生发展。作为一个成年人，学会对自己的人生负责，而非陷入对过去的抱怨当中，认真对待完成自己的学业，拼搏创造实现自我人生的成功，时间会冲淡疗愈童年的创伤。

（六）择业与生涯规划问题辅导

由于择业问题的复杂性和当前就业竞争的日趋激烈，刚刚走向社会的大学生在面对择业时，不可避免地遇到了各种困难、挫折和冲突，导致了一些心理矛盾和心理问题的产生。高职毕业生学历低，就业相对而言更为困难，在跨入社会时，他们往往会产生很多的困惑和担忧。择业过程中也会遇到单位不如意，由于自己能力不足、缺乏经验而不能胜任工作等。对于自己何去何从很迷茫。而在职业生涯规划过程中，从自我认识、职业环境评估、职业定位、规划执行以及评估反馈等环节常会暴露出一些问题，其中比较突出的是认识不够客观、规划和实施脱离实际、带有理想化的倾向，存在着职业发展期望过高、社会实践方向不够清晰、急功近利性较强等问题。因此，在择业就业时也会相应出现心理矛盾冲突，毕业前会有无奈、紧张、烦躁、焦虑不安、缺乏自信、怯懦、感到茫然甚至害怕等心理问题。

择业与生涯规划问题的咨询辅导要点：

1. 帮助大学生重新认识自我，树立正确的生活职业观

人的生活职业观是大学生择业认知评价系统的核心，有了正确的生活职业观，一个人就能对择业、对社会、对人生、对世界上的万事万物保持正确的认识和了解，并能采取合适的态度和行为反应，提高对心理冲突和挫折的承受能力，从而防止心理障碍问题的发生，有利于保持心理健康。首先要全面分析自己的专业特点和能力优势，通过自我分析或他人分析可以重新认识自己；其次，根据自己的个性特点，选择合适的职业类型，可以从气质与职业、性格与职业、兴趣与职业以及职业类型等角度对自己的个性特点进行分析，以便找准个人适

合的职业类型。

2. 采用心理测试

在生涯辅导过程中，可以通过使用各种心理测试问卷以及量表、自我评定等方法，使得大学生了解自己的爱好、个性和职业兴趣等；利用职业测评方法，评估个体的职业价值观及职业生涯成熟状况。利用各方面的手段，掌握大学生的心理发展阶段，并据此预测和诊断大学生的职业生涯发展状况。

3. 开展职业体验活动

通过开展各种相关活动，让大学生充分参与其中，亲身体验活动场景。这有利于启发大学生对自身生涯的意识和对工作场景、社会环境的了解。通过对自身兴趣、爱好、知识技能的认识和了解，探索自己的生涯规划方案，以发挥自己最大的潜能。如通过团体生涯辅导活动，让大学生亲身体验，更有利于自我的成长与探索。

4. 加强大学生职业价值观教育

大学生身上存在的不良的职业价值倾向，导致他们在择业中处处碰壁。因此，加强大学生职业价值观教育是解决其就业难的有效途径。通过对自己有更深入的了解，使他们摆脱在职业选择过程中的迷茫状态，探寻自己的价值，从而对自己已有的不当职业价值观进行重组与完善，对自身的价值进行权衡，有效地进行职业决策，更进一步地实现个人的统一、完善与和谐。

5. 学会情绪的合理调控、适当宣泄

在择业中，每个人都难免会因遇到不良刺激、挫折而出现情绪反应，如焦虑、抑郁。大学生应该在自己的情绪剧烈发作和起伏不定时及时给予控制。一般方法是：通过及时告诫和提醒自己控制愤怒、焦虑、抑郁；多找朋友进行交往性与倾诉性宣泄，如倾诉不快、放声哭泣；运用想象宣泄法和活动释放法发泄烦恼；接受他人劝解，转换角度和立场思考与解决问题；运用心理放松疗法进行调控。

（七）情绪困扰问题辅导

大学生处在一个特殊的年龄阶段，他们的内在需要和外在需要的不断改组、重建，必然导致内心体验的变化、情绪的起伏，对于大学生的学习、生活造成影响甚至造成情绪障碍。大学生常见的情绪障碍主要表现为情绪极不稳定，情绪的反应与刺激的强度、性质不相称，自我调节和控制能力低下，情感过程反常。具体地说有以下表现[1]：

---

[1] 乔万敏主编. 大学生心理辅导与咨询[M]. 济南：泰山出版社, 2008.07：165-180.

1. 冷漠

冷漠是一种对外界刺激不关心、冷淡、退让的消极情绪体验。对学习应付了事、缺乏兴趣，对成绩好坏也不甚在意，对集体和同学态度冷淡，大多独来独往，十分孤僻，整天昏昏欲睡，对一切都仿佛无动于衷。冷漠是个体遇到挫折后的一种反应方式，包括缺乏积极的认识、情感淡漠、情绪低落、意志衰退、思维停滞等。

2. 自卑

自卑是自我情绪体验的一种形式，是个体由于某种生理或心理上的缺陷或其他原因所产生的对自我认识的态度体验，表现为对自己的能力或品质评价过低，轻视自己或看不起自己，担心失去他人尊重的心理状态。自卑的大学生，往往认为自己什么都不行，外部表现为心情低沉、沉默寡言、很少交往、拒绝在公众场合露面。

3. 恐惧

恐惧是指具有病理特点的恐惧。它是对某一类特定的物体、活动或情境产生持续紧张、难以克服的恐惧情绪，并伴随着各种焦虑反应，如担忧、紧张和不安，以及逃避行为和植物性神经系统变化，如出冷汗、心慌和颤抖等。恐惧症有很多种类，例如恐高症、利器恐惧、动物恐惧、广场恐惧及社交恐惧等。常见的大学生恐惧症主要表现为社交恐惧。这是一种在大学生人际交往，特别是与异性交往过程中产生的极度紧张、畏惧的情绪反应。很多大学生的社交恐惧常常是以同异性交往的情境为恐惧对象，随着症状的加重，恐惧对象还会从某一个具体的异性或情境泛化到其他异性，甚至其他无关的人或情境。患有恐惧症的大学生也常表现出一定的性格特点，如胆小、孤独、敏感、退缩和依赖性强等。

4. 焦虑

焦虑是一种紧张、害怕、担忧、焦急混合交织的情绪体验，当人们在面临威胁或预料到某种不良后果时，便会产生这种情绪。被焦虑所困扰的大学生内心感到紧张、着急、惶恐害怕、心烦意乱，注意力难以集中，思维迟钝、记忆力减弱，同时常常伴有头痛、心律不齐、失眠、食欲不振及胃肠不适等身体反应。大学生常见的焦虑包括考试引起的焦虑、适应困难引起的焦虑和人际关系引起的焦虑等。

5. 抑郁

抑郁是一种持续时间较长的低落消沉的情绪体验。处于抑郁状态中的大学生，看到的一切仿佛都笼罩着一层暗淡的灰色，对什么事情都提不起兴趣，常常感到精力不足、注意力难以集中、思维迟钝，同时伴有痛苦、羞愧、自怨自责、悲伤忧郁的情绪体验，自我评价偏低，对前途悲观失望。

6. 易怒

愤怒是由于客观事物与主观愿望相违背，或者愿望一再受阻、无法实现时产生的激烈的情绪反应。容易发怒，是大学生中常见的一种消极情绪反应，有些大学生因一句刺耳话、一件不顺心的事，就暴跳如雷，或出口伤人，或拔拳相向，铸成大错。愤怒过后，后悔莫及。学生违纪打架也多是源于此。

7. 嫉妒

嫉妒是因为自己的社会尊重需要未得到满足而产生的不良情绪，是一种企图缩小和消除与他人的差距，恢复原有平衡关系的消极手段。嫉妒是大学生中有一定普遍性的不良情绪。引起嫉妒的因素主要有以下几类：外表、成绩、能力、物质条件、恋人、运气等等。通常那些自尊心过强、虚荣心过盛、自信心不足、心胸狭窄、以自我为中心的同学更容易产生嫉妒心理。

大学生情绪困扰不利于其身心健康发展，应该引起学校的重视，帮助他们认识自己的情绪，掌握一定的调适与消除不良情绪和情感的方法，可以尽量减少或避免其对大学生造成的消极影响，保持愉快的心境，促进情绪和情感的成熟、稳定，从而保持良好的情绪。

情绪困扰问题的咨询辅导要点：

1. 积极的心理防御

积极的心理防御在缓冲不稳定心理及情绪的同时，常常表现出一种自信、乐观、进取的倾向，有助于个体积极战胜挫折。积极的心理防御主要有激励法、补偿法、转嫁法、幽默法、升华法等。

2. 合理情绪疗法

合理情绪疗法认为，人们的情绪困扰问题不是根源于诱发事件本身，而是人们对事件所持有的信念。因此人们要消除心理障碍，就要用合理的、理性的思维去解释和认知自己的问题。运用合理情绪疗法进行情绪的自我调节，可取得良好的效果。

3. 行为疗法

行为疗法包括宣泄法、积极的自我暗示、转移注意法、音乐调控、放松训练、自我激励和自信心训练等调适策略技巧。

附件1　心理咨询相关制度、协议、表格

心理咨询工作制度（试行）

为推进学校心理咨询进一步规范化、专业化和科学化，保证心理咨询工作有序开展，满足全校师生日常心理咨询需求，根据《普通高等学校学生心理健康教育工作基本建设标准（试行）》的文件精神要求和心理咨询行业规范，结合我校实际，制定心理咨询工作制度。

一、心理咨询的基本原则

1. 保密性原则

心理咨询师保守来访者的秘密，妥善保管来往信件、测试资料等材料。如因工作需要不得不引用咨询事例时，应对材料进行适当处理，不得公开来访者的真实姓名、院系和班级。

2. 理解支持原则

心理咨询师对来访者的语言、行动和情绪等要充分理解，不得以道德的眼光批判对错。

3. 积极心态培养原则

心理咨询师的主要目的是帮助来访者分析问题的所在，培养来访者积极的心态，树立自信心，让来访者的心理得到成长，自己找出解决问题的方法。

4. 时间限定的原则

心理咨询必须遵守时间设置，咨询时间一般规定为每次50分钟左右，原则上不能随意延长咨询时间或间隔。

5. 自愿的原则

原则上讲，到心理咨询室咨询的来访者必须出于完全自愿，这是确立咨访关系的先决条件。没有咨询愿望和要求的人，心理咨询教师不得去主动找他（她）并为其做心理咨询，学校心理咨询室的大门永远向任何有咨询意愿的师生敞开。

6. 感情限定的原则

咨询师和来访者心理的沟通和接近，是咨询工作顺利开展的关键。但彼此的沟通必须限制在工作范围内。其他的感情因素必须严加控制，任何超越咨访关系以外的个人关系，都在限制之列。

二、心理咨询师工作守则

从事心理咨询工作的教师须获得心理咨询相关资质证书。

1. 遵守国家各项法律、法规，具有良好的职业道德和敬业精神。

2. 遵守"关系平等、来访自愿、价值中立、方案守法、信息保密"原则。

3. 同感、热情、真诚、尊重、关心和理解来访者；与来访者建立良好的咨访关系。

4. 严格遵循保密原则，咨询辅导时的记录，包括咨询内容、心理测试资料、QQ聊天记录、微信聊天记录、录音资料等均应作为专业资料予以保密。只有在当事人同意之后，才能提供给他人使用。

5. 在团体心理辅导中，尽量避免成员间的不适或伤害。关于团体成员的自我揭露，必须事先设定守密标准。

6. 当发现当事人的行为可能对自己和他人的生命造成伤害时，咨询师必须采取行动或告知相关机构或人员，并尽可能与其他专业人员会诊，紧急情况处理过后，应设法让当事人对自己的行为负责任。

7. 实施心理测验时，对使用的测量工具的信度、效度向受试者作出正确的说明；必须向当事人说明测验的内容和目的；对测试结果给予慎重的专业解释，测试结果必须保密。

8. 明确自己的工作性质，在自己的职责范围内开展工作。心理咨询人员只能接受其专业能力范围内的来访个案，如果发现无法帮助来访者，应做好适当的转介建议。

9. 心理咨询过程中应注意咨访关系有助于来访者心理成长，应尽量避免来访者对咨询师的过分依赖。

10. 咨询师要准时到岗接待咨询，遇到特殊情况（包括身体不适等）不能准时到岗，必须事先做好换班的衔接工作，并告知学校主管领导。

11. 咨询师应尽可能在当日填写《心理咨询个案记录表》。其内容主要包括来访者的基本情况、叙述的主要问题、咨询一般过程、咨询建议、咨询效果及其他事项。

三、心理咨询师从业道德规范

1. 热爱生活，钟爱生命，崇尚美好人生。

2. 胸襟宽阔，无私奉献，热爱学生，热爱教育事业。

3. 尊重、信任、理解和支持来访者，与其建立良好的信赖关系。
4. 树立整体观念，防止片面性，保证咨询工作准确有效。
5. 严格咨询保密制度，保护来访者利益。
6. 注重发展性咨询，帮助来访者扬长避短，发挥其潜能。
7. 遵循坚持性原则，巩固提高咨询成效。
8. 强调预防重于治疗，帮助来访者提高心理健康水平。
9. 耐心倾听，诚心交流，真心关注。
10. 促使来访者自知自助，自立自强。

四、心理咨询的工作流程

1. 预约咨询：确定接待时间；填写《心理咨询预约登记表》（见附1），对来访者情况大体了解，做好准备工作。
2. 来访者在指定时间到达咨询室后，与咨询师签订心理咨询协议（见附2），之后开始交流（一般50分钟左右）。
3. 咨询结束，确定下次是否需要继续或者约定长期咨询时间。
4. 咨询师对咨询效果进行反馈、评估；填写《心理咨询记录表》（见附3）。
5. 心理咨询档案管理：专人负责档案的保管。
6. 咨询师交流：定期探讨、相互督导。
7. 对来咨询的师生进行回访，巩固咨询效果。

五、来访者须知

1. 坦诚

向心理咨询师坦诚地表露自己，不必掩饰或伪装，应把自己内心真正的困惑或咨询过程中产生的问题、感受及时地与心理咨询师沟通，以便更快更好地达到咨询效果。

2. 自愿

是否开始或终止接受心理咨询都由来访者本人决定，心理咨询师只能提出建议，无权强硬要求。相应的，随意终止给咨询带来的不良影响也由来访者本人承担。

3. 尊重

尊重心理咨询师，原则上来访者必须提前预约咨询时间，并严格遵守。认真配合心理咨询师的工作，按时完成"作业"，把个人的感悟与改变有效地反馈给心理咨询师。

4. 保密

保密是心理咨询的工作原则之一，也是职业道德的集中体现。来访者的个人信息及咨询的相关问题不会被随意谈论，来访者的信息登记表不会被带到咨询室之外的任何地方。但下述几种情况除外：

（1）来访者出现自我伤害或伤害他人的倾向。有必要通知校领导、来访者辅导员、父母以及相关人员，以采取必要的措施。

（2）来访者的问题涉及法律责任，如有必要，咨询师应将信息资料呈交有关司法机构。

六、心理咨询值班制度

1. 值班人员在规定值班时间内必须到岗，耐心接听来电，并做好面谈预约登记和当日的值班记录。

2. 当日值班人员有特殊情况需要请假，必须以电话或当面请假的方式，向心理咨询室负责人提出请假申请，批准后方可请假。

3. 严格遵守保密原则，保密内容涉及心理咨询室相关工作内容及材料。未经负责人同意，值班人员严禁随意翻阅心理咨询室存放的资料。

4. 心理咨询室除工作人员外，不允许闲杂人员进入。

七、心理咨询预约制度

1. 心理咨询原则上需要预约安排，咨询预约需要提前一天进行；紧急情况下可当天预约或直接前来咨询。

2. 预约方式有电话预约、网络预约和当面预约三种。

3. 来访者需要提供真实姓名及资料，来访者信息会严格保密。

4. 心理咨询室将根据预约信息进行合理安排，并及时通知被咨询者具体咨询时间。

5. 在一次咨询结束时，可预约下次咨询的时间或固定长期咨询时间。

6. 来访者如果不能按约定时间去咨询，须提前电话取消或更改预约时间，或直接到心理咨询室取消。

7. 来访者咨询迟到 10 分钟内，咨询师正常接待咨询，按约定时间结束，迟到 10 分钟以上，视情况处理。

八、心理咨询转介制度

1. 当心理咨询师认为自己不适合对某个来访者进行咨询或其咨询的问题超出自身能力之外时，应向来访者作出明确的说明，并本着对来访者负责的态度将其介绍给另一位合适的心理咨询师，并做好转介记录。

2. 在咨询过程中，由于受主客观等因素影响，心理咨询师难以继续提供有效帮助，或心理咨询师感到自己无法完成咨询时，应及时将个案转介给其他心理咨询师或精神科医生。

3. 当心理咨询师由于工作安排改变等原因不能再继续完成个案时，应提前将个案转介给其他心理咨询师。

4. 当来访者主动要求转介时，可结束咨询，帮其转介。

5. 心理咨询师和来访者的咨访关系尚未结束时，其他心理咨询师不得与该来访者建立咨访关系。

6. 个案转介时可向接收转介的心理咨询师简要介绍个案情况。

7. 个案转介时应向来访者说明转介原因，在来访者自愿的情况下进行转介，同时做好转介时来访者的情绪处理。

8. 个案转介，应填好《个案转介表》（见附4）。

九、心理咨询反馈制度

1. 咨询师应做好咨询记录，并对有严重与较严重心理问题的来访者留下联络方法，以便于跟踪收集反馈信息。

2. 对来访者提出的口头、电话或QQ/微信咨询，尽量当场解答和回复；不能当场解答的，应把咨询内容记录下来，事后回复。

3. 为维护来访者的知情权，咨询师须针对来访者的需要，对任何形式的测评给予反馈，反馈内容须以测评工具的标准操作为依据，做到反馈客观、合理。

4. 心理健康教育中心（以下简称"中心"）须将每次的心理健康测评和心理排查结果向学校心理健康领导小组和院系心理健康教育工作小组进行反馈。

5. 对需要转介的个案心理咨询，实行院系和中心的双向反馈。系心理辅导站站长向中心提供个案的背景材料，中心介入后向院系反馈对个案的心理评估结果及后续工作建议，最后院系需向中心再一次反馈对个案的处理结果以及目前的状况。整个过程，需填写《学生心理健康信息反馈及处理情况表》（见附5），一份留存心理健康教育中心，一份留存转介院系心理辅导站。

附1 心理咨询预约登记表

姓名		性别		年龄		班级/部门	
咨询时间	＿＿年＿＿月＿＿日 （星期＿＿，＿＿点＿＿分）				联系电话 （手机号）		
预约教师							
来询问题	你困惑或难以摆脱的问题是什么？	□人际关系 □学习困难 □适应 □人格 □自我认知 □恋爱问题 □强迫 □抑郁 □情绪困扰 □挫折与自卑 □焦虑 □睡眠 □个人发展 □经济问题 □学生干部苦恼 □就业 □其他（＿＿＿＿＿＿＿）					
咨询目的	你期待从咨询中得到什么样的帮助？						
咨询历史	以前有没有做过咨询，得到什么结果？						
心理测试	以前有没有做过心理测试，得到什么结果？						

备注：为使咨询更有效率，节约你的时间，希望来访者在咨询前能详细提供如下资料，我们承诺进行严格保密。

附2 心理咨询协议（知情同意书）

以下是关于心理咨询的一些基本约定，请仔细阅读并在下面签字表明你了解相关规定，是自愿参加咨询，并能为自己的行为负责。

一、协议双方通过签署本协议以规范心理咨询的过程，保证心理咨询的有效进行。

二、协议双方议定，咨询是免费的。每次咨询的时间为 50—60 分钟，通常需要持续而定期地进行。

三、来访者须在每次咨询或咨询后，预约下次咨询时间。来访者请准时在预约时间到达心理咨询室接受咨询。

四、在心理咨询过程中，咨询师要为来访者的隐私保密，来访者在咨询过程中所叙述的经历、体验，未经其本人同意，咨询师不能公布或传播这些信息，如确因学术交流或其他因素需要报告该案例，则需隐去来访者的个人信息。

五、如果来访者的行为可能对自己或他人构成严重伤害，则咨询师可以不坚持保密原则。

六、在咨询中，来访者和咨询师其中任何一方认为咨询可以停止，就可以终止咨询。

我已阅读并理解了上述的信息，且知道我可以询问有关的问题。我同意参加心理咨询。

来访者签字：
咨询师签字：
_____年___月___日

来访者联系电话：
备用联系人及电话：
咨询预约电话：

附3 心理咨询记录表

姓名		性别		年龄		_____系（部）_____班	电话	
主诉问题：									
个人资料（既往史、家庭养育、重大生活事件等）：									

续表

面谈印象及初步评估：
辅导要点及后续建议：

咨询师签名：＿＿＿＿＿年＿＿＿＿＿月＿＿＿＿＿日

附4 个案转介表

需要转介的来访者基本信息（姓名、性别、年龄、班级、联系电话等）
来访者简略情况总结：
来访者现在的精神状况：
来访者现在的心境状况：
转介事由：

咨询师签名：＿＿＿＿＿年＿＿＿＿＿月＿＿＿＿＿日

附5 学生心理健康信息反馈及处理情况表

学生基本情况（家庭情况、成长经历、在校学习、人际关系等）：	
学生情绪行为状况（应激事件、适应状况、心理障碍程度）：	
辅导情况反馈（采取的措施成效）	院系采取措施的时间、开展工作的内容：
	心理中心采取的措施、开展工作的内容：
下一步处理建议：	

辅导教师签名：＿＿＿＿＿＿年＿＿＿＿＿＿月＿＿＿＿＿＿日

附件2 高校心理咨询工作流程图

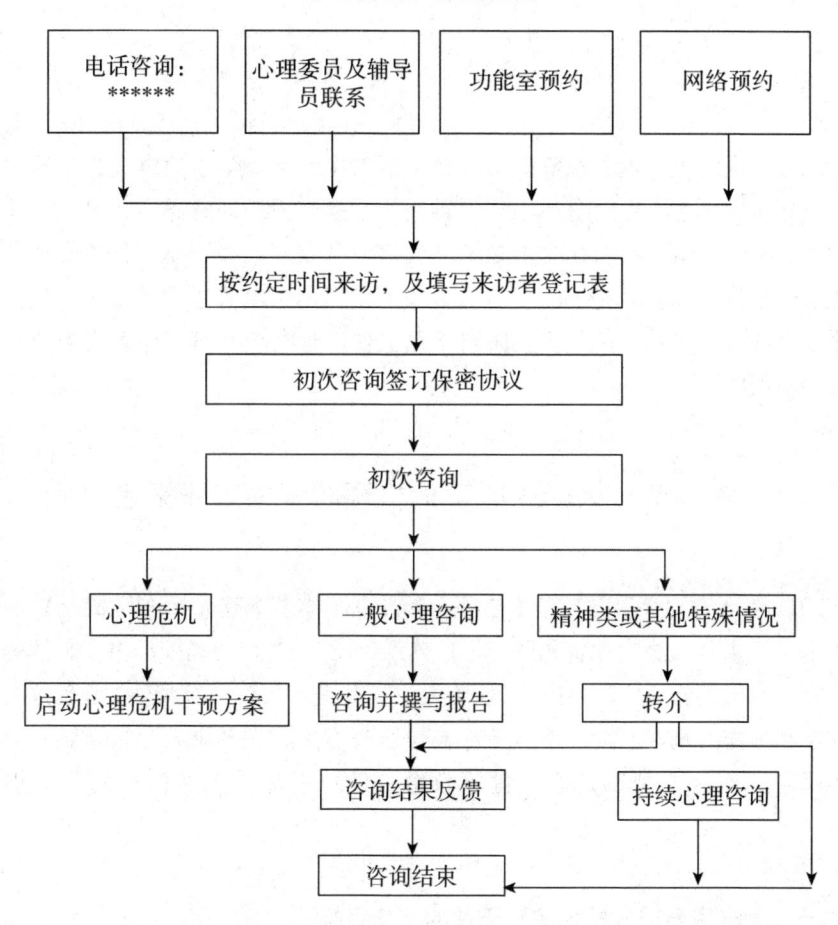

心理咨询工作流程图

```
┌──────────┐  ┌──────────┐  ┌──────────┐  ┌──────────┐
│ 电话咨询：│  │心理委员及│  │功能室预约│  │ 网络预约 │
│  ******  │  │辅导员联系│  │          │  │          │
└────┬─────┘  └────┬─────┘  └────┬─────┘  └────┬─────┘
     │             │             │             │
     └─────────────┴──────┬──────┴─────────────┘
                          ▼
         ┌──────────────────────────────────┐
         │ 按约定时间来访，及填写来访者登记表 │
         └────────────────┬─────────────────┘
                          ▼
         ┌──────────────────────────────────┐
         │      初次咨询签订保密协议         │
         └────────────────┬─────────────────┘
                          ▼
         ┌──────────────────────────────────┐
         │            初次咨询              │
         └──┬──────────────┬────────────┬───┘
            ▼              ▼            ▼
      ┌─────────┐   ┌───────────┐  ┌──────────────┐
      │ 心理危机 │   │一般心理咨询│  │精神类或其他  │
      │         │   │           │  │特殊情况      │
      └────┬────┘   └─────┬─────┘  └──────┬───────┘
           ▼              ▼               ▼
      ┌─────────┐   ┌───────────┐    ┌────────┐
      │启动心理 │   │咨询并撰写 │    │  转介  │
      │危机干预 │   │  报告     │    │        │
      │  方案   │   │           │    │        │
      └─────────┘   └─────┬─────┘    └───┬────┘
                          ▼              │
                   ┌───────────┐   ┌─────▼──────┐
                   │咨询结果反馈│   │持续心理咨询│
                   └─────┬─────┘   └─────┬──────┘
                         ▼               │
                   ┌───────────┐         │
                   │  咨询结束 │◄────────┘
                   └───────────┘
```

第六章

心理危机预防与干预

高校加强对大学生心理危机预防和干预工作是保障学生健康成长的重要举措。近年来学生的心理问题和心理障碍逐年增多，因心理障碍导致自残自杀的事件时有发生，给家庭和社会带来了巨大损失和众多消极影响。日益凸显的大学生心理危机问题，对高校的预防与干预工作提出了越来越高的要求，如何进一步加强和改进高校心理危机预防与干预工作，是高校教育工作者需要研究和解决的新课题。

第一节 大学生心理危机预防干预工作概述

2011年《普通高等学校学生心理健康教育工作基本建设标准（试行）》首次提出了"大学生心理危机预防与干预体系建设"，并对各高校提出了具体的建设要求。在相当长一段时期内，"预防为主"都是各高校开展大学生心理危机预防与干预工作的基本原则。2018年《高等学校学生心理健康教育指导纲要》进一步明确"预防干预"是心理健康教育"四位一体"工作格局的重要组成部分。

一、大学生心理危机预防及干预的工作目标

大学生心理危机的预防干预具有三级目标体系：一级目标是遏制大学生即将发生的心理危机，建立学生心理危机预警库，做到早发现早干预，把心理危机产生的危害降到最低；二级目标是降低大学生心理危机发生概率，通过控制和减少个体产生心理危机的应激源，培养塑造学生的应对方式和健全个性，降低个体的易感性，从而减少危机的发生率；三级目标是保证大学生心理健康，促进大学生成长和发展，也是危机预防的终极目标。每一次危机都是个体成长的契机，如处理得当不仅是可以避免的，并且可以实现个体的人格成长。

大学生心理危机预防及干预的具体工作目标如下：

1. 通过心理危机教育和宣传，加强大学生对危机的了解和认知，提高大学生承受挫折的能力和情绪激励能力，为应对危机做好准备。

2. 通过心理咨询等支持性干预，协助处于危机中的学生把握现状，重新认识危机事件，尽快恢复心理平衡，顺利度过危机，并学会正确的应付危机的策略与方法。

3. 通过提供适时的介入和援助，避免或减少大学生中出现自伤或伤及他人的事件。

4. 通过构建大学生心理危机干预及自杀预防工作体系，做到心理困扰早期预防、早期发现、早期诊断、早期应对，避免或减少危机对学校正常工作的影响。

5. 通过积极创设良好的校园环境，为大学生成长营造健康氛围，努力提高大学生的心理健康水平，优化大学生的心理品质，促进每一位大学生的健康成长。

二、大学生心理危机预防干预体系的构建

构建大学生心理危机预防干预体系，包括机构的设置和制度的建立等，形成一套完善的预防和干预运行机制。

（一）建立大学生心理危机预防干预的机构体系

构建大学生心理危机预防干预体系首要的任务是建立心理危机预防干预机构，明确各部门职责和任务。

1. 领导机构

高校要成立大学生心理危机预防及干预工作领导机构，即心理危机预防及干预领导小组，其成员由分管学生工作的校领导担任组长，以团委领导、学生处领导、心理咨询中心领导、保卫处领导、校医务所领导、各院系分管学生工作的领导为组员，下设办公室。主要负责做好大学生心理危机预防及干预的整体部署和协调工作，制定大学生心理危机干预预案和流程，建立快速反应通道，明确各部门在危机干预过程中的职责，落实组织、人员、场地、物资和经费，有效整合学校的各种资源，充分调动各方面的力量，发挥强有力的领导、决策和指挥作用，从而使大学生心理危机事件能得到及时有效的干预。

2. 信息机构

为了有效预防和干预，必须建立完善的信息获取渠道，以避免严重后果的发生。信息机构主要由高校心理健康中心、校医务所、辅导员、公寓管理人员

以及班级心理委员、宿舍心理信息员、学生干部组成。这些人员主要负责发现或识别有心理障碍征兆的学生并及时向上级机构汇报。因为大学生的心理危机的产生不是偶然和孤立的，其发生都有深刻的、内在的诱因，发生前也大多有一定的征兆，家庭的变故、个人的发展、社会的变革都可能引发心理危机。所以，信息提供者在日常工作、学习、交往和生活中，应密切关注上述高危人群，重点排查特殊群体，一旦发现可能存在心理问题的学生，要尽可能帮助当事人减少或摆脱危机的影响，及时疏导他们的情绪。同时，应及时与上级机构取得联系，通报信息，对学生的心理危机尽量做到早发现、早报告、早预防、早干预。

3. 执行机构

其成员由校心理健康中心与校医务所的专业人员共同组成。主要负责向全校师生宣传心理健康知识、组织心理健康教育活动、建立大学生心理健康档案、从事心理危机干预研究，包括应对危机的策略、干预危机的规则、制定反危机的措施等等，同时开展各种形式的心理咨询活动并对大学生中已经出现的心理危机实施干预。在干预过程中要有效整合学校的各种资源，充分调动各方面的力量，分工合作，协调配合，使大学生心理危机事件能得到及时有效的管理，最大限度地减少危机带来的伤害。

（二）建立健全大学生心理危机预防和干预机制

1. 建立动态心理健康档案

在心理危机预防干预中，通过建立大学生心理档案，能全面把握大学生的心理状态，跟踪大学生的心理变化，发现大学生存在心理危机，或者是心理危机倾向后，及时采取针对性的手段对大学生进行引导，从而更好地消除大学生心理问题。而对学生家长、心理危机专业结构的医生来说，心理档案也是他们了解学生心理健康，指引大学生健康心理的关键依据。

在构建大学生的心理档案时，要选择适宜的时机，一般情况下，在大学生刚入学2个月以后，建立档案是最佳时期。对入学新生开展心理普查，主要了解学业压力、人际关系、发展规划、个人情感、家庭情况、经济开支和突发意外事件等几个方面是否构成心理危机的应激原因，筛选出有心理问题或心理危机的学生，建立大学生心理健康档案。通过学校、家庭以及社会共同组成的心理危机心理监测系统，全面收集心理危机学生的信息，补充学生心理档案信息；通过谈心、谈话等多种形式的心理辅导服务来完善学生心理健康档案。每一学期开展心理普查一次，及时更新补充相关内容。对已达到心理危机预警对象，根据心理问题的严重程度进行明确诊断，并对存在心理危机隐患、心理危机的学生开展干预，整个心理干预过程都需要纳入心理档案中，如实记录和反映该学生心理变化过程，以便于追踪了解心理干预后的心理动态，比较全面、准确地掌握学生心理健康情况，特别对有心理问题的学生情况，建立纸质版和电子版的双重心理档案。①

学校心理健康教育中心着重建立重点学生心理档案，将全院有心理危机倾向及需要进行危机干预的学生信息纳入数据库，实行动态管理，各系也要相应建立本系重点学生心理档案。

2. 健全学生"心理危机预警对象库"

院系每月向心理中心报告心理健康信息。对需要关注的学生，心理中心经与辅导员沟通并进行分类处理。"心理危机预警库"主要包括四部分：第一，曾发生过危机事件的个体。部分学生会通过"不闻不问的方式掩盖危机事件的存在，把危机事件有意或无意地压抑到无意识中"度过危机而压抑自己的感受。故曾发生过心理危机事件的个体不能因为事件的结束而结束，可加入"心理危机预警库"进行持续性跟踪，可全面了解心理危机干预对象信息，做到预防和干预同步进行。第二，心理健康普查中发现的需要关注的学生。用心理测量建立和完善学生心理档案，并从心理测评数据中筛查出重点关注对象。通过心理中心、院系、辅导员对重点学生心理健康状况的掌握，做到及早发现、及时处理，有效预防突发事件。第三，心理健康零报告制度下的院系上报的重点关注学生。通过心理委员对学生信息的初步筛查，由辅导员和学工助理进行把关，形成需要关注的上报名单，心理中心对上报学生进行分级分类处理。第四，个案咨询中发现的需要关注的学生和已被医院确诊为精神障碍并进行积极治疗的学生。心理咨询可以帮助人们调整内心世界，提高生活质量，因其工作范围的规定性，不能及时即刻解决所有心理问题，所以某些来访者会被转入"心理危机预警库"中追踪。精神疾病有很高的复发性，被医院确诊为精神障碍并进行积极治疗的学生也会被转入"心理危机预警库"中进行持续跟进。②

3. 建立健全心理危机干预机制

为了满足提高大学生的心理素质和预防、干预心理危机的需要，各高校应建立三种类型的机构：一是学校层面的心理健康教育中心和心理危机干预小组，开设心理健康教育课程、讲座，负责通识心理健康教育、生命观教育、积极心

---

① 何泽民等. 全面构建大学生心理危机预防与干预体系 [J]. 邵阳学院学报（自然科学版），2018，(03)：79-103.
② 侯庆红，邱欣红. 高校四级心理危机干预体系的健全和完善 [J]. 教育现代化，2019，(04)：151-152.

理学教育、死亡观教育和心理求助教育等，充分发挥心理健康教育的作用，做到防患于未然；另一方面，积极开展团体和个体直接或间接咨询，开通24小时心理热线，开展QQ或微信等网上咨询服务等，全面做好大学生心理健康教育工作，同时开展心理危机干预工作，使心理健康服务无盲区。二是学校要完善各院系、年级的心理辅导小组，直接联系学生，及时地开展心理问题的疏导和危机干预，通过心理测试，建立学生心理健康档案，定期进行心理复查和随访，指导学生主动寻求心理咨询或心理治疗，对于有心理问题的学生一定要连续跟踪心理服务，直到消除心理问题。三是要与附近设有心理科的综合医院或精神病医院联系，建立学生心理门诊绿色通道，随时接受大学生的心理治疗。

4. 构建四级心理危机干预的网络

高校学生心理危机预防与干预是一项庞杂的系统工程，需要建立起"学校—学院—班级—宿舍"四级危机干预网络（详见附件2《心理危机干预四级工作体系中各等级的功能和职责》），层层联动，实现心理危机工作网格化。宿舍作为心理危机工作的基本单元，宿舍长作为四级联络人和负责人；班级心理委员是三级联络人和负责人；学院辅导员是二级联络人，负责学生工作的领导是二级负责人；学校成立心理危机干预小组，心理健康中心主任或学生处负责人是一级联络人，学校领导是一级负责人。四级网络保障心理危机工作实现全覆盖，在危机干预中保证问题发现的及时性，并充分调动朋辈力量，发挥朋辈年龄接近、生活接触密切等特点，及时发现心理危机的预兆。学校对四级网络负责人逐层开展专业培训，使心理委员和宿舍长具备宣传心理危机相关知识和发现心理危机信号的能力；辅导员要具备一定的心理危机处理、及时识别和转介的能力；学校心理危机干预小组要具备完善的心理危机评估和指导、危机处理和协调工作的能力。另外，明晰各层级危机干预网络的工作职责，建立畅通的心理危机干预工作网络，保障学生心理危机预防、发现和解决。[①]

5. 建立心理危机干预工作的联动机制

心理危机干预工作是一个系统工程，需要学校、社会、家长、校内各部门通力合作，需要充分利用学校心理中心—院系（书记）—班级（辅导员、同学）—宿舍（室友）—学生（危机当事人）—家长—精神科医生的多层级资源，启动心理危机干预工作的联动机制，进行团队合作，发挥学校行政在危机处理中的主力作用，充分调动心理中心、院系、班级和学生的资源，协调合作，通力完成各阶段的任务。在开展心理危机干预过程中，要调动各方资源和力量，

---

① 张方圆. 学生心理危机立体干预机制探究［J］. 现代教育科学，2020，(01)：83-84.

全力配合做好心理危机干预工作。

对发出心理危机救助信号的学生、有自杀或伤及他人的极端行为者，心理危机干预小组、保卫处、校医院、学工处等应在第一时间赶到现场，开展紧急心理援助，全力保障当事人员的生命安全和医疗救护，配合相关人员护送转介治疗。对于精神疾病的心理危机型的学生，学校心理危机干预小组要及时将其转介到精神病医疗机构，安排辅导员通知家长务必到校，陪同其带学生去精神科医院诊断。对于轻度心理危机还能坚持学习的学生，学校心理危机干预小组在开展心理疏导干预的同时，还应安排同学和辅导员24小时全程监护，了解当事人的心理动态和行为表现，对其进行安全监护。心理危机较严重的学生需告知家长并争取亲人陪伴支持。

三、心理危机干预中的家校合作和医校合作

（一）心理危机干预中的家校合作

高校心理危机干预目前以学校为主体，主要依靠辅导员或者心理教师，辅导员和心理教师要具备一定的专业技能，在心理危机的评估和指导中具有一定的优势，但是只依靠一股力量容易给干预者造成单枪匹马、被干预者造成孤立无援的感觉，影响干预效果。互联网技术的发展为提升家长心理危机素养提供契机，利用互联网开展家长心理危机及心理素养培训，提升家长的心理危机预防和干预相关知识，将家长纳入学生心理素养保障队伍。在心理危机干预中充分发掘家庭资源，丰富心理危机咨询体系，建立畅通的家—校协同机制，将家长作为心理危机干预的主体之一，提升家长的责任意识。建立畅通的家—校协同心理危机干预机制，提升家庭对学生心理健康发展的正向功能，这样会丰富心理危机资源、扩宽心理危机工作路径、促进学生心理危机问题的解决。[1]

在学生心理危机干预的整个过程中，家校沟通起着非常重要的作用，在处理心理危机的时候，家庭的支持和重要性远远大于学校及其他的社会支持系统。一个好的家庭对处在心理危机中的孩子有独一无二的作用。当发生心理危机与家长进行沟通时，作为相关教师，有很多为难的地方，既要考虑学校的立场，又要站在学生的角度把危机风险降到最低，要更多地为学生长远考虑，这样才有助于家长更多地理解学校和教师，配合学校，自觉主动地加强与我们的联系和沟通，帮助子女更好地康复。那么，学生心理危机发生时如何做好家校沟

---

[1] 宋秋云. 对高校心理危机事件中家校沟通的几点思考［J］. 湖南科技学院学报，2019，(3)：54-55.

通呢？

1. 尊重家长个性差异，加深信任关系

当学校教育与家庭教育有机结合，形成合力时，就会产生良好的教育效果。家校合作的基础是彼此之间的沟通，尤其是教师与家长之间的沟通，这是建立良好的家校关系的关键。而家长之间的差异是客观存在的，家长的受教育程度、职位、性格各不相同，与家长交流时，在尊重家长、善待家长的前提下，也应该充分考虑家庭的个性差异，采用不同的多样式的方式进行谈心谈话。在正式沟通前，学会与每一位家长交流，让每位家长都能感受自己的关注或重视。先了解家长的基本情况、家庭条件、亲子关系等情况，把握家长的心理状态，营造和谐的沟通氛围，针对性地补救，让家长积极地与我们沟通，让家长融入我们营造的氛围中，建立良好的信任关系，从而达到最佳的沟通效果。

2. 紧密联系家长，形成干预合力

产生心理问题的根源很多来自家庭方面，所以与家长建立紧密良好的家校关系是非常有必要的。这不仅是深入全面了解学生情况的途径，也是帮助学生走出心理困境的必要途径。

针对心理重点关注对象和在外陪读的学生和家长，高校学工部门争取在第一时间查看学生的住宿情况，每月定期邀请陪读家长来学院进行交流，了解学生和家长在校外陪读期间的生活状态及心理状态，并与家长交流子女最近在校的行为表现。对于家庭经济困难的家庭，高校可以尽力赋予人文关怀，尽力帮助其争取国家助学金和临时困难补助，定期走访租住房，了解生活所需，可以偶尔给予食堂餐票等生活优惠，形成良性的干预机制。

对那些在校外没有陪读的重点关注学生，除了每周与学生正常谈话了解情况以外，也会根据实际情况随时跟家长进行电话和网络沟通，交流其子女在校的表现。

3. 面对面家校沟通时，讲究语言与沟通技巧

家长来校后，高校或下属学院可以将家长带到专门的谈话室进行交流，并采取与家长和学生分别谈话的方式进行谈话交流。在跟家长进行沟通时，先由辅导员和班主任简单介绍下学生在校的表现，同时可以先突出学生的长处和优点，告知家长学生目前的具体情况以及现状，再抛砖引玉多角度地站在各种立场分析学生出现心理问题的主要原因，让家长有更全面的了解，以便更好地与其子女进行交流。之后便可以在班主任或辅导员的陪同下，安排学生与家长见面。

4. 针对不配合的家长，提前想好预案

在听取学生家长的看法和意见前，事先考虑家长可能会提出的意见，想好如何应对，做好预案；当家长提出异议时，不用急着争辩，要巧妙地扬长避短，就事论事，帮家长分析造成这种局面的原因，找出症结所在。共同商量，在与每一位家长的谈话中，本着"一切为了学生""为了学生一切""为了一切学生"的原则，探讨如何才能更好地帮助他的孩子，让学生家长体会到我们的良苦用心。

（二）心理危机干预中的医校合作

调研显示，多数的心理危机与精神疾病相关，对精神疾病药物治疗是必要的，医生要有更好的处理措施，医院要有更完善的监护环境。为了更好地做好大学生的心理危机干预工作，学校要加强与专业精神科的合作。学校可以尝试建立"1+1""1+N"或者"N+N"的医校合作模式，高校可直接与一家或者多家医院签订合作协议，学校也可通过地方组织与医院建立合作关系。合作医院为学校学生就诊建立绿色通道，学校和医院各确定1~2名联系人，联系人为学生就诊建立联系，建立学校发现危机请医生评估、医生发现危机及时通报学校的畅通信息沟通渠道，提升学生心理危机应对的效果和效率。合作医院和学校之间还可开展人员交流、工作交流等，邀请专科医生对心理教师、辅导员和心理委员等开展心理危机相关知识培训，提升学校心理队伍的专业素养。学校可建立线上、线下咨询平台，医生定期出诊，提升学校心理服务的专业性。医校结合的心理危机干预模式使高校获得优质的精神医学服务，医院获得预防与康复工作空间，最终保障学生心理危机的解决。[1]

"医校结合"是国内心理健康教育工作新趋势，本着"资源共享、相互促进、合力育人、共同发展"的合作理念，结合实际情况，充分利用医院、学校两方的平台，互通所有，建立全方位、多层次的协作，构建"预防—咨询—干预—服务"的心理健康教育合作模式，可以有效提高高校心理危机干预工作的实效性。具体做法如下[2]：

1. 普及宣传精神卫生知识

心理健康教育要坚持"预防为主、以人为本"的原则，医校双方共享资源开展精神卫生知识宣传工作，并在重要节点，如"5·25"心理健康教育活动

---

[1] 王苏妍，段笑那. 高校心理危机干预体系的构建［J］. 锦州医科大学学报（社会科学版），2022，（01）：62-64.
[2] 谭咏梅，张界平等. 高校心理健康教育"医校合作"模式构建研究［J］. 淮阴工学院学报，2021，（2）：82-84.

月、"世界精神卫生日"等,联合开展校内精神卫生知识普及和医院的宣传教育活动;同时,不定期邀请医院相关专家到高校为辅导员、班主任、心理委员开展精神卫生专题培训,了解身心疾病的调节和治疗方式,普及学生心理危机发生的规律,提升心理服务工作人员危机识别和干预水平;利用新媒体传播心理健康理念和知识,开通"医校互动"App平台,开通知识推文、心理咨询、转介就诊、预后监控等模块,强化学生心理健康意识。

2. 心理健康危(重)学生诊断、转介和创建治疗"绿色通道"

建立以精神卫生专业机构为骨干、综合医院为辅助、精神疾病社区康复机构为依托的精神卫生防治服务网络。依托医院专科医师力量,聘请精神科医生以"特聘咨询师"的名义不定期到高校心理咨询中心挂牌坐诊。除开展心理咨询服务外,对学校初步筛查和访谈后确定为重点关注的学生,实施进一步诊断筛查,并给予指导性意见。指定合作医院为学校精神疾病学生及严重心理健康学生转介医院,在学生心理危机的特殊时期和重要节点上提供积极的专业支持,形成危机预防快速反应机制,开展深入细致、及时有效的危机干预工作,为危(重)学生的转介开通便捷"绿色通道";指定合作医院为学校心理问题学生复学评估诊断医院,精神科医师疾病诊断意见作为重要的复学参考;医院对"危机学生"和"复学学生"予以建档立案,督促学生定期复诊,并就其医疗情况与校方保持顺畅沟通。

3. 提升心理咨询师专业能力

聘请合作医院部分精神科专家担任高校大学生心理危机预防和危机干预工作专家顾问,为该校心理危机干预与预防方面提供专业指导;推荐学校资深心理咨询师担任合作医院兼职咨询师,定期到心理门诊开展心理咨询工作;定期组织学校专兼职咨询师和相关人员到医院见习实习或专业进修,参与医院查房、咨询等工作,提高对精神疾病的识别、筛查和心理危机处理能力;聘任医院的精神科医生为学校心理督导专家,定期到学校开展心理咨询案例督导,提升学校心理教师的咨询胜任力。通过一系列举措,建立一支具有较强心理辅导技能和问题处理能力的心理健康教育队伍,推动和促进高校心理健康教育队伍专业化和专家化发展。

4. 保障"医校合作"工作措施

医校双方要制定协议、保证资金、互通有无,在教育资源、学习材料等方面实现资源共享,从人力、物力、财力等方面全方位保障合作的顺利进行。一是政策保障。将"医校合作"列入学校党政工作内容,将工作机制以制度的形式写入思想政治教育相关文件。完善高校心理危机干预制度,修订《学生手册》

心理问题学生休复学相关条例：学校推荐心理疾病学生到合作医院进行诊治，并根据精神科医师开具的"疾病诊断书"意见进行休学或复学的决定。二是协议约定。医校实行双边挂牌，签订合作协议，明确合作目标，规范合作行为。建立医校双方定期互访和联席会议制度，建立双方专业人员联动工作机制，制定相关考核指标和奖惩措施，明确医校合作工作中学校专兼职咨询师及相关人员的职责，规范推进合作项目。三是经费支持。合作双方划拨一定金额费用作为医校合作活动专项资金，专款专用，用于专家讲座、咨询坐诊、问题筛查、心理督导、科学研究、社会服务等活动。

四、高职院校心理危机预防与干预体系的完善途径

高校心理危机预防与干预工作应将育人目标与应急目标结合起来，不仅要帮助学生将危机的负面影响消除到最小，顺利度过危机状态，而且要积极促进学生人格完善和个体发展。为了实现这一目标，高职院校可以从以下方面入手。

（一）配齐专业人员，夯实工作队伍

高职院校不能满足于达到教育部门规定的专职教师配备的最低标准，而应立足实际，以更高标准配备专业人员。在保证人员配备的基础上，学校要充分发挥辅导员的作用，使其切实履行"心理健康教育与咨询"和"校园危机事件应对"两大工作职责，真正成为高职院校大学生心理危机预防与干预队伍中的重要力量。

从全员育人的角度考虑，学校还应将专业教师、宿舍管理人员、安全保卫人员、校医院医生纳入大学生心理危机预防与干预队伍中来，同时加强学生心理社团和班级心理委员的建设和培养，为处在心理危机中的高职生建立良好的朋辈支持系统。此外，学校还要加强与学生家长的联系和沟通，通过多种方式邀请其参与到学生心理健康教育和心理危机预防与干预中来，减少阻抗。

（二）加强专业培训，提升工作水平

工作队伍有保障后，学校应根据不同主体工作职责，开展针对性的专业培训。学校对专职心理教师，应加强心理教育、危机评估、现场处置、哀伤辅导以及综合协调方面的培训；对辅导员，应加强危机识别、谈心谈话、家校沟通方面的培训；对专业教师，应加强沟通技巧、危机识别方面的培训；对医护人员，应加强精神疾病诊断、精神疾病发作期应对与处置的培训；对宿管及安保人员，应加强危机识别、危机状况应对与处置、相关人员安抚方面的培训；对班级心理委员、宿舍长，应加强心理关怀、危机识别、危机上报方面的培训。

除了对相关人员开展针对性的培训外，学校还应积极运用信息化手段，开

发相应的管理系统，对学生的作息状况、学习习惯、消费行为、参与集体活动等相关信息进行采集，建立数据库，与心理测评结果进行比对和关联，依靠大数据分析实行动态预警，同时对危机干预的全过程进行标准化的记载和管理。

（三）完善工作体系，确保协调联动

高职院校应在原有工作基础之上，统筹构建包括识别、干预、评估、跟踪四个环节在内的心理危机预防系统、心理危机干预系统和心理危机干预效果评估系统，进而构建起全链条的高职院校大学生心理危机预防与干预体系。在该体系中，学校要明确相关部门及人员的具体职责、协作方式，明确不同类型心理危机的应对预案以及启动程序，明确不同类型心理危机处理后的效果评估方法，并且需要进行必要日常的协作演练，进而检视体系的运作情况。学校每两年到三年要对工作体系的设定、运行情况进行督导检查，进一步修正调整工作体系，确保工作体系能够有效地发挥预防与干预的效果。

随着经济的不断发展和社会的进步，我国的社会心理服务体系建设水平也会不断提高。届时，包括高职院校在内的各类学校，将实现与家庭、医院、社区的有效联动，形成以学校为中心、以医院为基础、以社区为拓展、以家庭为依托的新工作模式，更好地服务于学生的心理危机预防与干预工作，促进学生的个人成长。

第二节　心理危机干预对象的识别与评估

一、确定预警指标，早起识别心理危机迹象

（一）确定心理危机的类型和诊断标准

心理危机的预警和干预首先要建立心理危机诊断或识别的客观指标，根据客观指标来对大学生是否存在心理危机作出诊断，并确定其类型，主要以应激源和应激反应的主要表现来确定心理危机与类型，通常有学业压力型心理危机等9个类型，具体见表6-1。

表 6-1　大学生心理危机类型和预警诊断指标①

心理危机类型	预警诊断指标
学业压力型	学习方法不当；厌学，经常旷课；忙于功课外的事情；成绩差，多门课不及格，需重修学分。
生活事件型	失恋或意外怀孕；打架斗殴处分；评奖、竞选失败；犯法违纪处理；外出失联；患重病；亲人亡故。
精神疾病型	(1) 精神分裂：有家族精神病史，联想散乱，思维混乱，情感迷乱、行为错乱，言行异常，出现幻觉幻听等； (2) 抑郁症：心境低落，郁郁寡欢，无兴趣，常头痛、心烦疲倦乏力，常做恐慌梦，悲观厌世，曾有自杀想法； (3) 焦虑症：情绪焦躁不安，伴口干、出汗、心慌、多尿、肌肉紧张，坐卧不安； (4) 神经衰弱：烦恼，容易激怒与紧张，自觉痛苦，难以自控，经常为小事而烦恼，失眠。
不良成长型	(1) 经济困难：贫困家庭，无经济援助，自己无挣钱能力； (2) 缺乏关爱：父母已离异或病逝，单亲家庭，父母不和，经常打骂孩子，亲子关系差，家里不和睦。
人际紧张型	与同学不和，独往独来，唯我独尊，不与他人交流，交往困难、交往敏感，彼此多矛盾。
性格不良型	敏感、自卑、脾气暴躁、埋怨他人。
情绪不良型	情绪波动大，情绪低落或绝望，易激动或消极。
异常行为型	夜不归宿，打人，搞怪吸引他人，无法言语，无端报警，语言动作反应迟钝，自伤自残，行为怪异。
沉溺网络型	痴迷网络色情、游戏、追剧。

通过了解学生心理状态、语言和行为的异常、躯体症状、引起学生心理危机的原因，综合分析归纳心理预警指标。根据大学生预警诊断指标甄别或诊断心理危机类型，确定属于哪种类型的心理危机。例如学生若心情低沉，闷闷不乐，或郁郁寡欢，对任何事情无兴趣，常头痛心烦，疲倦乏力，常做恐慌梦，悲观厌世，甚至有自杀想法，可分析归纳为精神疾病类型心理危机，诊断为抑郁症。

---

① 何泽民等. 全面构建大学生心理危机预防与干预体系［J］. 邵阳学院学报（自然科学版），2018，(3)：79-103.

（二）心理危机干预对象的预警分级

存在心理危机倾向与处于心理危机状态的学生是我们关注与干预的对象。确定对象存在心理危机一般指对象存在具有重大影响的生活事件，情绪剧烈波动或认知、躯体或行为方面有较大改变，且用平常解决问题的方法暂时不能应对或无法应对眼前的危机。根据危机程度的轻重分为三级预警：

1. 对出现以下问题的学生，需要引起关注（一级预警）：

（1）在心理健康测评中筛查出来的可能有心理问题的学生。

（2）因学业困难、经济困难、适应困难、就业困难等而出现心理或行为异常的学生。

（3）由于考试作弊、打架、旷课、偷窃或其他行为受到校纪校规处分的，或经常旷课、沉迷网络、攻击他人等行为明显偏离常规的学生。

（4）身体出现严重疾病（如患上传染性肝炎、肺结核等），正在服用药物、医疗费用很高但又难以治愈的疾病，个人很痛苦，治疗周期长，经济负担重的学生。

2. 对存在下列因素之一的学生，应作为心理危机干预的高危个体予以特别关注（二级预警）：

（1）在心理健康测评中筛查出来的有心理障碍的学生。

（2）生活学习中遭遇突然打击而出现心理或行为异常的学生，如家庭发生重大变故（亲人死亡、父母离异、父母下岗、家庭暴力等）、遭遇性危机（性伤害、性暴力、性侵犯、意外怀孕等）、受到意外刺激（自然灾害、校园暴力、车祸等其他突发事件）的学生。

（3）因个人情感受挫、人际关系失调、性格过于内向孤僻等原因出现心理或行为异常的学生。

（4）有严重心理疾病（抑郁症、焦虑症、恐怖症、强迫症、癔症、精神分裂症、情感性精神病等）的学生。

3. 对近期发出下列警示信号的学生，应作为心理危机的重点干预对象及时进行危机评估与干预（三级预警）：

（1）在新生心理健康测评中筛查出来的有自杀倾向的学生。

（2）讨论过自杀并考虑过自杀方法，包括在信件、日记、图画或乱涂乱画的只言片语中流露死亡的念头者；

（3）不明原因突然给同学、朋友或家人送礼物、请客、赔礼道歉、述说告别的话等行为明显改变者；

（4）情绪突然明显异常者，如特别烦躁、高度焦虑、恐惧、易感情冲动，或情绪异常低落，或情绪突然从低落变为平静，或饮食睡眠受到严重影响等。

二、大学生心理危机的识别途径

（一）建立学生心理健康报告机制

1. 学生班级心理委员和心理信息员报告制度

每个班设立一名班级心理委员，每个学生宿舍设立一名心理信息员（由宿舍长兼任），心理委员和心理信息员一旦确立原则上不允许更换。班级心理委员和心理信息员要随时掌握班上同学的心理状况，发现同学有明显的心理异常情况要及时向系总支副书记汇报。

2. 院系心理健康教育联络员报告制度

学生处在各系设立心理健康教育联络员，由各系指派专人担任。心理健康教育联络员要通过班级心理委员、心理信息员、心理健康协会成员、学生干部、学生党员等及时了解学生的心理健康状况，及时向系总支副书记和学校心理健康教育中心汇报学生重大心理行为异常信息。发现有学生心理问题迅速恶化或新发现有严重心理问题的学生，应将该生的情况迅速以电话形式上报学生处和分管院领导，并在24小时内以书面形式向学校心理健康教育中心报告。

3. 学校心理健康教育中心教师心理危机报告机制

心理健康教育中心教师在值班期间发现有学生存在严重心理危机，应在24小时以内以书面形式报告院学生处及分管院领导。

（二）建立学生心理健康普查和排查制度

1. 新生心理健康测评

学校心理健康教育中心每年对全院新生、实习生毕业生进行心理健康测评，根据测评结果筛选出心理危机高危个体，与系心理健康教育联络员一起对这些学生做好危机预防和转化工作。

2. 重点人群的排查

各系每年组织对不能毕业的学生进行排查；对大一第一次不及格的学生进行排查；对大二多门课程不及格的学生进行排查；对经济特别困难的学生进行排查；对失恋的学生进行重点排查；对违纪处分的学生进行排查；对人际关系非常困难的学生进行排查。排查结束后要把存在心理危机的学生名单交到学校心理健康教育中心。

（三）建立学生心理健康信息反馈制度

学校心理健康教育中心及时对全院学生的心理健康状况、学生心理危机预警对象名单、学生心理健康测评和排查结果、各系上报的有心理危机倾向学生名单及其心理评估结果等相关信息反馈各系和分管院领导。

院系和心理中心要进行学生信息的双向反馈，辅导员在日常生活、班级活动、谈心谈话等过程中觉察到学生可能存在心理危机，可以转接到心理咨询中心由心理咨询师进行评估；心理咨询师在咨询过程中通过评估判断发现来访学生存在心理危机，会将危机个案上报心理中心负责人，由中心负责人对接学生所在院系辅导员进行联合干预。

三、心理危机评估的方法技术

（一）心理危机评估的常用方法

1. 观察法

观察法是指在自然状态下有目的、有计划地直接观察学生的心理和行为表现，然后作出评估，是获得心理危机学生信息的常用方法。通过观察法，可以直接观察到危机学生的情感状态、行为功能和认知水平。观察法一般有两种：一种是非参与性观察，是指评估者以旁观者的身份，观察自然环境中发生的一切以及心理危机当事人的状态，与危机当事人和环境之间未发生互动性的交流。另一种是参与性观察，指评估者作为一个参与者参加到评估活动中来，可与危机当事人进行互动交流。由于感官的局限，在遵从心理危机干预伦理的情况下，评估者可利用相机、录音笔等设备对当事人心理危机情境进行仔细观察。

观察法的优点是自然真实，简便易行，但观察法受时间和情境的限制，只能看到表面性，而且比较被动，观察到的行为也带有偶然性，同时被观察对象还有可能掩盖其真实心理，所以观察到的现象可能是不真实的，因此，必须借助其他方法进行评估。

2. 访谈法

访谈法是指评估者通过与评估对象面对面的谈话来获取信息的方法。在所有评估方法中，访谈法应用最广，可获取关于评估对象的深入翔实的信息。访谈法可分为结构化访谈和非结构化访谈。结构化访谈制定有特定的流程和问卷题目，对评估对象进行有计划、有层次的问答。非结构化访谈则根据评估对象的状态和需要灵活地进行访谈，旨在深入了解评估对象的内心状态，掌握评估对象的更多信息，为准确评估和有效干预提供指导。

访谈法的优点有很多，可以详尽地获得评估对象的信息和内心想法，对其态度、情绪、动机有较深入的了解，获得观察法不易察觉到的资料，快速评估心理危机的严重程度。但访谈法也有一定局限性，一是访谈受双方时间、精力的限制，同时访谈具有较强的主观性，容易受评估者主观思维、情绪、价值观等影响。二是在被评估者处于严重心理危机状态时，关闭心门或拒绝表达都是常见现象，影响有效信息的获取。三是访谈法需要评估者具备一定的访谈技巧，能够敏锐地察觉问题所在，谨慎引导谈话走向，并适时采取鼓励、陪伴或引导的态度，逐步使被评估者卸下防御、敞开心扉。若访谈技巧使用不当，则可能一无所获，更严重的，还会导致被评估者心理危机的进一步激化。①

3. 心理测验法

心理测验法是指通过标准化的心理测验量表，对被评估者有关心理特质进行定量评价的方法，可以发现各种心理与行为的变化情况。心理危机评估中常用的测验有焦虑与抑郁测验、心理问题与心理障碍的症状和严重程度的测验、应激与压力评估等。心理测验具有稳定性和客观性特点，但需强调的是，在心理危机评估过程中要对量表评分有更精准、更细致的判断，对被评估者评分高低及所对应的程度有更深刻的理解与把握，并能甄别不同程度危机状态的细微差异。另外，心理测验结果的解释还需要与观察和访谈的结果结合起来，才能对心理危机对象作出较为客观全面的评估。

（二）心理危机评估技术

危机评估可以从危机的性质、当事人的功能水平、应对方式、支持系统、自伤或伤人的危险性等几个方面进行，以确定需要实施的干预措施。

1. 对危机的性质进行评估

危机干预者首先要了解个体发生的危机是一次性的突发性境遇性危机，还是复发性的慢性危机。对于一次性的危机，通过直接的干预，当事人可较快地恢复到危机前的平衡状态，能够应用正常的应对机制和利用现有资源去处理问题；而对于复发性危机的当事人，则往往需要较长时间的干预，且一般应转诊进行长期治疗。

2. 对当事人的功能水平进行评估

危机干预者要对当事人心理伤害的严重程度作出迅速的评估。首先要关注当事人现有的功能水平，以保证作出客观评价，可通过一些开放式提问了解其情绪、认知和行为状态。同时还应尽可能地把当事人当前的状态与危机前的功能水平进行比较，以确定在危机发生后，当事人情感、认知、行为功能水平的损害程度、目前的状态是否长期存在等。对功能水平的评估应该贯穿危机干预的全过程。

---

① 马喜亭，冯蓉. 辅导员应对大学生心理危机指导手册［M］. 北京：高等教育出版社，2021.03：89-92.

3. 对当事人的应对方式、支持系统和其他资源进行评估

危机干预者要充分考虑当事人对待危机事件的观点、能动性以及解决问题的能力，替代的解决办法及干预者的客观建议，也应该与当事人共同讨论并逐步评价，具体的建议由当事人作出自己的选择，采纳并转变为计划和实际行动。危机干预者需要思考评估：当事人现在采取何种行动或选择能恢复到危机前的状态，有哪些人或机构能给予当事人关心、帮助和支持，对当事人有益的资源有哪些，当事人恢复过程中有哪些障碍和问题等。

4. 危险性评估

包括对当事人自杀和杀人可能性的评估。绝大多数危机当事人在产生过激行为之前，往往会表现出特定的线索。在倾听当事人情绪宣泄的同时要具体询问，是否真的有自杀的具体想法和计划。在了解危机对象情况的过程中，有许多因素属于危险因素，这些因素可以帮助我们评估危机对象自杀的危险程度。自杀的危险因素包括：[1]

①个体曾经有自杀未遂史。

③个体已经形成了一个特别的自杀计划。

④个体最近经历了心爱的人去世。

⑤个体因家庭损失，遭受他人虐待、暴力，或性侵害而失去稳定。

⑥个体陷入特别的创伤损失而难以自拔；或陷于以前经历过的躯体、心理或性虐待的情结中不能自拔。

⑦个体有抑郁症或处于抑郁症的恢复期，或最近因抑郁而住院。

⑧个体有药物和酒精滥用史。

⑨个体最近有躯体和心理创伤；或有严重的绝望和无助感。

⑩个体有特别的行为或情绪特征改变，如冷漠、退缩、隔离、易激惹、恐慌、焦虑，或社交、睡眠、饮食、学习、工作习惯出现异常。

当个体属于以上情况时，应引起高度关注。

---

[1] 贾晓明主编. 高校心理咨询理论与实务［M］. 北京：北京理工大学出版社，2018.10：8-11.

第三节　心理危机干预的操作方法和常用技术

一、心理危机干预的操作方法步骤

危机干预学者格林兰和詹姆斯在多年的实践中，探索出危机干预六步法，包括确定问题、保证当事人安全、给予支持、提出并验证可变通的应对方式、制订计划、得到承诺。它简单易行，适用于任何危机状况。我国心理危机干预研究学者马喜亭等在此基础上，结合高校学生，进一步总结出心理危机干预的操作方法步骤。[①]

1. 初次接触

我们得知某个学生存在心理危机，有时候是学生主动告知的，有时候是通过其他渠道获得的。不论通过哪种方式获得心理危机信息，在初次接触中，都要尽快打消学生的顾虑，让学生意识到我们是可以交流的重要对象和支持源，是可信任的人。尤其是从其他渠道获得危机信息时，更要让学生明白这点。另外，让危机学生知道接下来会发生什么也至关重要。

为此应注意两点：一是与学生建立沟通和心理连接，二是对即将发生的事澄清目的。

第一，建立心理连接。为了建立有效的心理连接，在第一次与危机学生交谈时，我们要让学生认识到危机干预工作者的出现对他们来说不是威胁，而是一种帮助；是在尝试帮助他们解决问题，而不是担心害怕、推卸责任。这种交流，应该是轻松友好的，而不是对抗的。危机干预时本着为学生着想的态度，才能打开学生内心的大门。

第二，澄清目的。这意味着让危机学生了解危机干预的过程，以便能够预想下一步可能发生的事情。学生有权利知道别人会对自己做什么，澄清目的也是对学生的尊重。在与学生交流的过程中，可以运用最基本的倾听技术了解学生的情况，并通过进一步反馈，告知危机学生接下来将要发生什么事情或可能引起什么样的后果等。

[①] 马喜亭，冯蓉. 辅导员应对大学生心理危机指导手册［M］. 北京：高等教育出版社，2021.03：112-115.

2. 确定危机

心理危机干预的初期任务是确定并理解危机。从危机学生的角度，确定和理解当事人所认识的问题。为了确定危机，可使用积极倾听技术，还可运用共情、理解、真诚、接纳以及积极关注等方法，包括使用开放式问题。注意当事人的语言信息，也注意其他非语言信息。在这个阶段，我们应该明确，现在只是确定危机，可能需要发现对情绪、行为和认知产生影响并导致危机的刺激事件，但不必急于完全挖掘危机学生的各种心理因素和既往经历等。因为一旦揭开伤口，我们如何将它包扎好会是一个更严峻的考验。

3. 提供支持

处于危机状态的学生，比其他任何时候都更需要支持。心理危机干预工作的重要任务就是给危机学生提供他所需要的支持，我们要用真诚和温暖让学生感受到来自危机干预工作者的关心与在乎。教师应向危机学生强调并保证：至少在这里有个人是真正关心你的。从学生角度出发，我们应该提供以下三种支持。

第一，心理支持。当前最重要的就是提供心理支持。这意味着，我们要无条件地积极关注、接纳面前的这位学生，不论他是否接纳自己。我们要对学生所处的状况，表示高度的关切与回应，让学生相信"这里有一个人确实很关心你"。

第二，现实支持。学生的很多心理危机都是由现实因素引起的。这种情况下，解决学生的心理问题就要与解决实际问题相结合，为危机学生提供力所能及的必要支持，如经济补助申请、学习困难帮扶、人际关系协调等。学生最基本的需要得到满足后，心理问题也会慢慢解决。

第三，社会支持。这是指为危机学生建立或恢复主要的社会支持系统，如家庭、朋友、同学等。在日常的咨询工作中，我们发现大部分前来咨询的学生，其社会支持系统是不完整的。因此，为学生提供社会支持是明智而正确的选择。

4. 确保安全

本着"生命第一"的原则，在整个危机干预过程中，确保生命安全是所有助人工作中默认的任务。这里的安全，既包括危机学生的安全，也包括与危机学生互动的有关联的人员的安全，还包括危机干预工作者自身的安全。所以，我们在干预中要将评估危机学生及其周围人员的安全贯穿始终，确保学生能够活下来，或者将造成的伤害降到最低限度。评估危机学生的内部事件及围绕当事人的情景，如果必要的话，保证本人知道代替冲动和自我毁灭行动的解决方法。

5. 替代方案

寻找替代方案是危机干预的一项重要任务，是与危机学生一起探索可能获得的一系列资源，比如转介资源等。处于危机中的学生，他们的视野非常窄，思维僵化，找不到有效的应对办法。所以当与学生讨论解决方案时，他们更倾向于寻找一项或两项具体的计划或行动。但作为危机干预工作者，我们仍应集思广益，尽量找到一系列解决问题的可能性，但不必全部与学生讨论。

寻找替代方案要集中于"此时此刻"，可着重考虑三个方面，即情境支持、应对机制和积极的、建设性的思维方式。我们的目标是在短时间内找到有效替代方案并付诸行动，从而缓解危机学生的压力。

危机管理学专家建议，危机干预工作者需要经常回答类似的问题：当事人可以做出怎样的行为和选择以便维持自己的自主性？当事人能采取什么样的应对机制？可以获得什么样的机构资源、社会资源或支持系统？谁会关心并且愿意帮助当事人？等等。

6. 制订计划

危机学生的一个明显特点是感到自己失去了控制，一切处于混乱状态，认为任何努力都是无用的。所以，危机干预中很重要的一步就是帮助危机学生获得自我控制的能力，也就是说，我们要通过制订合理的计划来指导危机学生解决他们的问题。

制订计划应在寻找替代方案之后顺理成章地进行。我们最终选择的方案应该是最适合学生，而且是最有效的。这个计划包括：找到能够立即提供帮助的其他人、团体和其他转介资源；提供积极具体的应对机制以及学生现在能够使用的方法。计划的重点是系统地解决问题，核心是学生感到自主和控制。所以，对于危机学生而言，这个计划一定要具有可操作性。

7. 获得承诺

帮助危机学生向自己承诺采取确定的、积极的行动步骤，这些行动步骤必须是求助者自己的，从实现的角度看是可以完成的或是可以接受的。在结束危机干预前，危机干预工作者应该从危机学生那里得到诚实、直接和适当的承诺。在这项任务中，让危机学生承诺做些有用的事是非常重要的。我们都知道，当一个人忙碌的时候，可能就不会胡思乱想了。这对于处于危机状态中的学生来说同样适用，当他们投入精力去完成一件事情时可以减缓痛苦，甚至阻断绝望、提升希望。承诺的内容必须明确、简单、可操作，而且这份承诺应该是自由、自愿的，并且学生相信对自己是有用的而不是危机干预工作者强加给危机学生的。

8. 危机随访

这里的危机随访并不像危机善后阶段那样需要进行数天、数周甚至数月的追踪关注，而是指危机后的几分钟、几小时或者几天的随访。在这种短期随访中，辅导员或咨询教师可以明确告诉危机学生，即使危机暂时缓解，我们也会陪伴他。这种表达，对于强化危机学生的平衡状态非常重要，尤其是对于缺乏其他社会支持系统的学生。

二、心理危机事件中不同对象的干预措施

1. 对有自杀意念学生的干预措施

发现或知晓某学生有自杀意念，即该生近期有实施自杀的想法和念头，要密切关注，视其严重程度采取以下措施：

（1）辅导员立即将该生转移到安全环境，通知该生家长到校，所在系成立监护小组对该生实行 24 小时全程监护，确保该生人身安全，直至转交家长。

（2）要求学生家长将学生送至专门的精神卫生机构进行诊断、治疗，根据医院诊断情况给予学生相应的休假或休学处理。

（3）学生返校时需出具治疗医院给予的康复证明，证明学生心理、社会功能恢复正常，可在校正常生活学习。并到咨询中心接受鉴定，确认其已经康复，方能返校读书。

2. 对实施自杀行为学生的干预措施

（1）对刚实施自杀行为的学生，处在第一现场的学生或辅导员要将学生立即送到校医院实施紧急救治。

（2）学校保卫部门及时保护、勘察、处理现场，防止事态扩散和对其他学生的不良刺激，并配合、协调有关部门对事件调查取证。

（3）对自杀未遂的学生，辅导员应通知家长将该生送至专业精神卫生机构治疗并给予休学处理。学生返校时需出具治疗医院给予的康复证明。此类学生一般不宜留校住宿，如果留校辅导员需与家长签署《安全协议》或由家长陪读，家长监督需服药的学生按时服药，无医嘱不能擅自停药。

（4）正确应对新闻媒体，防止不恰当报道引发的负面影响。

3. 对有伤害他人意念或行为学生的干预措施

（1）所在系及学校保卫部门应立即采取相应措施，保护双方当事人安全。

（2）心理咨询中心联合相关专家对该生的精神状态进行心理评估或会诊并提供书面意见，各系根据评估意见进行后续处理。

4. 对危机知情人员的干预措施

危机过后,需要对知情人员进行干预。第一,对危机事件发生时处于第一现场或危机人员的重要他人,需在事件发生后立刻进行持续关注,采用支持性干预措施,预防创伤后应激障碍。第二,对危机事件发生受到波及的次重要他人,可以利用支持性干预或团体心理辅导策略,通过班级辅导等方法,协助经历危机的大学生及相关人员,如同学、辅导员及危机干预人员正确处理危机遗留的心理问题,尽快恢复心理平衡,尽量减少由于危机造成的负面影响。①

三、心理危机干预常用技术

(一)心理危机干预的三大基本技术

1. 沟通和建立良好关系的技术:获得信任

如果不能与危机当事者建立良好的沟通和合作关系,则干预及有关处理的策略较难执行和贯彻,就不会起到干预的最佳效果。与危机当事者建立和保持良好的沟通和相互信任关系,有利于当事者恢复自信和减少对生活的绝望,保持心理稳定和有条不紊的生活,以及改善人际关系。

建立关系的注意点:

(1) 消除内外部的"噪声"(或干扰),以免影响双方诚恳沟通和表达的能力;

(2) 避免双重、矛盾的信息交流,如工作人员口头上对当事者表示关切和理解,但在态度和举止上却并不给予专心的注意或体贴;

(3) 避免给予过多的保证,尤其是那种"夸海口",因为一个人的能力是有限的;

(4) 避免应用专业性或技术性的难懂的言语,多用通俗易懂的言语交谈;

(5) 具备必要的自信,利用可能的机会改善病人的自我内省、自我感知。

2. 支持技术:稳定情绪

主要是给予精神支持,而不是支持当事者的错误观点或行为。这类技术的应用旨在尽可能地解决目前的危机,使当事者的情绪得以稳定,可以应用暗示、保证、疏泄、环境改变、镇静药物等方法,如果有必要,可考虑短期的住院治疗。有关指导、解释、说服主要应集中在放弃自杀的观念上,而不是对自杀原因的反复评价和解释,将重点放在打消当事者自杀的想法上,鼓励当事者看到

---

① 段琳. 高校学生心理危机预防与干预办法 [J]. 当代教育实践与教学研究(电子版), 2017, (11): 239-240.

替代的选择和拥有的资源是非常重要的。同时，在干预进程中须注意，不应带有教育的目的，教育虽说是干预者的任务，但应放在危机解除后，在康复过程中进行。

3. 干预技术：问题解决，促进行动

干预技术的基本策略是：主动倾听并热情关注、给予心理上的支持，试图接纳当事者的想法和行为，表达出自己是能够给予其关心和帮助的人，让当事者相信"这里有一个人确实很关心我"，相信愿意帮助他一起寻找解决问题的策略；鼓励求助者表达内心情感，耐心倾听，让他有机会将内心积郁的情绪通过语言表达出来，将对当事者释放情绪与减压有很大帮助；解释危机发展过程，使求助者理解其处境及他人情感，重拾自信；让求助者看到希望，引导求助者寻找活下来的理由，如对亲人的牵挂和责任、一些未完成的愿望等；保持乐观心情，培养其兴趣，鼓励其参与社会活动；发挥社会系统支持作用，帮助当事者寻找环境的支持，使他多与身边人接触，减少孤独与隔离感；让当事者学会对付困难和挫折的一般性方法，这不但有助于度过当前的危机，而且也有助于以后的适应。

（二）危机干预中的交流技巧

1. 接纳并关注

危机干预者首先要完全、无条件地接纳当事人，理解他的情绪和行为，能平静地面对当事人表现出的绝望、焦虑甚至敌意，这样才可为他营造安全和信任的氛围；同时还要尊重当事人的观念和境遇，保持价值中立，不对他的想法和行为简单地进行好坏评判，以使当事人感到被尊重、被接纳。

危机干预者还应使当事人意识到自己被密切关注。在当事人叙述的过程中，应保持全身心地倾听与关注。与当事人保持适度接近的距离，成45度角，注意不要面对面，这样会让当事人感到紧张和不安；要通过点头、保持眼神接触、微笑、给予适当的言语反馈（注意语调和措辞）等，向对方传达出关心参与和信任的态度。通过对当事人的关注，可以密切注意其言语和非言语反应，掌握当事人未明确表达出的信息，这有助于建立起信任关系。

2. 倾听

倾听是危机干预中必不可少的环节，倾听并非仅仅用耳朵听，更需要用心去设身处地地感受危机当事人的心理状态。倾听技能应包括观察当事人的非言语行为，如姿势、表情、举动、语调等；理解当事人言语所传达的信息；注意叙述的前后连接；并与其生活的社会环境相关联等。

在倾听过程中，对当事人的理解和共情非常重要。当不能确定是否完全领会了当事人所要表达的意思时，要向当事人确认。让当事人知道，危机干预者正在准确地领会其所描述的事实和情绪体验。此外，还要恰到好处地运用共情，设身处地去体验当事人的内心世界，能够立足于当事人的情感立场，用当事人的眼睛看世界，并用自己的方式表达其内心体验。

3. 提问

包括封闭式提问与开放式提问。封闭式提问用于向当事人了解特别的或具体的资料，对某些特别行为资料进行确认，以"是"或"否"来回答。在危机干预的初期阶段，常使用封闭式提问，用来确定某些特殊资料，帮助危机干预工作者快速判断正在发生什么。

开放式提问一般以"什么"或"如何"来进行，要求深入和详细地表达。鼓励当事人完整地叙述经过并深入地表达其内涵，常用来引出有关当事人感情、思维和行为方面的内容。

4. 适当沉默

在危机干预的交流过程中，当事人很可能出现长时间的沉默，这时危机干预者不要试图发表意见来打破这段沉默，更不要反复去催促当事人作出回答。当事人需要时间进行思考，连珠炮式的提问和无休止的说教无助于解决危机，反而会使当事人厌烦，而适当保持沉默会加深理解和达到共情。危机干预者应不加限制地让当事人进行思考，一段长长的沉默之后，往往会出现有价值的信息。在这段时间内，危机干预者可以对当事人的表现进行消化和理解，给自己充裕的时间来思考如何更好地掌控局面。

5. 适度引导

在危机干预实际操作中，为控制事态发展，危机干预者应常常给予当事人一些直接、明确和适度的指导。"适度"表现在：不对当事人的人格进行评判；不能通过情绪反应等流露出对当事人的好恶感情；对于当事人的行为作出价值引导；适当使用表扬、鼓励等正强化来表达对当事人良好表现的赞赏。

6. 非言语交流

当事人可能会通过不同的身体语言来表达自己的情绪，如愤怒、恐惧、忧郁、怀疑和绝望等。危机干预者要关注这些非言语的内容是否与当事人的言语表达相一致，发现与当事人言语不一致的信息，但不要过多地对躯体语言进行推测。与此同时，危机干预者必须重视自己的非言语表达，并使之与自己的言语表达相一致，向当事人传达关注和理解的信息。非言语内容可以有多种方式来表达，目光接触、上身前倾、语调、眼神变化、面部表情，包括房间的布置等，都应该让当事人感到放松、平静，认为自己所处的环境是安全的，对方是可以信任的,并且愿意毫无保留地接纳他,为他提供帮助。

(三)心理危机急救技术

对存在严重应激症状的对象可采用"稳定情绪""放松训练""心理辅导"技术开展心理危机救助。

1. 稳定情绪技术要点

(1)倾听与理解。目标:以理解的心态接触危机当事人,给予倾听和理解,并做适度回应,不要将自身的想法强加给对方。

(2)增强安全感。目标:减少危机当事人对当前和今后的不确定感,使其情绪稳定。

(3)适度的情绪释放。目标:运用语言及行为上的支持,帮助危机当事人适当释放情绪,恢复心理平静。

(4)释疑解惑。目标:对于危机当事人提出的问题给予关注、解释及确认,减轻其疑惑。

(5)实际协助。目标:给危机当事人提供实际的帮助,协助其调整和接受危机事件,尽可能地协助重点人群当事人解决面临的困难。

(6)重建支持系统。目标:帮助危机当事人与主要的支持者或其他的支持来源(包括家庭成员、朋友、社区的帮助资源等)建立联系,获得帮助。

(7)提供心理健康教育。目标:提供危机后常见心理问题的识别与应对知识,帮助危机当事人积极应对,恢复正常生活。

2. 放松训练技术要点

包括:呼吸放松、肌肉放松、想象放松。分离反应明显者不适合学习放松技术。(分离反应表现为:对过去的记忆、身份的觉察、即刻的感觉乃至身体运动控制之间的正常的整合出现部分或完全丧失。)

(1)呼吸放松。呼吸放松法是指一种通过呼吸调节能缓解紧张情绪的方法。训练时坐姿、卧姿、站姿都可以,呼吸以深、长、慢为主,要把气吸足、吸饱。一般提倡腹式呼吸,吸气的时候膈肌下降,腹部内敛,呼气的时候膈肌上升,腹部外凸。在做深呼吸时要将主要精力放在呼吸的一呼一吸当中,让自己体验呼吸过程中的放松状态。

(2)肌肉放松。肌肉放松法也是一种重要的放松方式,其原理是先让你感受紧张再让你体验松弛。没有紧张感你就很难真正体会松弛感,所以先紧张后放松能使你更充分地享受放松的效果。这个方法要求你先绷紧后放松身体各部分的肌肉,把不必要的紧张感全部释放出来。

(3)想象放松。想象放松法主要通过唤起宁静、轻松、舒适情景的想象和体验,来减少紧张、焦虑,引发注意集中的状态,增强内心的愉悦感和自信心。通常结合其他的一些方法,比如暗示、冥想等进行。

3. 心理辅导技术要点

通过交谈来减轻危机事件对当事人造成精神伤害的方法,个别或者集体进行,自愿参加。

(1) 目标

在危机事件发生后,为当事人提供心理社会支持。同时,鉴别当事人中因危机事件受到严重心理创伤的人员,并提供到精神卫生专业机构进行治疗的建议和信息。

(2) 过程

第一,了解危机事件后的心理反应。了解危机事件给人带来的应激反应表现和危机事件对自己的影响程度。也可以通过问卷的形式进行评估。引导当事人说出在危机事件中的感受、恐惧或经验,帮助当事人明白这些感受都是正常的。

第二,寻求社会支持网络。让当事人确认自己的社会支持网络,明确自己能够从哪里得到相应的帮助,包括家人、朋友及社区内的相关资源等。画出能为自己提供支持和帮助的网络图,尽量具体化,可以写出他们的名字,并注明每个人能给自己提供哪些具体的帮助,如情感支持、建议或信息、物质方面等等。强调让当事人确认自己可以从外界得到帮助,有人关心他/她,可以提高当事人的安全感。

第三,应对方式。帮助当事人思考选择积极的应对方式;强化个人的应对能力;思考采用消极的应对方式会带来的不良后果;鼓励当事人有目的地选择有效的应对策略;提高个人的控制感和适应能力。

附件1　大学生心理危机预警与干预工作方案

为了进一步贯彻落实《中共中央　国务院关于进一步加强和改进大学生思想政治教育的意见》（中发〔2004〕16号）、《教育部、卫生部、共青团中央关于进一步加强和改进大学生心理健康教育的意见》（教社政〔2005〕1号）等文件精神，大力加强我院大学生心理健康教育工作，组织全校一切力量，更好地为有严重心理危机的学生和相关人群提供危机干预服务，及早预防、及时疏导、有效干预、快速控制学生中可能出现的心理危机事件，降低学生心理危机事件的发生率，减少学生因心理危机带来的生命损失，促进学生健康成长，特制定本工作方案。

一、组织机构

（一）学校成立"大学生心理危机预警与干预领导小组"，学校党委书记、校长担任组长，学校副职领导担任副组长，学校主管领导担任常务副组长，成员由党委工作部、办公室、教务处、学生工作处、后勤管理处、保卫处、学校团委、各院系学生工作领导小组等相关部门、单位负责人担任；小组下设心理危机预警与干预工作办公室，学生工作处处长任该办公室主任，学生工作处主管副处长、心理健康教育中心负责人任办公室副主任，成员由心理健康教育中心专兼职心理咨询教师、辅导员、班主任、学校心理协会干部、各院系心理协会干部或院系学生分会心理部干部、各班心理委员组成，该机构与心理健康教育中心合署办公。

（二）领导小组的工作职责：全面规划和领导我院学生心理危机预警与干预工作，督促有关部门或单位认真履行心理危机预警与干预工作，为重大事件的处理作出决策。心理危机预警与干预工作办公室职责：建立健全学生心理危机预警与干预机制，多渠道普及心理健康知识，开展在校学生心理健康状况普查与心理咨询工作，组织从事心理健康教育与咨询工作人员参加心理危机预警与干预技巧和方法学习、培训，聘请专家开展讲座，为学生心理危机预警与干预做好预防教育、早期预警、危机干预、后期跟踪、制度建设等基础性工作。

（三）院系学生的心理危机预警与干预工作由各院系心理辅导站站长负责，全体教职员工均担负责任和义务。辅导员、班主任、班级心理委员等应积极协助本院系心理辅导站站长做好本院系学生心理危机预警与干预工作。

（四）学校积极组建、大力扶持学校学生心理健康教育社团组织，充分发挥学校学生心理组织骨干、班级心理委员、宿舍心理联络员在学生心理危机预警与干预中自我教育、自我管理、自我服务的作用。

二、预警与干预对象

（一）心理危机预警与干预对象是心理健康教育工作与心理测评中发现以及筛查出来的有心理障碍、心理疾病或自杀倾向的学生。这些对象往往易受重大生活事件的严重影响，情绪剧烈波动，认知及躯体或行为方面有较大改变，且用平常解决问题的方法暂时不能应对或无法应对当前的危机。

（二）心理危机干预的对象

存在心理危机倾向与处于心理危机状态的学生是关注与干预的对象。确定对象存在心理危机一般指对象存在具有重大影响的生活事件，情绪剧烈波动或认知、躯体或行为方面有较大改变，且用平常解决问题的方法暂时不能应对或无法应对眼前的危机。心理危机干预的对象一般包括：

1. 遭遇突发事件而出现心理或行为异常的学生，如家庭发生重大变故、遭遇性危机、受到自然或社会意外刺激的学生。
2. 患有严重心理疾病，如患有抑郁症、恐怖症、强迫症、癔症、焦虑症、精神分裂症、情感性精神病等疾病的学生。
3. 既往有自杀未遂史或家族中有自杀者的学生。
4. 身体患有严重疾病、个人很痛苦、治疗周期长的学生。
5. 因学习压力过大、学习困难而出现心理异常的学生。
6. 个人感情受挫后出现心理或行为异常的学生。
7. 人际关院系失调后出现心理或行为异常的学生。
8. 性格有过于内向、孤僻、偏执等突出缺陷的学生。
9. 严重环境适应不良导致心理或行为异常的学生。
10. 家境贫困、经济负担重、深感自卑的学生。
11. 由于身边的同学出现个体危机状况而受到影响，产生恐慌、担心、焦虑、困扰的学生。
12. 长期有睡眠障碍的学生。
13. 感到社会支持系统长期缺乏或丧失，感到自己无能，看不到"出路"的学生。
14. 其他有情绪困扰、行为异常的学生。

尤其要关注上述多种特征并存的学生，其危险程度更大，应成为重点预警和干预的对象。

（三）对近期发出以下警示信号的学生，应作为心理咨询对象及时进行危机评估与干预。

1. 谈论过自杀并考虑过自杀方法，包括在信件、日记、图画或乱涂乱画的只言片语中流露死亡念头者；

2. 不明原因突然给同学、朋友或家人送礼物、请客、赔礼道歉、述说告别的话等行为明显改变者；

3. 情绪突然明显异常者，如特别烦躁、高度焦虑、恐惧，容易感情冲动，或情绪异常低落，或情绪突然从低落变为平静，或饮食睡眠受到严重影响等。

三、预防教育

（一）做好学生心理危机预警与干预工作应立足教育，重在预防。大学生心理危机预警与干预工作办公室应对学生进行生命教育，引导学生热爱生命，善待人生；应对学生进行自我意识教育，引导学生正确认识自我，愉快接纳自我，积极发展自我，树立自信，消除自卑；应对学生进行危机应对教育，让学生了解什么是危机，人们在什么情况下会出现危机，同学们的哪些言行是自杀的前兆，对出现自杀预兆的同学如何进行帮助和干预。

（二）各院系应在学生中大力普及心理健康知识，引导学生树立现代健康观念；应针对学生广泛存在的环境适应问题、情绪管理问题、人际交往问题、恋爱与性的问题、学习方法问题、环境适应等开展教育；应通过学生心理组织开展形式多样的心理健康教育活动，在学校形成良好的心理健康氛围；应通过举办主题鲜明的特色班会、心理剧场、心理沙龙等活动帮助学生优化个性心理品质，增强心理调适能力，提高心理健康水平。

四、早期预警

（一）做好学生心理危机早期预警工作，应做到对学生的心理状况变化早发现、早报告、早评估、早治疗，信息通畅，快速反应，力争将学生心理危机的发生消除在萌芽状态。

（二）健全心理危机预防和快速反应机制，建立学校、院系、班级、宿舍"四级"预警防控体院系，即学校心理健康教育与咨询中心（一级）——院系大学生心理健康教育工作小组（二级）——班级心理委员（三级）——宿舍心理信息员（四级），完善心理危机的汇报制度，开展心理问题早期发现和主动干预工作，做好对心理危机学生的跟踪服务。

（三）执行学生心理健康普查制度。大学生心理危机预警与干预工作办公室每年对全院新生进行心理健康状况普查，建立学生心理健康档案，并根据普查结果筛选出心理危机高危个体，与院系心理辅导站一起对这些学生做好危机的预防与转化工作。

（四）建立心理健康汇报制度。为掌握全院学生心理健康的动态发展，随时掌握高危个体的心理状况，学校建立学生心理问题报告制度。

1. 班级心理委员要随时掌握全班同学的心理状况，对班上同学的心理状况至少一周向辅导员或班主任汇报一次，发现同学有明显的心理异常情况要及时向辅导员汇报，并填写《班级学生心理健康状况周报表》上交院系心理辅导站。各宿舍心理信息员，如发现有严重心理问题学生或危急事件发生，应第一时间汇报给辅导员。

2. 辅导员要深入学生之中并通过班主任、班级心理委员、宿舍心理联络员、学生党员、学生干部等学生骨干及时了解学生的心理健康状况。辅导员对本班有心理障碍的学生要建档登记，对有严重心理危机的学生，要及时转介到心理咨询中心进行疏导和评估，同时加强与学生家长的沟通联系，及时通知家长，协助家长做好教育、疏导、监控和按规定转介给专业医疗机构诊治工作。

3. 院系心理辅导站的负责人应每周至少一次专门向辅导员了解全院系学生心理健康变化情况。院系心理辅导站应每月填写一次《院系学生心理健康状况月报表》交学校大学生心理预警与危机干预工作办公室。

4. 如发现有学生心理问题迅速恶化或新发现有严重心理问题的学生，该院系心理辅导站应及时将该生的情况迅速以电话的形式向院系主管领导和学校主管部门上报，并在24小时内以书面形式向学校大学生心理预警与危机干预工作办公室报告。

5. 对学生中存在的严重心理危机、发生的心理危机事故及其处理情况，大学生心理危机预警与干预工作办公室应及时向学校大学生心理危机预警与干预工作领导小组汇报。

（五）建立师生员工的学生心理危机预警与干预报告制度。全体师生员工一旦发现学生存在心理危机，应及时将相关信息以电话或书面形式报告给学校大学生心理危机预警与干预工作办公室。

（六）建立《学生心理危机预警库》录入制度。各院系要建立本院系学生心理预警信息库，入库类型分为筛查约谈学生，心理委员日常报送学生，发生心理危机事件学生，心理中心反馈学生等四类，同时每月向心理中心上报本院系危机学生的心理动态。大学生心理危机预警与干预工作办公室建立《学生心理危机预警库》，将全院有心理危机倾向及需要进行危机干预的学生信息录入其中实行管理。

（七）建立学生心理健康信息反馈制度。大学生心理危机预警与干预工作办公室及时将全院学生的心理状况、进入《学生心理危机预警库》中的学生名单、学生心理普查结果异常名单等相关信息反馈给大学生心理危机预警与干预工作领导小组。

五、危机干预

（一）对已经进入《学生心理危机预警库》的学生名单，心理健康教育中心根据其心理危机程度实施心理危机干预。

（二）建立支持体系。学校、各院系应通过开展丰富多彩的文体活动丰富学生的课余生活，培养他们积极向上、乐观进取的心态，应在学生中形成团结友爱、互帮互助的良好人际氛围。全体教师尤其是辅导员、班主任应经常关心学生的学习生活，帮助学生解决学习、生活上的困难，与学生交心谈心，做学生的知心朋友。学生党员、学生骨干对有心理困难的学生应提供及时周到的帮助，真心诚意地帮助他们渡过难关。各院系应动员有心理困难的学生家长、朋友对这些学生多一些关爱与支持，必要时应要求学生亲人来陪伴学生。

（三）建立阻控体系。对于学校和院系可以调控的引发学生心理危机的人、事或情景等刺激物，学校和院系应协调有关部门及时阻断，消除对危机个体的持续不良刺激。对于危机个体遭遇刺激后引起紧张性反应或可能攻击的对象，学校和院系应采取保护或回避措施。各处室、院系教职员工在接待有严重心理危机的学生来访时，在其危机尚未解除的情况下，应不让该生离开，并立即报告大学生危机预警与干预工作办公室及该生所在院系。

（四）建立监护体系，对有心理危机的学生在校期间要进行监护。

1. 对心理危机较轻，能在学校正常学习者，该生所在院系应成立以心理辅导站站长为负责人，以及辅导员、班主任、学生干部、同宿舍同学为主的不少于三人的监护小组，以及时了解该生的心理与行为状况，对该生进行安全监护。监护小组应及时向本院系领导汇报该生的情况。

2. 对于危机程度较高但能在学校坚持学习并接受治疗者，该生所在院系应将其家长请来学校，向家长说明情况，家长如愿意将其接回家治疗则让学生休学回家治疗，如家长不愿意接其回家则在与家长签订书面协议后由家长陪伴监护。

3. 经专业机构或专家组评估与确认有严重心理危机者，该生所在院系应通知学生家长立即来校，并对学生作休学处理，让家长将学生接回家或送医院治疗。在院系与学生家长作安全责任移交之前，该院系应对该生作24小时特别监护。对心理危机特别严重者，该生所在院系应立即派人协助学校保卫人员进行24小时特别监护，或在有监护的情况下送医院治疗。对于出现危机事故的学生在医院接受治疗救治期间，该生所在院系亦应指派干部、教师和学生协助保卫人员根据医院要求在病房进行 24 小时特别监护。

（五）建立救助体系。对于突发学生自伤自毁事故的紧急处理，学生所在院系的心理辅导站成员，应在闻讯后立即赶赴现场，并立即报告给学生工作处、保卫处、大学生心理危机预警与干预工作办公室等。上述各部门在接到通知后应派人立即赶到现场，进行紧急援救。特殊情况下，可以先将学生送医院治疗，然后向有关部门汇报。现场紧急救助各部门的职责如下：

1. 学生工作处负责现场的指挥协调；
2. 保卫处负责保护现场，配合学校对当事人实施生命救护，协助有关部门对事故进行调查取证，配合学校及医疗部门对学生进行医疗救护过程中的安全监护；
3. 大学生心理危机预警与干预工作办公室负责制定心理危机事故救助具体方案，并将具体方案报学校主管领导及相关院系。

六、后期跟踪

（一）因心理危机而请假、休学的学生申请复学（回院）时，除按学校的学生学籍管理办法办理相关手续之外，还需由教务处将复学通知送到大学生心理危机预警和干预工作办公室及相关院系心理辅导站。

（二）学生复学以后，学校和该生所在院系应对其学习生活进行妥善安排，帮助其建立良好的支持院系统，引导同学避免与其发生激烈冲突。应安排班级心理委员、宿舍心理联络员等对其密切关注，了解其心理变化情况。辅导员每月至少与其谈心一次，并通过周围其他同学随时了解其心理状况，在每月填写一次的《院系学生心理健康状况月报表》中向大学生心理危机预警与干预工作办公室报告该生的近期心理状况。

（三）根据各院系提供的情况，由学生发展辅导中心以恰当的形式，对这些学生的心理健康情况进行了解（鉴定），并将了解（鉴定）结果及时反馈给学生所在院系。

（四）对于因有强烈的自杀意念或自杀未遂休学而复学的学生，该生所在院系还应对他们给予特别关心，应安排心理委员、学生骨干、该生室友对其密切监护，制定可能发生危机的防备预案，随时防止该生心理状况的恶化，应对其保持密切关注。

七、工作制度

做好学生心理危机预警与干预工作是一个系统工程，是一项长期任务。为切实做好这项工作，应建立以下几项制度：

（一）培训制度。应对从事心理咨询的专兼职教师、从事学生思想政治教育工作的政工干部（包括辅导员）、班级心理委员、宿舍心理联络员和院系学生心理骨干进行定期培训。

（二）备案制度。学生自杀事故发生后（含已遂和未遂），学生所在院系在事故处理后应将该生的详细材料（包括遗书、日记、信件复印件）提供给大学生心理危机预警与干预工作办公室备案，并填写《学生危机事件情况表》。学生因心理问题需退学、休学、转学、复学的，该生所在院系亦应将其详细材料上报学校大学生心理危机预警与干预工作办公室备案。

（三）鉴定制度。学生因心理问题需退学、休学、转学、复学的，其病情应由专业医院或机构进行鉴定并有书面证明。

（四）保密制度。参与学生心理危机预警与干预工作的人员应对工作中所涉及的预警与干预对象的各种信息严格保密。

八、责任追究

（一）全院各部门尤其是参与学生心理危机预警与干预工作的部门及其工作人员，应服从指挥，统一行动，认真履行自己的职责。对因自己的失职造成严重后果的，要对单位或个人实行责任追究。具体来说，在下列情况下，要追究单位或个人责任：

1. 预警与危机事件处理过程中需要某些单位或个人协助而单位负责人或个人不服从协调部门指挥的；

2. 参与预警与危机干预事故处理的单位，在接到学生心理危机事故报案后，拖延时间不能及时赶到现场，或在现场不配合、不服从统一指挥而延误时机的；

3. 院系对学生心理危机预警与干预不闻不问，或知情不报，或不及时上报，或执行学校危机预警与干预方案不力的。

（二）各院系应针对本院系学生的实际情况，本着教育为主、及时干预、跟踪服务的原则，制定本院系学生心理危机预警与干预工作的具体措施，畅通学生心理危机的早期预警通道，经常性、有针对性地对本院系有心理问题的学生进行逐一分析。应对失恋学生、学习困难学生、经济困难学生、适应困难学生、就业困难学生、突然遭受重大打击的学生等给予特别关注，随时掌握心理危机高危学生的心理变化。

（三）各院系在开展危机学生心理危机预警与干预、危机事故处理过程中，应做好资料的收集与证据保留工作，包括与相关方面打交道的重要的电话录音、谈话录音、记录、书信、照片等。

附件　学生心理危机预警工作流程图

附件　学生心理危机预警工作流程图

```
┌──────────────────┐  ┌──────────┐  ┌──────────────────┐
│ 心理健康普查、测评 │  │ 校医务室 │  │ 系部/辅导员/心理委员 │
└──────────────────┘  └──────────┘  └──────────────────┘
              │             │              │
              └─────────────┼──────────────┘
                            ▼
                ┌──────────────────┐
                │  发现心理问题学生  │
                └──────────────────┘
                            │
                            ▼
            ┌──────────────────────────┐
            │ 心理健康发展中心评估、区分问题 │
            └──────────────────────────┘
                    │      │      │
          ┌─────────┘      │      └─────────┐
          ▼                ▼                ▼
    ┌──────────┐     ┌──────────┐     ┌────────┐
    │ 一般心理问题 │     │ 严重心理问题 │     │ 精神疾病 │
    └──────────┘     └──────────┘     └────────┘
          │                │                │
          ▼                └───────┬────────┘
 ┌─────────────────┐               ▼
 │ 心理健康发展中心咨询 │   ┌──────────────────────┐
 └─────────────────┘   │ 心理健康中心通知系部/辅导员 │
          │            └──────────────────────┘
          ▼                        │
 ┌──────────────┐                  ▼
 │ 恢复正常学习生活 │              ┌──────┐
 └──────────────┘              │ 家长 │
                                  └──────┘
                                     │
                                     ▼
                        ┌────────────────────┐
                        │ 专业医疗机构进行鉴定、治疗 │
                        └────────────────────┘
                                     │
                                     ▼
                        ┌────────────────────┐
                        │  按学院有关规定处理   │
                        └────────────────────┘
                           │        │        │
                           ▼        ▼        ▼
                ┌──────────────┐ ┌────┐ ┌────┐
                │ 恢复正常学习生活 │ │ 休学 │ │ 退学 │
                │ 继续进行心理辅导 │ └────┘ └────┘
                └──────────────┘    │
                                    ▼
                              ┌──────────┐
                              │  后期跟踪  │
                              └──────────┘
                                    │
                                    ▼
                    ┌──────────────────────────┐
                    │ 在康复时，判断是否可以让学生复学 │
                    └──────────────────────────┘
```

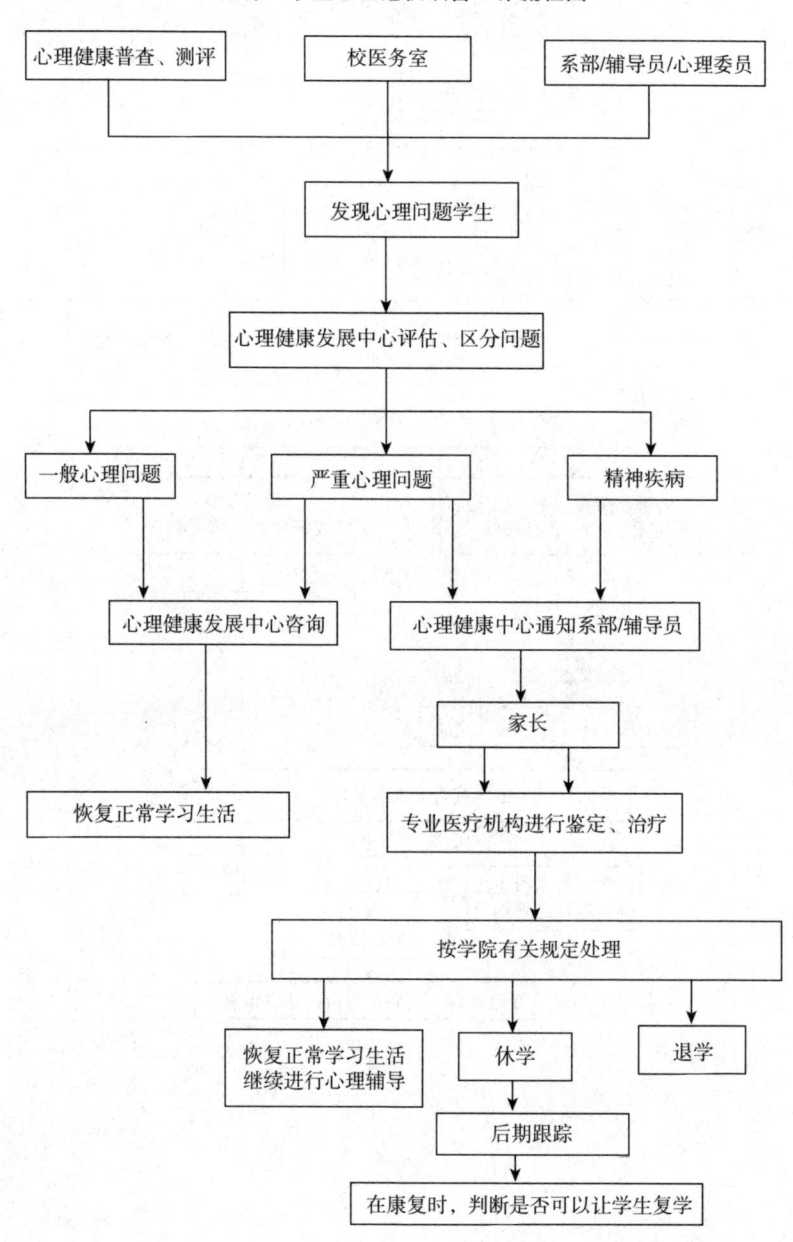

附件　学生心理危机干预工作流程图

附件　学生心理危机干预工作流程图

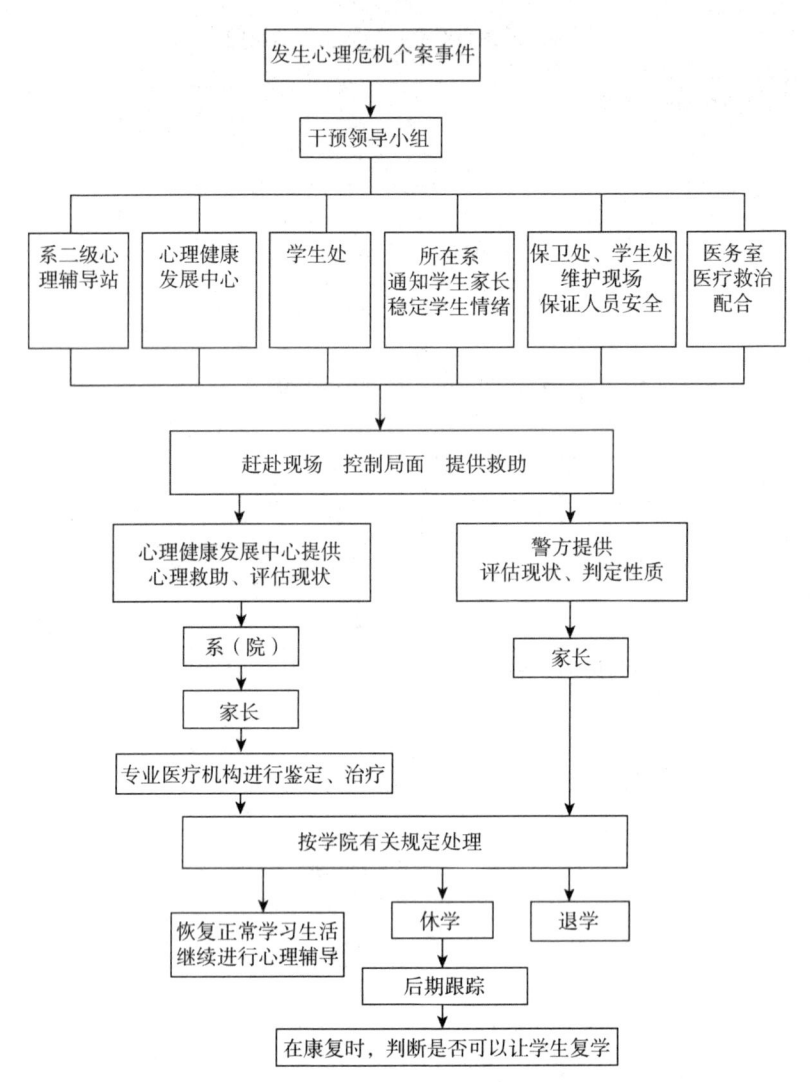

```
              发生心理危机个案事件
                      │
                 干预领导小组
    ┌──────┬──────┬──────┬──────┬──────┐
  系二级心  心理健康  学生处  所在系    保卫处、  医务室
  理辅导站  发展中心         通知学生家长 学生处   医疗救治
                          稳定学生情绪 维护现场  配合
                                    保证人员安全
    └──────┴──────┴──────┴──────┴──────┘
                      │
            赶赴现场　控制局面　提供救助
                  │              │
         心理健康发展中心提供    警方提供
         心理救助、评估现状    评估现状、判定性质
                  │              │
                系（院）         家长
                  │
                 家长
                  │
         专业医疗机构进行鉴定、治疗
                  │
              按学院有关规定处理
          ┌───────┬──────┐
     恢复正常学习生活  休学   退学
     继续进行心理辅导   │
                     后期跟踪
                       │
         在康复时，判断是否可以让学生复学
```

附件2　心理危机干预四级工作体系中各等级的功能和职责

一、学校心理健康教育中心

学校心理中心是心理危机干预的"龙头",它起着"引导方向,控制发展,重点预防,统筹处理"等作用,是大学生心理危机干预工作的重点。心理中心的工作大致分为以下方面。

1. 预防方面

(1) 心理健康知识普及、宣传活动及专家讲座

帮助大学生们加强对心理知识的了解,树立正确的健康观念,充分利用活动、讲座等资源,让同学们在活动中感受到健康心理的意义。

(2) 开设相关课程

对新生、在校生以及毕业生等,进行专业的有针对性的课程覆盖,通过团体心理辅导、生命教育、职业规划等课程,促进大学生人际交往能力、应对问题能力的提升,以及重视对生命的敬畏。

(3) 心理测评及重点约谈

用好测评工具,让同学们在进入校园时对自己有一个更为清晰的了解,作为学校工作者,通过测评可以了解到学生的心理健康水平,这也有助于尽早地、及时地发现并处理危机个案,维护校园整体的和谐与稳定。

2. 干预方面

(1) 心理咨询服务

心理中心提供的咨询服务以个体咨询为主,作为心理中心的重点工作,咨询服务贯穿整个工作内容。在做好普及与预防的情况下,及时为学生提供高效有保障的咨询服务,也是危机处理的重点工作,在咨询中,可以更好地辨别危机程度,及响应有针对性的危机干预计划。

(2) 危机干预服务

在危机干预事件中,心理中心应处于领导位置。主要负责提出处理危机干预方案,协调各相关部门,调动资源,在短时间内统筹各方力量解决危机事件。

(3) 巩固方面

对预防和巩固阶段(比如:心理测评、咨询和危机干预的过程中)发现的问题并进行归类、探索学生心理问题发展的趋势和特点,将有利于从宏观角度

把握学生的心理危机，也可以更加精准的作用于宣传教育工作。

二、院系二级辅导站

1. 预防方面

宣传活动：院系是跟学生接触最密切的组织，通过承办各项心理活动，结合各自学生的特点及兴趣，最大程度调动学生的积极性，积极宣传，让大家真正做到参与进来，受益其中。

2. 干预方面

危机处理：心理中心—院系—辅导员联动机制。在高校危机干预工作中，院系的作用是"承上启下"。一方面，要第一时间响应心理中心的危机干预方案，确认执行方案；另一方面，由院系领导协调危机学生对应辅导员，及时沟通了解情况，有必要时应联系家属，做好妥善安置工作。

3. 巩固方面

（1）危机建档

经历危机事件，院系应当对危机事件的发生进行梳理，总结经验，对于频发的问题深入讨论，对存在危机的学生建立档案，重点关注，并制定预防方案。

（2）优化沟通机制

院系在处理危机事件过程中遇到的困难，可以及时反馈给心理中心，使学校的危机干预队伍在有需要时时刻保持畅通高效。

三、班级心理委员

1. 预防方面

（1）普及宣传心理健康知识

班级心理委员通常受到过专业的心理培训，在心理知识的掌握上要优于一般学生。因此，作为危机干预体系第三级网络，学校心理委员有数量多、受训素质高、反应快等特点，在心理知识宣传工作中扮演着重要的角色。

（2）组织策划心理活动

除了学校组织的各大活动，近年来，由心理委员或同学们自己创办的心理社团、协会等也有模有样。在此氛围中，心理宣传活动开展得更加生动，容易被大学生接受。

2. 干预方面

收集和反映心理异常问题：作为班级代表，心理委员在收到学生异常心理信号时，有必要及时了解情况、鉴别以及汇报给负责教师。目前，大学生朋辈心理辅导的逐渐普及也体现了高校对心理委员的需求。

3. 巩固方面

朋辈心理辅导：学校有一支由各院系学生组成的朋辈辅导队伍，他们接受专业的心理培训学习，可以结合院系学生的特点进行团体心理辅导等活动，遇到难以解决的问题则直接通报院系重点关注。

四、宿舍长（心理信息员）

1. 预防方面

宣传心理知识：宣传教育工作是危机干预工作的首要任务，因此，每一个组织都包含同样的议题，但却有不同的使命。宿舍长制，在心理知识的宣传方面有自己的独特性。首先，宣传的内容可以更加切合同学的需要，大家通过聊天交谈的方式，口口相传。其次，在地点上也更加灵活，可以是在宿舍，在去上课、购物的路上，甚至是通过互联网，都可以通过最亲近的方式传播心理知识。

2. 干预方面

发现身边问题，积极建议，快速应对：在高校心理工作中，常常会遇到同学间发现并建议来做心理咨询的现象，这当中有些是一般心理问题，也有较为严重的危机个案，在这一过程中，宿舍同学对心理健康知识的掌握程度也直接影响到我们危机干预的效率。由于一、二级网络的人员局限性，如何良好系统地培训宿舍长（心理信息员），已经成为大学生心理骨干培训的一项重要环节。宿舍长心理骨干的存在，将极大地提升高校心理危机干预的有效性。

3. 巩固方面

由于生活的便利性，宿舍长可持续关注舍友的状态，面对一些正在经历心理危机的同学，宿舍长可以做到观察及陪伴，在必要时及时上报危机情况。

附件3 心理危机干预中常用表格、协议等

心理危机预警报表

编号：

姓名		性别		出生年月	
学院		年级、专业		联系电话	
家庭住址			家庭联系电话		
预警级别	（A、B、C三级：A级是有自杀意向且有自杀行为，B级是有自杀意向但无自杀行为，C级是有心理障碍并严重影响学习生活）				
院系/心理咨询中心报告/反馈基本情况						
辅导员签名			分管学生工作负责人签名		
院系跟踪反馈情况汇报	院系采取措施的时间、开展工作的内容					
心理咨询中心跟踪反馈情况汇报	心理咨询中心采取的措施、主要开展工作的内容					

注：本表一式两份，一份交学工部，一份院系存底。

心理危机突发事件报告表

姓名		性别	
学号		联系电话	
辅导员		联系方式	
上报时间			

学生基本情况（家庭情况如家庭结构、经济水平等；成长经历及重大生活事件等；在校学习、人际关系等）：

危机发生情况：

　　　　　　　　　　　　　　　　　　　　　　心理负责教师签名：

院系处理措施：

　　　　　　　　　　　　　　　　　　　　　　院系书记签名（盖章）：

心理健康教育中心意见：

　　　　　　　　　　　　　　　　　　　　　　签名（盖章）：

心理危机干预表

姓名		年龄		院系		班级	
籍贯		宿舍		联系电话		来访日期	

前来咨询的问题	
重要生活事件	

| 支持系统 | 家庭关系 | |
| | 社会人际关系 | |

心理危机干预的方式	
专业建议	

个人生命安全契约书

我_____与_____教师约定，自____年____月____日至____年____月____日，无论在什么样的情况下，我都不做出伤害自己/他人生命的行为。但是如果我发现自己情绪低落，很难控制自杀或伤人念头、冲动或行为时，我会打电话给教师、家人、朋友或师长，以寻求协助，帮助自己渡过这个难关。若都找不到人时，我也会打学校心理咨询中心电话：＊＊＊＊＊＊，或××市心理援助热线：＊＊＊＊＊请求协助。

在发生紧急状况时，可以协助我的教师、家人或师长的姓名与联络方式如下：若我想自我伤害或欲伤害他人，我会先联络：

_____关系：_____电话：_____
_____关系：_____电话：_____
_____关系：_____电话：_____

必要时，我可以紧急联系的教师是：

1. _____关系：_____电话：_____
2. _____关系：_____电话：_____

来访者：　　　　　电话：
日期：　　　年　　月　　日

（心理危机事件）家长告知书（范本）

＊＊＊同学家长：

您好！20____年____月____日＊＊＊同学自述有_____行为，之前还有_____念头及实施具体措施的行为，得知同学的状况后，学校各相关领导、教师都非常重视和关心，建议＊＊＊同学前往_____精神卫生中心就诊。

根据《中华人民共和国精神卫生法》及我校相关制度要求，家长有责任和义务对学生履行监护义务，希望＊＊＊同学家长作为＊＊＊同学合法的监护人能很好地履行责任，维护＊＊＊同学的身心健康（或人身安全）。为此，学校本着对＊＊＊同学人身健康和生命安全的考虑，郑重地向＊＊＊同学家长提出以下要求和建议：

一、督促并陪同＊＊＊同学定期前往医院就医治疗。

二、若＊＊＊同学情况不稳定，可申请休学或者请假回家治疗，待情况稳定后，经有资质医院确认可正常上学，再申请返校或者复学。

三、在＊＊＊同学情况尚未完全稳定期间，不宜住在学生宿舍，必须在家长监护陪同下走读。

四、家长应承担监护责任，学校不同意家长离开学生。如果因家长执意离开而可能发生意外，责任家长自负。

＊＊＊同学作为我校学生，我们会积极配合家长，为＊＊＊同学早日康复做努力，学校的心理咨询机构会在职业守则允许的范围内为＊＊＊同学提供真诚的服务。我们希望＊＊＊同学能积极治疗，由衷地祝愿他（她）能够早日康复。

本函仅特告知家长，请＊＊＊同学家长积极采取正确科学的方法与您的孩子沟通。衷心祝愿您全家幸福安康！

学生心理状态告知书样本

一、基本情况

姓名（学号），性别，＊＊大学＊＊院系＊＊级＊＊＊＊班级学生。____年____月____日，该生被＊＊医院诊断为＊＊＊＊（或经心理咨询中心评估），不排除有自杀/自伤或精神疾病等风险。

二、工作过程

学院的处理过程如下：_____

三、风险评估

经心理咨询中心初步评估，不排除该同学存在自伤/他伤/精神疾病的风险。

经精神专科医院（＊＊医院）诊断为：_____

四、学校建议

根据《中华人民共和国精神卫生法》第九条、第十六条、第二十一条、第二十八条、第三十条、第三十一条之规定，请监护人做好以下几点：

1. 请监护人承担监护责任，保障学生的人身安全；

2. 请监护人及时、定期带领或督促学生到精神专科医院就诊，并按照医嘱接受治疗；

3. 请监护人为学生创造一个良好的家庭氛围，给学生更多的耐心和关爱，这对学生的康复极为重要；

4. 如果遇到紧急情况，可以拨打当地精神医疗救助机构电话或＊＊市24小时心理援助热线（固定电话拨打：＊＊＊＊＊＊＊＊＊＊；手机拨打：＊＊＊＊＊＊＊＊＊＊）寻求帮助。

5. 其他建议。

让我们携起手来，共同为学生的健康成长而努力。

监护人签字　　　　　　　　院（系）公章

授权书样本

本人_____系_____同学家长（父亲/母亲），身份证号：_____。现由于_____原因，无法前往_____医院陪同就医。

现授权_____，身份证号：_____，代为陪同_____前去就医，全权代理本人办理住院手续等相关事务，本人将承担全部责任，特此说明。

授权人：
年　月　日

知情同意书（家长拒绝履行监护）

我是＊＊＊＊学校＊＊院（系）＊＊级学生＊＊（学号：_____）的母亲＊＊（身份证号：_____）。___年___月___日，我在学校通知下来到＊＊＊＊学校心理健康教育中心（以下简称"心理中心"），＊＊教师向我告知了我女儿＊＊＊的情况：……，心理中心建议我监护并带其去医院精神专科就诊，我本人表示同意，但多次劝说＊＊仍拒绝就医。根据《中华人民共和国精神卫生法》第二十八条的规定，学校要求在精神专科医院获得明确诊断治疗之前，家属应监护并保障其安全。经过一段时间的监护后，我认为＊＊＊情况稳定，不需要住院或者家属监护。我特此声明，学校已经依法充分告知我情况并积极帮助＊＊＊，感谢学校对我们孩子的关心。我已充分了解学校告知的学生情况、评估意见以及监护、就医建议。如果因为没有家属监护居住所导致的一切后果，例如其自杀、自杀未遂导致身体受伤、致残、攻击他人等等，均由我作为监护人来承担。

签名：
日期：

知情同意书（拒绝授权非自愿住院样本）

我是＊＊＊＊学校＊＊院（系）＊＊级学生＊＊同学的家长，今天接到系辅导员＊＊＊教师的电话，告知我的孩子＊＊近一周以来，出现明显的情绪低落，经过＊＊＊＊学校心理咨询中心心理咨询师＊＊的初步评估，认为可能是抑郁症，存在自杀的可能。学校心理咨询师认为为了保障其生命安全，并得到及时治疗，需要及时到精神科专科医院确诊。目前孩子已经在＊＊医院诊断为抑郁症，可能有自杀风险，严防自杀。

但我认为送他去精神病院住院治疗会对他的今后造成不良的影响。因此我

225

不同意送他去医院住院治疗。

  我特此声明，如果因为没有将＊＊送医院住院所导致的一切后果，例如他自杀、自杀未遂导致身体受伤、致残、攻击他人等等，均由我作为他的法定监护人来承担，与学校无关。无论导致何种后果我都不会追究学校或相关领导、教师的责任，因为我已经了解到学校已经充分告知我情况并积极帮助＊＊了。

  （感谢学校对我们孩子的关心和对我们家的帮助。）

签名
年　　月　　日

协议书

  甲方：_____学院

  乙方：_____同学及其家长

  乙方在校学习期间被诊断患有_____，经治疗目前情况暂时稳定，现乙方出具相关证明材料，申请复学。考虑到校园集体生活的开放性和病情有可能出现反复，为加强安全管理，甲乙双方签订如下协议：

  1. 乙方已向甲方如实反映了治疗情况，并出示了治疗证明，保证所出示的诊断书及相关诊疗过程性材料确系具备鉴定心理障碍资质的专门机构出具，且真实可靠。

  2. 乙方必须定期到学校指定的医院或心理专科医院进行检查，并严格按照医嘱进行必要的治疗。一旦乙方症状出现反复，并因此影响其本人的正常学习和学校正常的教学秩序，学生家长必须无条件带回休养，并办理休学或退学手续。

  3. 乙方在校学习期间因所患疾病导致的危害个人（自残、自杀、出走等）、危害学校（伤害他人、破坏财产、扰乱正常的教学秩序等）以及危害社会的一切不良后果，均由乙方负责。

  4. 乙方在校学习期间，甲方对乙方学习生活进行妥善安排，积极关注其心理波动情况并及时与家长取得联系。

甲方：　　　　　　　　　　乙方：

_____学院　　　学生签名：_____

（盖章）　　　　　　　　　学生家长签名：_____

  备注：本协议书适用于因心理原因休学的学生复学时，协议一式两份，甲、乙双方各执一份。

第七章

心理普查与测评

心理普查在高校心理健康教育领域发挥着独特的作用，它能够有效地提高心理健康教育工作的科学性和针对性，通过心理普查，能将大学生群体中可能存在心理问题的学生初步筛查出来，为后期心理干预提供科学依据；心理普查能够科学地确定大学生心理问题的特点及类型，为高校心理健康教育工作提供有效支持，从而有效地提高大学生心理健康教育工作的效率和效果。大学生心理健康状况普查工作是科学性、系统性的工作，如何使大学生心理普查工作系统更加完善，使之更加制度化和科学化，以便能够为学校的学生教育与管理工作提供真正科学的参考依据，是高校心理健康教育工作者研究的重要课题。

第一节 心理普查工作的开展

一、心理普查工作开展的目的和意义

高校开展心理普查工作是从关注学生发展角度出发的，是为了促进学生更好地了解自己的心理状况和心理特征，以便促进自己心理素质的发展。新生入学后会有一次体检，体检是检查一个人的身体是否健康，而心理普查则是检测一个人的心理是否健康，它是心理专业人员运用心理学的技术、方法和手段，在收集相关资料的基础上，评定某一人群的心理健康状况的过程。其目的和意义有以下几点：

1. 对学生来讲，可以给他们增加一个了解自己的途径和机会。大一是人生中的一个重要转变期，通过心理普查，可以让学生多一个途径来了解自己，可以有针对性地在大一的适应过程中学会如何转变，开发心理潜能，促进心理成长，增强心理保健意识。

2. 对学校来讲，通过心理普查，把潜在有心理障碍的学生筛查出来，进行

及时干预与有效预防，避免心理危机事件的发生，是该工作的重要目的。同时，通过心理普查可以使学校及时全面地了解新生入学后整体的心理健康状况，针对学生心理上共同的特点，制定合适的心理健康教育措施，从而使学校的心理健康教育工作更有针对性和实效性，使之更有效地促进学生心理素质的健康发展。

二、心理普查工作开展的流程及注意事项

每年的新生心理普查工作流程是：新生数据录入测评系统—网上测试—统计分析、筛查复查—回访辅导、跟进干预—建立档案、撰写报告。

1. 新生数据录入系统：每年9月底10月初，心理健康教育中心从教务处拿到各院系的新生数据（包括学号、姓名、性别、出生日期等信息），汇总后进行编号、设置登录名和密码，然后导入心理教育信息化管理系统，并把每名学生的登录名、密码反馈到各院系，在普查开始前由新生辅导员告知各班学生自己的登录名（学号）和密码。

2. 心理普查测试阶段：一般在10月下旬开展，普查前由心理中心对新生辅导员进行主试培训（包括后续的约谈复查），各院系新生辅导员组织本班学生集中进行网上测试（可在机房、计算机课堂或手机端上测试），要求在规定时间内（UPI测试一般用10分钟，SCL-90测试一般用15分钟，CUMS测试一般用15分钟）完成，务必保证每名新生按要求完成测试（如果有些学生没有按期参加测试，最后统一进行安排补测）。

3. 心理筛查复查阶段：全校新生完成网上心理测试后，由心理健康教育中心进行统计，筛选出测评结果显示为异常的学生并反馈给各系，同时在规定时间内（一般在11月中旬）安排心理咨询专兼职教师集中对这些学生进行复查约谈，复查前需由各系班级辅导员通知学生复查的时间和地点。

4. 回访辅导：由心理咨询师和班级辅导员对筛查复查后确有心理问题的学生一一进行回访跟进，进行心理辅导或危机干预工作。

5. 建立心理档案，撰写心理测评报告：根据心理测试结果，为每个新生建立心理档案，同时撰写新生心理测评报告，分析新生中存在着的突出心理问题，提出针对性的建议供学校学生管理部门参考。

整个心理普查过程的完成一般需要持续三个月左右。

进行心理普查时要注意以下几点：

1. 心理测试的优点在于能够比较快而多地了解各类人的不同心理状态与特点。它的一个非常致命的缺点是受环境的影响与暗示、被测者当时的心理状态等因素的影响较大。所以，心理测试尽可能集中安排一个时间统一进行，一定要选一个合理的时间、合理的地点，要得到新生同学的大力合作。

2. 心理测验的答案没有对错之分，它只是用一定的数值来衡量一个人的心理健康状况，因此要求学生在做心理测验时根据自己的实际情况如实填写，无须参考他人的答案，这样才能对自己负责，检测出自己相对真实的心理健康状况。

3. 参加心理测评时，要求被试者凭第一感觉认真作答，不需要学生过多地思考每一道测验题目，不要作假或故意选择极端答案。

4. 在普查测试开始前，各院系新生辅导员一定要向学生讲明心理测试的目的和意义，并做好以下内容的讲解工作：

（1）测试遵循保密原则，测试结果仅由心理健康教育中心存档，以便在需要时为学生提供更恰当的心理健康服务。

（2）测试结果，对学生学习、参加社团、奖励、就业等不造成任何影响。

（3）测试选用的量表具有良好的信度、效度，能帮助学生更好地了解和认识自己、提高和完善自己。因此，学生要真实地作答。

（4）每名新生都要参加普查，且必须在规定时间之内认真完成问卷测试，不能替别人或找人代替自己参加测评。

三、心理普查工作存在的问题及其改进

（一）高校心理普查工作存在的问题

1. 心理普查所使用的工具以临床测验为主，适切程度欠佳

有关调查显示，目前高校心理普查使用的工具以临床测验为主，其中使用频率最高的是90项症状清单（SCL-90）。该测验主要用于临床诊断，其设计初衷是测查精神病门诊患者的症状行为，但在引入国内的过程中，其测评对象逐步从精神科病人扩展为正常人群，测量目标也由精神症状扩展为心理健康。实际上，SCL-90测验的题目主要来自精神疾病症状学，涉及思维、情感、行为、人际关系、生活习惯等诸多方面。这些题目可以很敏感地把存在心理问题的个体的某种精神症状及其严重程度标示出来，但问题在于，即使是心理健康的个体，也可能存在测验题目所说的情形，如感到孤独、过分担忧、经常与人争论等，他们在回答这些题目时也可能作出肯定的选择，从而产生所谓的"假阳性"现象而被误筛查出来。

2. 以自陈测验为主，表面效度太高

由于人数众多，为提高效率，高校心理普查一般采用团体施测的形式，施

测方式广泛使用题目结构明确、反应方式固定的自陈测验。自陈测验的题目由一些与所要测量的心理特征相关的陈述句或问题组成，要求被试者逐一回答，但这类测验存在表面效度太高的先天缺陷，被试者通过题目能够很容易看出测验想要调查哪些方面的心理特征，这一点在 SCL-90 等临床测验上体现得尤为明显。仔细分析这些测验的题目，便会发现它们绝大部分是关于身心方面的负性陈述，如难以入睡、焦躁不安、缺乏自信等，然后要求被试者在是否或程度轻重等选项上进行选择。这种高表面效度不可避免地会使部分注重印象整饰的大学生产生防御心理，刻意伪装或隐瞒自己的消极状态，这就违背了自陈测验"被试者应该真实作答"的基本假设。这种情况下，心理测验的效度必然很低，因此心理健康普查的效用也大打折扣。

3. 测验软件所使用的筛选标准缺乏近时性与针对性

心理测验软件的广泛应用，给高校心理普查工作带来了极大的便利，但在实际使用中也存在着过度依赖的情况，即只是按照软件给出的结论对学生的心理状况进行解释、评价和筛选。但事实上，测验软件输出的文字毕竟只是几句似是而非的"套话"，缺乏个体性与独特性；测验软件所使用的筛选标准也只是基于陈旧的一般常模而设定的，缺乏近时性与针对性。由此可见，仅仅依赖测验软件，会使得测验信息的挖掘不够丰富、全面，普查结果的运用自然也不能准确、充分。

4. 新生心理普查开展时间不当

大部分高校往往根据大学新生教育管理的时序要求，通常将心理普查安排在第一学期，或在入学后 1—2 周内完成，或在军训结束后 1—2 周内完成。但不可忽略的是，新生在刚入学的第一学期，普遍面临诸多生活应激事件，如环境改变、人际矛盾、习惯重塑、军训压力等，有研究表明，应激事件越严重，学生的心理健康水平越低。此时，用 SCL-90 等状态性测验对学生进行心理普查，往往会高估其心理问题的严重程度。因为，上述生活应激事件所衍生出的问题，更多地属于情境性问题、发展性问题或成长性问题；一般会随着时过境迁、认知重构或适应能力增强而逐渐减轻消失。被筛查出的高危心理学生中，多数个体面临的问题仅仅是新生适应不良的发展性问题，一个月后的约谈发现，经过一段时间的调整，其中绝大部分学生都已能够调适自我，适应当下。

5. 主试素养不够专业

随着心理测验软件的普及，高校的心理普查基本上都是采用电脑施测的形式。在这种场景下，施测似乎就变成了一种简单自动的人机对话过程。这种错觉导致部分高校对主试专业化的重要性认识不足：没有进行专门的培训，就直接要求班主任、辅导员，甚至是大学生心理协会的学生到场组织实施。这可能会带来诸多问题：施测现场缺乏必要的专业"仪式感"，影响学生的答题态度；主试对施测现场的"控制力"不够，对学生的一些诸如出声读题、观看他人答题等不当行为未能及时有效加以制止；因为缺乏专业的心理健康方面的知识与素养，主试对学生提出的有关测试题方面的问题不能进行专业解答等等，这些现象都会影响心理普查结果的有效性。

6. 心理普测结果反馈不够规范，约谈干预工作不够及时

一些高校在对心理普查结果进行反馈时，采用的是层级式的"上传下达"的方式，即由学校心理中心反馈给各二级院系，二级院系再通过各班级的辅导员或班主任反馈给班级学生。但辅导员、班主任的心理健康专业素养良莠不齐，这会导致许多问题的产生。最为严重的便是，有些辅导员、班主任或是工作习惯的原因，或是保密意识的缺乏，直接将普查结果在班级 QQ 群或微信群发布，让班级同学都能看到其他人的结果。但学生对结果报告里的某些术语，如"神经质""精神质"等缺乏专业解读，对结果报告的某些结论，如"存在严重的心理问题"等也没有全面认知。这样，极有可能以讹传讹，给部分被筛选学生造成不必要的伤害。

同时，由于筛查出来的人数较多，学校专兼职心理教师有限，难以在短期时间内对筛查出来的学生完成访谈，结果造成对于真正存在严重心理问题的学生的干预辅导工作不够及时。[1]

（二）改进心理普查工作的方法途径

要提高心理普查的实效性，我们首先必须树立科学全面的心理普查理念。开展心理普查的最初目的是将有严重心理问题的学生筛选出来，但经过心理教育专家相关讨论，开展心理普查工作的目的主要是为高校学生的健康成长服务，包括帮助学生了解自己的情绪、行为方式、个性特点、心理健康状况、职业倾向等等，是服务于全体学生而非极少数的心理疾病患者或有自杀倾向的学生。因此，心理普查应该包括消极心理筛查与积极心理挖掘这两个方面，即不再只是为了筛选出少数有心理危机的学生，也应该为全体学生的自我认知、人格优化、潜能开发、职业指导等服务。可从以下几个方面改进心理普查工作。

1. 优化心理普查工具组合

从横向上，可以采用"状态"加"特质"的测验组合方式。状态类测验主

---

[1] 李炳南. 高校心理普查工作存在的问题及其对策[J]. 吉林省教育学院学报，2021，(1)：75-78.

要指心理健康评定方面的临床测验，如 SCL-90、大学生人格问卷（UPI）等。这类测验主要检测最近一段时间（一个星期到一个月）的心理健康状况，其结果只是对当下心境的反映，无法对今后的心理健康状况进行较好的预测。状态测验的作用在某种程度上类似于体温计，反应灵敏，且可以在不同时间反复使用。特质类测验主要指人格评估方面的测验，如卡特尔 16 种人格因素问卷（16PF），艾森克人格问卷（EPQ）等，这类测验既可以用于正常个体的人格评估，也可以从相对稳定的人格特质的角度来提示个体的心理健康状况，如：16PF 的忧虑性（O）和紧张性（Q4）特质，EPQ 中的神经质（N）和精神质（P）维度等均与心理健康有着密切关系。相关研究显示，将 EPQ、UPI 相结合使用开展心理普查是个较好的选择。

从纵向上，可以采用"简单"加"专业"的测验组合方式。考虑到大学生心理健康状况总体上是好的，因此，在面向全体新生开展初次心理普查时，可以使用一些题量较少、结构简单、筛选便捷的心理健康测验，如 UPI 等。对于筛选出来的部分可能存在心理问题的学生，可以在约谈时再行施测一些相对专业化的专门测验，如焦虑自评测验（SAS）、抑郁自评测验（SDS）、自杀意念问题（SOISS）等。先用 UPI 对全体大学新生进行普查，然后对筛选出来的"一类学生"进行 SCL-90 的测查，最后结合两种测验的测查结果，筛选确定重点观察对象，这样不仅能提高筛选正确率，还提高了工作效率。

此外，针对心理普查所使用量表的效度不高问题，可将投射类测验引入心理普查工作，如房、树、人绘画心理测验等，能有效弥补自陈式量表存在的表面效度高、难以绕过被试者防御心理的问题。投射测验因测量目的的隐蔽性和反应方式的自由性，可以很好地避免自陈测验的缺点。尽管投射测验存在记分困难、不易解释等不足，但研究者已探索其细节特征的临床意义并进行量化，这一点在房、树、人测验上已经比较成熟。通过房、树、人心理测验，可以绕过被试者防御机制，投射出绘画者内心的人格特质、心理状态、家庭关系等信息，具有较高参考意义。经过研究者在高校的初步实践，房、树、人绘画测验存在操作简单、可以大规模集体施测、受文化影响较小等特点，适合于心理普查工作。新生心理普查中，投射技术和问卷技术的综合应用是未来发展趋势，也是提高新生心理普查科学性、有效性的重要手段。

2. 完善心理普查实施程序

做好心理普查的宣讲工作。心理普查所使用的心理健康测验、人格测验等均属于典型行为测验，其特点是要求被试者按照通常的稳定态度和习惯方式做出反应。因此，被试者的测验动机直接影响普查结果的真实性和有效性。在心理普查实施之前，可以由辅导员在召开心理主题班会时或通过《大学生心理健康教育》等课程向新生宣讲心理普查的目的、意义和作用，让他们知道心理普查不仅可以知晓自己的心理健康状况，还可以了解自己的人格特征、职业倾向等。这样可以激发大学生参加心理普查的动机，从而避免因为对心理普查心存芥蒂而虚假作答，或不知所然而敷衍了事等情形。

3. 恰当选择普查的时间

心理普查所使用的心理健康测验、人格测验等均是对心理活动的间接测量，即只是通过被试者对测验题目的反应来推测其心理状况。新生在入学之初会面临许多应激事件，在测验题目上的"阳性"回答也会相应增多，从而夸大心理问题的严重程度。因此，新生心理普查应该避开这一"多事之秋"。一般而言，可以考虑在新生入学两个月之后进行。因为，此时的大学生活已经进入一种相对平稳有序的状态，绝大部分新生业已适应这种生活。这样可以把那些真正存在适应问题或人格有缺陷的个体筛查出来，从而提高心理普查筛选的正确率。

4. 注重主试的专业作用

心理普查所做的心理测评问卷是对心理活动的客观测量，要做到客观化，就必须对测量的4个环节——测验题目、施测过程、评分计分与结果解释进行标准化。在电脑施测普及的背景下，测量的标准化就重点体现在施测过程和结果解释这两个环节上，而主试的专业素养对于施测过程的标准化至关重要。就心理普查而言，建议由受过专门培训的有一定专业背景的心理教师或辅导员担任主试，具体指导学生的答题过程。首先要注重施测时的"场面设定"，如安静、有序、独立等；其次，要强化"指导语"的作用，如测验对时间范围的要求、真实作答、无对错之分、直觉反应等。此外，主试还需要对学生提出的与测试题有关的具体问题给出专业化的解答。

5. 规范心理普查结果运用

心理普查是一项专业性极强的工作，尤其体现在普查结果的反馈和运用上。对于消极心理筛查而言，可以由高校的专兼职心理教师对筛选出来的疑似存在心理问题的学生直接进行约谈，而不应简单地层层下发最后交由班主任、辅导员解决，这样可以提升这项工作的科学性和专业化程度。约谈首先应该分析被筛选学生的测验报告，要让他们充分参与结果的解释，比如：自己对这个题目是如何理解的？当时为什么在这个题目上做阳性选择？这样可以对被筛选学生的测验结果进行客观恰当的理解。其次，考虑到测验只是诊断心理问题的一种辅助工具，约谈应将心理普查结果与观察访谈资料相结合，从而对被筛选学生的心理健康状况作出全面科学的评估。对于积极心理挖掘来讲，高校可以通过心理健康课程或心理健康社团等平台，对新生的人格测验结果进行集体反馈或个别解读。这样，可以避免心理普查的结果被束之高阁，从而最大程度地发挥这项工作的效用。①

6. 分级分类开展约谈跟进工作

高校每年的心理普查后，筛查出危机、异常和严重心理问题的学生需要进行一对一标准化程序的个体约谈，由于学生众多，可以根据系统筛查结果等级，分类开展约谈工作，一级严重心理问题的学生由心理中心专兼职心理教师约谈，二级心理问题由院系辅导员约谈，这样可以在短期内完成大量的约谈工作，约谈完后再进行一个分级，最严重的由心理咨询中心跟进，一般的由学院跟进。

心理普查后的约谈跟进工作由心理中心和院系共同完成，一级比较严重的，心理中心直接介入，其他由院系辅导员开展约谈辅导工作。提前要给辅导员做心理筛查约谈工作的培训，如关于如何收集信息、约谈技巧之类的内容等。约谈要有统一的约谈提纲，参考测试结果，根据约谈提纲进行约谈，提纲包括学习情况，人际关系，家庭情况，是否有自杀意念、长期抑郁、幻觉妄想等情况，当前主要困惑与烦恼这几项。

第二节 心理普查的常用测评工具

心理普查的主要内容是用正规的心理量表来对普查对象进行心理测试，以评估人在某个时间段某些心理特点和心理状态。高校心理普查使用的心理量表主要有：大学生人格问卷、症状自评量表、大学生心理健康筛查量表（CUMS）、焦虑自评量表、抑郁自评量表、抑郁筛查量表（PHQ-9）、卡特尔16种人格因素问卷、艾森克人格问卷等等，用来了解学生的心理健康状况和个性心理特点。心理测验分纸笔测验和网上测验两种方式，现在普遍采用网上测试。

一、大学生人格问卷

UPI（University Personality Inventory）是"大学生人格问卷"的简称，是为早期发现治疗有心理问题的学生而编制的大学生心理健康检查表。1966年，由日本大学心理咨询专家和精神科医生集体编制而成。1993年，由樊富珉等主持

---

① 李炳南. 高校心理普查工作存在的问题及其对策［J］. 吉林省教育学院学报，2021，(1)：75-78.

召开全国UPI应用课题研究，对UPI的相关条目、筛选标准、实施过程等进行了较为系统的修订。目前，UPI已经成为高校心理咨询与大学生心理健康教育工作的有效辅助工具。UPI主要以大学新生为对象，作为精神卫生状况实态调查而使用，以了解学生中神经症、精神分裂症以及其他各种学生的烦恼、迷惘、不满、冲突等状况的简易问卷。UPI问卷可操作性强、判断率高、简便快捷，是目前高校学生心理调查最为先进的调查方式。

二、症状自评量表

SCL-90是世界上最著名的心理健康测试量表之一，20世纪80年代引入我国，并在精神科和心理健康门诊的临床工作中得到广泛应用。该量表是以Derogatis编制的Hopkin's病状清单（HSCL1973）为基础，主要从感觉、情感、思维、意识、行为直到生活习惯、人际关系、饮食睡眠等多种角度，评定一个人是否有某种心理症状及其严重程度如何。与其他的自评量表（如SDS、SAS等）相比，有容量大、反映症状丰富，更能准确刻画受测者的自觉症状特性等优点。SCL-90作为一种适用面广、包含病理心理症状项目多的自评量表，在临床上具有不可替代的作用，是一种十分有效的评定工具。该量表很多高校往往和大学生人格问卷结合起来使用，效果很好。

三、大学生心理健康筛查量表

大学生心理健康筛查量表（College Students Mental Health Screening Scale）由教育部《大学生心理健康测评系统》课题组开发，本量表共96个项目，分为三级筛查，共22个筛查指标。严重心理问题筛查指标2个，一般心理问题筛查指标两类共15个指标，发展性困扰筛查指标5个。采用4级评分法进行计分，1分表示一点也不像我，4分表示非常像我，各指标所包含条目相加计分，得分越高表示该类心理问题越严重。该量表在大学生群体中的信效度良好，测评结果表明筛查预测的准确性非常高。该量表已成为我国心理健康领域使用最多的量表，有力地推动了我国高校大学生心理健康评估工作的专业化和科学化进程，为高校有针对性地开展心理健康教育提供了强有力的支持。

四、焦虑自评量表和抑郁自评量表

焦虑自评量表（Self-Rating Anxiety Scale，SAS），由美国杜克大学医学院的W. K. Zung于1971年编制，是广泛用于精神科临床、精神卫生调查和心理咨询实践中的焦虑状态筛选和诊断的主要工具之一。SAS 是一种自评量表，由评定对象自行填写，测量的是最近一周内的症状水平，评分不受年龄、性别、经济状况等因素的影响，被测者所得总分可换算成标准分，对照全国常模来评定被测者的焦虑程度。该量表可广泛应用于评定内科、外科、心身疾病及精神病人的焦虑情绪；也可用来筛查各种特定人群的有关焦虑问题；以及评价心理治疗、药物治疗的效果，具有良好信效度，适用于具有焦虑症状的成年人。

抑郁自评量表（Self-Rating Depression Scale，SDS）是 W. K. Zung 于 1965 年编制的，用于衡量抑郁状态的轻重程度及其在治疗中的变化。量表反映了抑郁状态的四组特异性症状：精神性—情感症状，躯体性障碍，精神运动性障碍，抑郁的心理障碍。SDS 为自评量表，评定时间跨度是最近一周，操作方便，容易掌握，评分不受年龄、经济、性别的影响。适用于具有一定文化程度和理解能力的青少年或者成人。该量表在我国的心理学基础研究以及实践评估中应用广泛，有研究者曾报告过该量表在中国被试者中有良好的信度和效度。

五、抑郁筛查量表

近年来，随着患抑郁症的人数逐年增多，国家卫生健康委办公厅印发了《探索抑郁症防治特色服务工作方案》（以下简称《方案》），将学生列为重点筛查人群之一。《方案》要求各个高中及高等院校将抑郁症筛查纳入学生健康体检内容，建立学生心理健康档案，评估学生心理健康状况，对测评结果异常的学生给予重点关注。根据《方案》，医疗卫生机构使用 PHQ-9 量表，开展抑郁症筛查。

抑郁筛查量表是临床上用于筛查抑郁症的简单高效的方法之一，是一种简单自测抑郁的量表，包括 9 条常见的抑郁症状，患者根据自己的感觉进行选择和评分，有一定的准确性和可靠性，但是因为题目简单、数量少且是自测，由于被测者心理暗示等原因可能会导致结果有一定误差，容易漏诊和误诊。抑郁症的诊断还要结合通过医生对患者进行详细的病史采集和精神检查来确定，还要进行必要的体格检查和实验室检查，以鉴别诊断。

六、卡特尔 16 种人格因素问卷

卡特尔 16 种人格因素测验（Cattell Sixteen Personality Factors Questionnaire，16PF）是一种权威且国际广泛使用的测量工具。16PF 是由美国伊利诺州立大学人格及能力测验研究所（Institute of Personality and Ability Testing）的卡特尔教授

(Raymend B. Cattell)经过几十年的系统观察和科学实验编制而成的一种精确的测验。于1979年引入中国并由专业机构修订为中文版,使之更适合我国的国情,同时建立了中国常模标准。15岁以上中学生和所有具备小学阅读水平的青年、壮年和老年人都可以适用。16PF在国际上颇有影响,并具有较高的效度和信度,广泛应用于人格测评、人才选拔、心理咨询和职业咨询等工作领域。16PF从乐群、聪慧、自律、独立、敏感、冒险、怀疑等16个相对独立的人格特点对人进行描绘,并可以了解应试者在环境适应、专业成就和心理健康等方面的表现。

七、艾森克人格问卷

艾森克人格测验(Eysenck Personality Questionnaire,EPQ),是英国心理学家艾森克(H. J. Eysenck)等编制的一种有效的人格测量工具,他搜集了大量有关人格方面的特征,并通过因素分析归纳出三个维度,从而提出决定人格的三个基本因素是:内外向、情绪性和精神质倾向。对分析人格的特质或结构具有重要作用。目前,已被广泛应用于心理学研究与实际应用、医学、司法、教育、人才测评与选拔等诸多领域。该测验包括成人版和儿童版两种。成人问卷包括90个条目,让被试者根据自己的情况回答是否。该问卷测试人格的同时还能预测被试者的心理健康水平。

第三节 学生心理档案的建立

从2004年起,教育部开始要求高校为所有学生建立心理档案。心理档案是指评估、预测和监控个体心理行为状况,把握其心理发展规律性变化的动态服务与管理系统,包括人口学资料、家庭状况、经历重大事件等影响个体心理发展的基本信息,心理测评结果以及心理咨询与辅导活动记录等资料内容,一般是经过心理测评、数据分析、反馈、存储与更新等过程完成资料的归档。

一、高校学生心理档案建设与维护的意义

(一)有利于推进高校的心理健康教育工作

大学生心理档案是展现个体心理成长轨迹的有效途径之一,它可以有效地反映学生的心理健康,不受时间、空间限制,增加了保密性,通过对学生的人

口学资料、家庭与学校的生活状况、经历的重大事件、心理健康状况等综合信息的收集，帮助心理咨询师迅速掌握学生的基本心理状况，既可借鉴个人成长经历深入探究相应心理行为问题出现的原因，根据本人性格特点进行个性化指导；又可梳理全体学生的心理档案，找出不同种类学生的发展适应性问题的共通之处，有针对性地进行团体心理辅导。大学生心理档案有利于大学生自我心理状态的调整，更有利于高校心理健康教育工作的开展。

（二）有利于高校改革教育与管理方式

高校依据不同人格特点和能力倾向等方面，为每一位学生建立全面独特的心理档案资料，通过对档案信息进行个性化处理和精细化管理，可以找出当代学生的共性心理特点，同时尊重学生的个性化发展，进行分类别、有层次的教学模式，改变以往强制统一性的教育方式。结合新媒体资源，借鉴其他院校新兴的心理档案管理和使用方案，可以找出合适的方法来准确疏导学生，有效解决其心理问题；切实依靠心理档案信息的分析结果，抓紧学生的需求，坚持以人为本的改革创新精神，积极鼓励和指导学生追求全面发展，最大限度激发学生积极探索的创新活力，心理档案的建设为青年大学生教育与管理方式的改革创新提供有效思路。

（三）有利于促进高校学生的全面健康成长

在大学生心理档案中，大学生可以发现自身存在的潜力，不断完善自己的人格，为自己增加核心竞争力。高校通过对学生的情绪情感、能力、人格特征、学习心理特点、职业倾向以及心理健康状况等进行全方位的专业测评，根据档案信息的反馈和专业教师的悉心指导，可有效帮助学生深刻地认识自我，不断审视和调整自我，发掘自身潜能，制定合理的期望目标，提高自身社会适应能力、抗挫折能力和社会核心竞争力。

（四）有利于协助社会选拔人才

当代经济社会的转型和就业机制的改革，对于人才的要求不仅仅局限于科学文化知识层面，也逐步重视个体的心理素质。心理档案能反映出个体的心理健康水平、行事风格、性格特点以及职业倾向等心理特征，可作为现代人力资源开发的重要参考依据。有效利用心理档案可以为各类职业提供专业性人才，促使学生充分发挥个人强项，避免职位与人才不匹配造成的资源浪费，优化招聘方式，为社会提供更有效的服务。[①]

[①] 曹承慧，严万森. 高校学生心理档案的建设与维护管理［J］. 教育教学论坛，2021，（10）：29-30.

二、大学生心理档案建立的原则

1. 对象普遍性

心理档案的建立不仅局限于那些有特殊或极端问题的学生，因为这样的学生毕竟是少数，同时更应该以科学指导每个个体的心理健康成长为目的；因此应该对全体高校大学生进行心理健康的全面普查并将结果建立档案，使其具有普遍性，即每名在校生都有自己的心理档案。

2. 内容全面性

心理档案的建立一定要信息覆盖面全。不仅应该包含学生的个人基本信息、家庭情况、在校情况、对个人影响较大的重要生活事件，同时，还应该包含学生所接受的心理测试的详细内容、学生咨询有关心理问题的材料。只有内容的全面与完善才能为科学的心理健康指导打下良好的基础。

3. 时间持续性

大学生的心理是一个变化、发展的过程，相应的，心理档案的建立也应该是一个持续跟进、不断变化的动态过程。要把学生心理档案建设成为一个动态的档案，档案的建立和记录的内容一定不能"静止"，而是不断更新、不断变化的，为了确保档案的时效性，要对档案记录的内容进行跟踪性的持续调查。对进行心理普查的学生，定期进行心理复查，保证对大学生心理健康情况的及时跟进与研究，根据学生不同心理状态下的反应而采取相应的培养建议和调整方案。

4. 档案保密性

保密性原则是心理咨询师开展心理咨询工作的重要原则。当然，心理档案的建立也要具有保密性。大学生心理档案与一般的学生档案不同，部分内容涉及学生隐私，不能作为学生的终身档案放入人事档案中；因此在建立和管理过程中，开放针对的人群、开放的程度和内容应根据实际情况而确定。当然，正如心理咨询中的"保密例外"一样，心理档案的保密也一样是"有限原则"，生命安全第一，没有比生命更重要的原则。

5. 建立客观性

客观性原则即应坚持一切从实际出发、实事求是。学生心理档案的收集需要科学的测量工具、客观公正的态度、先进的统计管理技术。对于所获得的信息，要客观地进行描述、分析和总结，从而提出合理的、有效的培养建议。

三、心理普查在心理档案建设中的地位

心理普查是大学生心理档案建设的基础,通过心理普查可以获取学生基本信息,了解学生个人成长历程、家庭环境、心理健康状况,对于大学生心理档案的建设,心理普查具有广泛、普遍、快速、有效的特点。大学生心理档案就是有关大学生在校学习期间产生的所有与心理方面相关的有保存价值的记录。心理普查是高校采用的新生入校后获取新生心理健康资料的手段,往往会动员新生全部参加,利用网络新媒体进行网上心理测验,在信息栏会要求被测者填写家庭基本信息,包括父母年龄、职业、家庭氛围、重大疾病等,在高校所实施的心理档案建设资料搜集的手段当中,心理普查具有普遍、快捷、基础的特点,同时也是开展心理健康教育工作以及心理危机预防、干预最及时、最全面的信息来源。

结合心理普查和约谈结果,通过和辅导员进行沟通,最终确定需要建立 A 类重点关注学生的心理档案。尤其有自杀意念的学生要重点关注。建立 A 类人群心理档案,及时向上级领导汇报,并做好保密和相关资料存档工作。心理档案内容要尽量详尽,包括既往病史、现在情况以及对未来的预测即相关职业生涯规划部分。加上辅导员平时的观察了解、和父母的沟通等都要有详尽的记录。"心理档案"不能成为束之高阁的死档案,有条件的学校最好建成电子档案,并且随时对需要关注的学生进行信息更新,以便制订最新的干预措施。

四、规范化心理档案的建立过程

大学生心理档案是根据大学生的成长历程、心理特征、心理测评与心理咨询相关数据等建立起来的,用以预测大学生心理行为。大学生心理档案的规范化建设,有利于全面、精准地反映高校学生心理健康状况,高校相关人员依据心理档案的记录能够及时掌握大学生的心理变化,做出正确决策,推动大学生心理教育工作,完善高校学生管理工作。

心理档案的建立一般包含心理测评的组织过程、测评数据的采集过程与分析过程。规范化心理档案的建立过程应该从这三个方面着手:①

---

① 贾威,田从. 大学生心理档案规范化建设研究[J]. 船舶职业教育,2019,(4):68-70.

1. 心理测评的组织过程

心理测评是心理实验的一种，它要求在安全、舒适的环境下进行施测，指导语具体、明确，需要对测评的意义进行一定的解释。实现心理测评组织过程的规范化需要考虑以下两点：一是心理测评主试需要进行相应的测评培训；二是心理测评主试的语言、情绪等会影响心理测评结果的因素，注重操作规范化。心理测评开始前，主试要重点强调心理测评对学生自身的意义，使其能够真实填写信息，完成心理测评。心理测评组织过程的规范化可以将影响学生测评结果的因素控制到最低，能够如实地反映学生的心理状态，使采集的数据真实可靠，心理档案更具有科学性。

2. 测评数据的采集过程

数据采集的质量会直接影响心理档案的应用，因此，心理档案的整理、挖掘和分析对测评数据的采集提出了更高的要求。这里说的数据挖掘与分析是指可以在全国范围内或至少在多数高校范围内均可进行的整合分析，这就要求心理档案数据的采集需要采用相同的规范和标准。在测评量表的选择上应该满足以下两个条件：一是筛查可能存在心理问题的学生；二是能够使学生更好地了解自己，在此基础上不断完善、发展自我。心理测评数据的采集过程做到规范化，可以将心理数据在全国范围内进行对比、分析，探究大学生心理的规律性。测评数据采集过程的规范化，有利于提高心理工作的效率，推动高校心理健康教育工作的发展。

3. 测评数据的分析过程

对采集完成的心理数据进行分析与整合，是检验学生心理档案规范化管理的重要阶段。心理测评完成后，就要对数据进行全面深刻的分析、整合与挖掘，使其发挥更大的预测和指导作用。一方面，要按照量表的标准进行筛查和因子分析，掌握心理测评的总体情况；另一方面，要对多个量表进行数据整合和深入挖掘，探究各因素之间的关系，准确找出影响学生心理健康状况的因素。心理档案的分析与研究，除了要及时了解学生的心理健康状况，指导具体的学生心理健康工作外，更重要的是指导科学研究，通过对心理档案的深入分析，发现学生心理规律与共性问题，这是对心理档案深入研究分析的更深层的意义。规范数据的分析过程，可以更好地指导心理健康教育工作。

五、建立和使用心理档案时应注意的问题

由于传统学生档案面临着一定的局限性，相关心理档案的建立存在着一定的经验空白，学校在建立心理档案的同时应避免一系列的问题，使得学生心理档案更好地促进学生的成长成才。

1. 时刻保持科学的态度

建立学生心理档案的作用主要是反映大学生当下的心理状况,如果失去了其客观科学的公正性,则失去了其存在的意义。因此,首先在档案的制作方面应该安排相关专家进行制定,通过对档案内容的设定,全面地了解大学生心理状况,站在科学的角度考量大学生心理;其次在档案信息的采集方面应该通过科学严谨的方式对大学生心理相关信息进行采集,杜绝主观性;最后在对档案的总体信息进行分析时要保证多角度全方位,以科学的眼光看待档案内容,切忌主观臆断,不可以偏概全。①

2. 以发展的眼光看待档案内容

学生的心理在不断变化,大学生心理档案的内容也应及时更新变化,因而需要建立动态的心理档案。为了帮助学生及时发现问题、纠正问题、保持健康心理,我们应带着发展的眼光看待大学生心理档案的内容,以积极乐观的态度分析档案的内容,在档案的信息中发现学生存在的潜力与发展的前景。通过对现在拥有的信息进行全面的分析,发现存在于大学生中的普遍问题,判断学生未来成长的空间,挖掘其潜在的良好品质。不应该片面静止地看待现阶段的大学生心理档案,学生心理会随着年龄、环境、经历的改变而不断变化,我们应该及时进行复查,了解大学生心理变化,观察分析大学生心理变化趋势。

3. 确保信息安全保密

大学生心理档案是依靠大学生的信任而存在的,是以尊重学生、帮助学生为目的而建立的,因此管理人员有权利和义务保证学生档案内容的绝对保密。档案要有专人进行管理,任何人都不得随意翻阅、泄露学生的心理档案的内容,档案的管理一定要严格确保信息安全保密。只有充分尊重学生、保护学生、为学生的发展做出贡献,才会得到学生的配合和认可,进而达到促进学生发展的目的。否则信息一旦泄露,不但会对学生本人造成伤害,也会使学生丧失了对学校的心理健康教育工作的信任,对未来工作的开展造成极其恶劣的影响。在有职业道德的工作人员和专家的共同努力下,学生的隐私应得到很好的保护,让大学生心理档案制度为学生的健康发展做出贡献。

---

① 才宝. 当代大学生心理档案的建立与管理 [J]. 赤峰学院学报(自然科学版),2016 (09):140-141.

附件 心理测评筛查后约谈提纲和心理约谈记录表

心理普查关注对象约谈提纲（参考）

一、访谈程序

1. 说明邀请目的

你好！今天和你有个小的交流，主要是想了解一下你的大学适应情况。

2. 了解学生基本适应情况

通过访谈了解学生对大学生活的适应情况，如学习、生活、人际交往、情绪情感、原生家庭状况、个人自我评价、现阶段的困难等内容。

3. 了解学生心理测试结果的真实性与可靠度

我校前不久对学生做了一个心理测查，你是怎么看待的？当时是否认真按照自己的真实情况填写呢？（尽量用开放式问题提问）

（1）评估学生回答问卷的真实情况：真实还是不真实？

（2）如果不真实，原因是什么？（不理解题目、答题过快等）

（3）如果回答真实，进一步确定学生心理问题的程度和性质。

①测查时有问题，到访谈时已经没有明显问题。

②访谈时仍处于心理困扰期，此时要进一步确定学生心理健康问题的严重程度：轻度、中度、重度？是否精神疾病状态？如果评估确实为精神疾病状态，需立即干预。

4. 深入了解

了解访谈学生最近两个月的情绪状态、睡眠状态、是否有负性生活事件等。

5. 如在会谈中发现学生的情绪状态或睡眠状态比较糟糕，需要评估学生是否有自杀想法，如果有自杀想法需要评估其自杀危险性。

（1）这些轻生的念头是什么时候出现的？出现有多频繁？持续了多长时间？

（2）你以前有没有轻生的行为？

（3）你觉得什么可以使你的念头减轻或加重？

6. 了解该同学的人际支持系统，询问父母关系、亲子关系、同学关系、师生关系状况。要特别注意学生是否来自单亲家庭、是否孤儿、是否有留守经历等。

7. 如若在访谈过程中发现学生有严重心理障碍、心理疾病或比较强烈的自杀意念时，要随时保持对该生的监控，并填入回执表报至心理中心，以便采取措施进行心理危机干预。

8. 访谈结束前告诉学生，人在适应的过程中出现一些心理苦恼与心理困扰是一种正常的心理表现，只要及时进行调整，积极适应新的生活，相信你会成功地度过大学生活。以后有需要可以找心理咨询教师，心理咨询教师将会为你提供专业帮助。

二、访谈结束后，学院统一填写《学生心理健康约谈排查情况回执表》，报送至心理中心。

三、注意事项

1. 请不要给学生贴标签（比如说你有心理疾病、抑郁症等），筛查出的学生真正有严重问题的比例很低；另外，心理测评量表反映的是学生近一段时间的状况，具有一定的情境性，不要过分紧张。

2. 与学生交流时，多使用开放式的问题，让学生多讲，以搜集到更多的信息，更全面地了解学生的情况。

3. 工作中注意维护约谈学生的隐私，严格保密，访谈时其他无关人员不应在场，不扩散本次心理测查的有关信息，以免对这些同学产生负面影响。

4. 本结果不应作为学生获得奖学金、入党、担任学生干部的否决条件。

心理约谈记录表

约谈人姓名：_____ 约谈时间：_____ 约谈地点：_____

姓名：　　　学号：　　　手机：　　　宿舍号： 院系：　　　专业：　　　班级：　　　担任职务：
评估访谈记录：
外在表现（衣着打扮、面部表情、肢体动作）：
家庭情况（家庭关系、成长经历、创伤史）：
当前状况（心理、生理、学习、生活等）：
既往健康状况与心理咨询史、服药史：
心理测量结果哪些比较值得注意：

续表

如果该生是普通心理问题，您觉得是哪一类型？ ○情感　○交往　○学业　○就业　○适应　○其他	
如果该生不是普通心理问题，您给出的初步判断是？ ○疑是神经症　○疑是精神分裂　○其他	
自杀风险评估： ○正常　○较低　○中等　○较高　○极高	
处理意见： ○暂时不需要干预 ○建议自愿进行心理咨询 ○通知院系关注追踪 ○立即干预 ○请监护人立即送医治疗	

第八章

队伍建设

心理健康教育队伍是完成心理健康教育工作的践行者和主力军，是有效开展大学生心理健康教育工作的保障，是提高大学生心理素质的重要条件。大学生心理健康教育队伍是指在高校从事大学生心理健康教育工作的师资力量，既包括专兼职心理咨询师，也包括在其他岗位从事心理健康教育的人员，如辅导员、班主任等。2001年，教育部强调了建设好这支队伍对于加强高校心理健康教育的重要性。2003年，教育部又出台文件再一次强调大学生心理健康教育工作队伍建设问题，主张要通过专、兼、聘等多种形式，建设一支以专职教师为骨干、专兼结合、专业互补、相对稳定、素质较高的高等学校大学生心理健康教育工作队伍。因此，加强大学生心理健康教育队伍素质、优化队伍建设水平是提高大学生心理健康教育成效的有力保障。

第一节 专职教师

专职心理教师是高校大学生心理健康教育工作队伍的骨干力量。知识教育、宣传活动、咨询服务和预防干预等四项主要任务要求高校心理健康教育专职教师，既要做好高校教师的教学任务，也要承担心理咨询师的职责。

一、专职心理健康教育教师的角色定位

1. 心理健康教育教师是心理辅导员和咨询师

作为心理健康教育教师必须要有高度的专业责任心，积极为学生进行团体心理辅导和个体心理咨询，进行心理健康教育辅导和心理咨询治疗，促进学生的心理发展和精神健康。

2. 心理健康教育教师是心理与教育科学的实践者与发展者

心理健康教育教师实际上是一种超越了传统教师角色的新型教师，是作为掌握心理学理论与技术并有效服务于教育领域的专业人员而出现的，是在学校中运用相关的知识与技能，遵循学生心理发展的科学规律，提高学生心理素质和综合素质发展的教师。

二、高校心理咨询师的职业素养

职业素养是职业内在的规范和诉求，折射的是从业人员在职业过程中的综合素质，最终成为衡量从业者能否适应、胜任所从事的岗位以及取得职业成功的关键，其核心要素是职业技能和职业伦理。一名成功的高校心理咨询师（主要指在大学心理健康教育中心拥有心理咨询师资格的专职咨询人员）需具备坚实的理论基础，广博的知识，娴熟的咨询技能，敬业、乐业并合规的职业道德等突出的职业素养。综合起来说，心理咨询师素质的基本构成是知识、能力、意识、人格、道德五大方面。①

1. 心理咨询师的知识素养

高校心理咨询师必须掌握相关的心理学、教育学等专业知识，并要求有一定的广度和深度，这是学校心理健康教育教师能否胜任的关键。这些知识主要包括：

（1）基础性课程

如普通心理学、实验心理学、发展心理学、生理心理学、社会心理学、人格心理学、变态心理学、心理学研究方法等。

（2）测量性的课程

如教育与心理统计、心理测量学；掌握人格、学习、行为、情绪等方面的测验和测量。

（3）干预性的课程

如心理咨询基础理论、主要咨询流派的理论方法和治疗技术、团体心理咨询、危机干预等。

（4）其他外围知识

相关的医学知识和人文社科知识。

2. 心理咨询师的能力素养

心理咨询是实践性很强的活动，因此要善于运用各种理论知识和技术方法和来访者建立良好关系，帮助来访者解决心理问题。高校心理咨询师应具备相应的专业态度、咨询技能和专业成长能力。

---

① 周兰. 新时期高校心理咨询师的职业素养［J］. 时代农机, 2017, (9): 178-179.

(1) 建立咨访关系的能力

良好咨访关系的建立是咨询的第一步，是心理咨询的基础，更是决定咨询成败的关键因素。可以说，良好的咨访关系本身就具有心理治疗的作用。为了建立良好的咨访关系，心理咨询师应该在过程中做到如下几点：

共情。艾维（A. E. Ivey）等在《咨询和心理治疗——技巧、理论和练习》中提出共情是最为核心的因素。咨询师要从来访者内心的参照体系出发，设身处地地体验来访者的精神世界，随后运用咨询技巧把自己对来访者内心体验的理解准确传达给对方，同时引导来访者对其感受做进一步思考。

无条件积极关注。咨询师应以积极的态度看待来访者，对来访者的言语和行为的积极面、光明面或长处给予有选择的关注，利用其自身的积极因素促使来访者发生积极变化。咨询师对来访者的积极关注不仅有助于建立良好的咨访关系，本身就能产生咨询效果。

尊重。尊重是指咨询师对来访者的现状，包括价值观、人格特点和行为方式予以接纳，给来访者创造一个安全温暖的氛围，使其最大限度地表达自己。

温暖。温暖也可以有效地化解来访者的敌意，显著改善咨访关系。在咨询过程中，咨询师不仅通过语言，也可以借助非语言的方式，如体态、动作、表情等身体行为和语气、语调等方式来实现。

真诚。咨询师在咨访关系中应是真真实实的，不会虚伪地保护自己，也不是在扮演角色，把自己藏在一个专业咨询师的假面具后面，而以真实的自己与来访者接触，是表里如一的人，没有虚假和做作。

(2) 基本评估诊断和转介的能力

诊断是医学中的一个重要术语，代表了人们基于不同理论对疾病不同水平的认识。心理健康问题分为三个不同的层次，前来求助的不一定是心理咨询的对象。因此心理咨询师需要掌握以分类和描述为基础的各类诊断标准（如ICD、DSM、CCMD等）。对不适宜咨询的个案评估及转介是高校心理咨询师主要的工作内容之一，特别当来访者表现出明显的精神症状时应该作出专业判断予以转介。

(3) 运用理论和治疗模型的能力

不同理论取向的流派具有不同的治疗模型，行为诊断要确定异常行为即"靶行为"，认知心理学诊断要找出来访者错误的认知结构，家庭治疗则需要将来访者个人问题延伸至家庭系统中去寻找根源，精神分析关心的是来访者的潜意识、内心冲突、防御机制及早年经历中的"创伤"。同时也发展了不同的技术手法，例如认知行为流派的具体技术包括：使用思维记录的技术、暴露技术、放松技术、识别和矫正核心信念的技术、活动监控和活动安排技术、检验自动思维的技术、引导式发现和苏格拉底提问技术等。那么心理咨询师不但要熟练掌握这些技术，同时也能在恰当的时机使用这些技术引导来访者不断探索、发现和自我成长，从而达到人格完善。

（4）得到督导的能力

合格的咨询师必须对自我的专业能力和心灵成长保持关注和努力。因为心理咨询是一项过程复杂的工作，来访者的问题复杂多样，而咨询员在理论知识、实践操作以及个人素质方面存在不足之处导致职业耗竭水平严重。因此咨询师要保证自己能通过督导来实现专业成长与可持续的心理健康。

3. 心理咨询师的意识素养

在咨询过程中，咨询师能带进咨访关系中最有意义的资源，就是他自己。如果一个咨询师对自己的认识都有偏差，那么他是无法为他的来访者提供积极有效的服务的。因此，健康的自我意识是成长为一名有效能的心理咨询师的必要条件。

自我意识分为两个维度：自我检视和自我接纳。一名合格的咨询师对自我的价值有充分的肯定，自我评价客观，在面对来访者的问题时能对自己的情绪、态度、价值观有敏锐的觉察，清楚哪些反应是由自己的问题引起的。

4. 心理咨询师的人格素养

并非学习了心理学理论知识，掌握了心理咨询基本技能就能够从事心理咨询工作。咨询师的个人特质是心理咨询与治疗的主要变项之一。卡文纳（M. Cavanagh）指出，有效的心理咨询更依赖的是咨询者的人格特征，而不是咨询者的知识和技巧。考米尔（W. Cormier）也认为，最为有效的心理咨询者是那些可以把人格因素和科学的理论、方法加以完美结合的人。拥有如下特征的咨询师能更有效地帮助来访者。

（1）心理相对健康

一个合格的心理咨询师应该是愉快的、热爱生活、有良好适应能力的人。那些情绪不稳定，经常处于心理冲突状态而不能自我平衡的人，是很难胜任心理咨询工作的。

（2）乐于助人

只有乐于助人的人才能在咨访关系中给来访者以温暖，才能创造一个安全自由的气氛。

（3）开放性

优秀的咨询师对世界具有好奇心、探索欲，不断充实自己的经验。能够理解与自己不同的多种价值观念具有合理性和必然性，能够尊重和接纳不同求助者的价值观念，不会随意对来访者进行拒绝和否定。

（4）亲和力

合格的咨询师会拥有令人很自然接近并感到安全和温暖的能力，与来访者接触时不以权威自居，也不以自我为中心，因此别人也对他们感到放心。

（5）弹性

咨询师能灵活弹性地对人对事，不拘泥于规范，不照本宣科；及时合理地转换自身角色；灵活地根据来访者的问题和需要来采取适当的理论和方法。

（6）责任感强

咨询师对当事人和咨询工作要有认真负责的态度，能承担工作中的压力和出现的问题，为了来访者或自我的成长，敢于冒一定的风险，并承担可能的后果。

5. 心理咨询师的道德素养

心理咨询行业的特殊性要求心理咨询师一定要在伦理范围内执业，由于中国的职业化进程并不规范，很多咨询师过于强调技术而忽视了伦理。总的来说，高校心理咨询从业者必须遵循的伦理规范包括责任、专业关系、保密原则、知情同意原则等。

（1）对来访者的责任

心理咨询师的工作目的是对来访者负责，使他们获得适当服务并由此获益。在治疗关系建立之前，应使来访者明确了解其权利和义务。

（2）与来访者的专业关系

心理咨询师应努力保持和来访者之间客观的治疗关系，为此应避免在治疗中出现双重关系。一旦越界，应采取适当措施终止这一治疗关系。

（3）保密原则

心理咨询师应尊重来访者的个人隐私权，有责任采取适当的措施为来访者保守秘密；心理咨询师只有在求助者同意的情况下才能对咨询过程进行录音、录像；在因专业需要进行案例讨论或采用案例进行教学、科研、写作等工作时，应隐去那些可能据以辨认出求助者的有关信息。

（4）知情同意原则

知情同意由3个基本要素组成，即告知、自愿以及能力。告知指在患者作出知情同意之前，心理咨询师有义务和责任告知来访者的情况、咨询的目的和性质、利弊以及其他治疗方法；自愿是指来访者作出知情同意的过程中，不受外界的利诱或胁迫，其决定是自愿自主的；能力是指来访者作为知情同意的法律主体，应当具有法律所要求的行为能力。

三、高校专职心理咨询队伍的建设标准

（一）高校专职心理咨询队伍的人数（专兼职）、学历、职称和年龄要求

为心理咨询工作的开展提供人员和经费保障。高校要充分认识到专职心理咨询队伍在大学生心理健康教育中的核心骨干作用，认真贯彻教育部文件精神。要进一步做好编制和经费的落实。教育部《普通高等学校学生心理健康教育工作基本建设标准（试行）》（教思政厅〔2011〕1号）的通知中进一步明确提出"高校应保障心理健康教育工作经费，并纳入学校预算，确保大学生心理健康教育的日常工作需要""高校应按学生数的一定比例（1∶4000）配备专职从事大学生心理健康教育的教师，每校配备专职教师的人数不得少于2名"。专职心理咨询教师学历应不低于硕士研究生，职称要求达到中、高级，年龄上应该老中青年教师搭配。

（二）高校专职心理咨询队伍的选拔、培养（培训）、督导和管理考核

1. 选拔

高校要建立一支接受过系统训练，具有较高理论知识水平、实践能力和良好师德、身心健康的专职队伍，必须建立严格的专业资格准入制度。首先是要把好专业素质关。一是要选拔受过系统心理学训练并具有较强实践能力的人。所学专业应以应用心理学为主，适当考虑心理学、教育学、临床医学等相近专业，并要获得国家认定的心理咨询师职业资格证书。二是对从思政、教育管理等部门转入专职队伍的相关人员进行重点培训，要求其必须参加有培训资质的机构组织的系统培训，最好能参加高校的心理学专业的继续教育并获得学位；同时，要获得国家认定的心理咨询师职业资格证书。其次要把好职业道德关。注重拟引进人员的个人修养和职业道德。心理咨询面对的是求助者，咨询师必须愿意和善于帮助他们，能够通过心理咨询协助求助者克服心理问题。一个好的心理咨询师应该是个人品质、学术知识和助人技巧俱佳的结合体。我国制定的《心理咨询和心理治疗工作者条例》对咨询师的职业道德有明确的规定，其可以概括为：有自知之明，对自己有充分的了解；有助人为乐的价值取向；有对求助者、对社会、对职业的责任心；具有热情、尊重、真诚等个性品质；遵守保密原则等。[①]

---

① 卢绍君. 略论高校专职心理咨询教师队伍建设 [J]. 辽宁行政学院学报, 2011, (12): 117-118.

2. 培训

要提高高校心理咨询工作的专业化水平就必须提升高校专职心理咨询人员的专业素质，重视对他们的培训。合格的心理健康教育工作者需要专业及社会知识、恰当的方法与技巧、专业角色建立与自我成长三方面的素质。在高校，专职从事心理健康教育的教师毕业于心理学或相关专业，接受过较为系统的心理咨询与治疗的培训，其专业知识与技能都较为扎实。然而，面对大学生心理问题的不断变化，专职教师仍需持续学习与成长，才能保持与大学生心灵相通。研究发现，学校心理咨询师对个人成长非常重视，但成长需求无法得到有效满足，个人成长任务艰巨。心理咨询师的自我成长包括个人成长和专业成长两个方面。个人成长强调咨询师首先要成为一个"人"，具体包括完善人格、提升自我接纳与自我觉察力、处理个人未经事宜、深化对人性的理解、提高职业伦理水平等。专业成长则是如何成为一个专业的"人"，具体包括对于自身职业动机、专业认同度、理论取向、个人心理保健的探索与精进过程。专职教师需要通过参加系统培训、参与临床督导、进行自我体验等方式获得自我成长。

首先，政府有关部门应牵头建立国家、省级规范、统一的培训和研修基地，对现有培训机构进行筛选和整合，保留和重点扶持符合高校实际、满足不同层次需要的培训项目，对培训目标、课程设置、教学计划、教学内容、教学方式、考核（理论、技能）、师资等进行严格审查把关。

其次，国家、省级有关部门要像对待辅导员一样拿出专项经费对专职心理咨询人员进行培训，每年要保证一定的进修培训时间。教育部《普通高等学校学生心理健康教育工作基本建设标准（试行）》（教思政厅〔2011〕1号）的通知明确提出，"将师资培训工作纳入高校年度工作计划和年度经费预算。应保证心理健康教育专职教师每年接受不低于40学时的专业培训，或参加至少2次省级以上主管部门及二级以上心理专业学术团体召开的学术会议"。

最后，组织学术业务交流，并设置专项课题，鼓励从业人员进行经验交流和科学研究，不断提高专业能力。

3. 督导

督导在咨询师的培训体系中占有独特的地位，督导的目的是帮助心理咨询师提升专业水平、促进个人成长及专业认同，以更好开展心理健康教育为学生提供高质量服务。建立和完善心理咨询督导制度对保障高校心理咨询事业规范、健康、良性发展具有重要意义。

高校可以聘请专家对咨询师进行个体督导和团体督导，确实有困难的也可以采用同辈督导。一般情况，应每月进行一次督导，个体督导通常为每月1小时。在督导过程中须制订培训计划和工作方案、审核咨询计划、组织个案研讨与评估，让心理咨询服务工作有效开展、举办专题讲习班、点评咨询中的重难点等，帮助咨询师澄清问题，以更加全面的视角理解个案，开阔思路，全方位地提高心理咨询师的咨询能力和专业水平。

4. 管理考核

依照教育部颁发的《高等学校学生心理健康教育指导纲要》相关要求，将心理专职教师队伍纳入思想政治工作队伍大类划分管理。思想政治教育工作队伍主体由党政、共青团干部，"两课"教师及辅导员、班主任三部分构成，所以各高校可以从中选择，明确心理专职教师的队伍序列。教师职业发展关乎每一位职业教师的个人晋升，职称的评定是所有在校教师所关心和努力的方向，也是对教师个人能力和工作成绩的肯定。从管理心理学的角度而言，职业的发展是一种有效的激励途径，且可以达到经济和非经济双重薪酬激励的效果。注重教师职业发展，不仅能提升队伍凝聚力和可持续性发展，从个人角度出发，还能提升教师的归属感和自我认同感。

建立对高校专职心理咨询教师队伍的考核、激励机制。建立对专职心理咨询人员全面、科学的考核、激励机制，是建设一支高水平专业化、职业化队伍所必需的。同时，也关系到这支队伍的稳定和发展。首先，国家、省级主管部门应出台统一的大学生心理咨询评估体系并定期对学校工作进行检查评估。各高校可根据评估体系制定本学校的心理咨询工作和心理健康教育工作的考核评估体系。其次，建立独立的职称评定体系。教育行政部门和高校要像对待会计、图书馆等从业人员一样，结合心理咨询师资格认证条件，制定心理咨询师专业技术职称评定标准和实施细则，实行独立的评定指标、序列、考评标准和程序。最后，合理地计算专职心理咨询教师的工作量。心理咨询是一项复杂的脑力劳动，有的高校对此认识不足，未予合理地计算工作量。这就需要有一个规范统一的评定标准，其单位工作时间所计工作量不应低于本校一般专业教师工作量的计算标准。

心理专职教师需要结合现有的教师与非教师技术岗标准，从教学任务、教学工作量、行政管理工作、工作岗位职能、心理咨询服务等多个方面出发，涵盖心理专职教师全方位工作内容，对这支队伍进行具体化、精准化、合理量化，无死角的制定绩效考核标准。心理专职教师队伍实行绩效考核制度同时，还需有可操作性的奖惩制度，将两者进行有机结合，将有利于推动队伍专业化、高效化建设。

第二节　辅导员

辅导员作为学生的人生导师和知心朋友，对学生的健康成长有重要责任，因而，做好学生的心理健康教育工作，既是学校全面育人的要求，也是自身工作职责的体现。高校辅导员在心理健康教育工作中具有绝对的优势，作为大学生在校期间与学生接触最为紧密的师友，他们与学生心理距离较近，便于开展心理辅导工作。因此，大力提升高校辅导员的心理健康教育与咨询工作能力是辅导员职业角色定位的必然要求。

一、辅导员在开展心理健康教育工作中的角色定位

在实际工作中，辅导员在心理健康工作与思想政治教育工作相结合中扮演着不同角色。

1. 学生心理健康教育引导工作的具体执行者

从人的发展阶段上来看，大学生正处于形成固定心理结构之前的不稳定期。如何正确面对诸如自我感知、社会适应、情感、人际关系、情绪调控等心理发展的不同状况，是大学生成长的必由之路。思想理论教育和价值引领是辅导员工作的核心要义，在开展心理健康教育工作中，辅导员的重要任务是帮助学生树立正确的心理健康意识，首先要能够帮助学生控制自己的行为和情绪，对于有自卑感、人际交往恐惧等心理问题的学生而言，要首先引导其学会自我情绪的疏导和缓解，其次是要引导学生树立正确的世界观、价值观、人生观，帮助他们顺利完成人生的发展和过渡，在这个过程中，引导学生树立正确的人生目标，建立向目标努力的健康心态。此外还要引导帮助大学生了解校内外心理卫生机构（如各高校的心理咨询中心）的设置目的以及服务内容等，增进学生对心理机构的了解，消除恐惧心理，还要增强学生预防心理疾病、发掘自身潜能的意识，一旦发现问题要及时求助。在一定程度上，辅导员还承担着心理健康教育宣传者的角色。

2. 深度辅导工作中的沟通者

随着"因材施教"教学理念的普及，心理健康教育的目的也应是提升高校育人工作质量的主要组成部分。辅导员在从事学生管理工作时，不仅要掌握所带学生的总体心理健康状况，还要针对个别学生的不同需求，进行针对性指导。作为高校学生工作的一线人员，辅导员还要能够针对学生的不同特点、不同性格进行个性化的发展规划指导,帮助他们树立信心,向着自己的目标努力。辅导员要结合学校不同阶段的工作要求,建立标准化的心理档案,重点关注心理存在特殊问题的学生;在班委中任命心理委员,加强组织建设,组织学生完成心理筛查,通过学校心理咨询中心提供的健康测试结果,辅导员与班级干部、室友同学等了解学生平时的学习生活情况,要做到及时与学生家长的沟通工作,让他们了解学生的情况,共同协助学校心理咨询中心的工作;与学生保持及时有效的沟通,及时发现学生的潜在问题。不同的个体、不同的情境、不同的阶段,学生在生活、学习、亲密关系、人际交往、就业等方面有不同的心理需求,辅导员要能够针对不同学生的不同情况进行个别的指导。

3. 心理问题学生的倾诉者

每个学生都存在自身的心理需求,辅导员应该掌握基本的心理沟通和咨询的方法,当学生出现问题时,需要运用一些专业方法进行疏导或简单治疗。但辅导员毕竟不是专业的心理咨询专家,在对学生的心理危机干预上将承担专业人员以外的角色。这就要求辅导员要经常深入班级、课堂和宿舍等学生的活动场所,与学生开展互动交流,观察学生动态,做到"早摸排、早预防、早发现、早干预",若发现问题学生,辅导员要充分发挥自己的专业素养,运用科学的方法,判断学生心理障碍的情况,通过约谈、关怀等方式,帮助出现心理问题的学生排解心中的负面情绪,疏通他们的情绪发泄渠道,指导他们进行自我调适,并通过合适、合理、合情的方式帮助他们解决生活、学习上的困难。此外,对于超出自己能力范围的个案,辅导员要及时与学校的心理咨询中心联系,积极寻求帮助,帮助学生消除恐惧感,搭建学生与心理咨询中心的沟通桥梁。同时还要做好学生心理咨询的后续工作,做好跟踪观察工作,将关爱贯穿学生心理辅导的整个过程。

4. 心理危机干预的参与者

每当学生出现个人危机,处于困境、挫折或者即将面临危险等突发事件发生的时候,辅导员都要及时参与,为学生提供支持和帮助,以及必要的干预,帮助学生摆脱困境,恢复心理平衡。辅导员要在平时加强与学生的沟通,掌握学生的基本情况,并对学生的心理状况进行研判,要能够在日常生活中及时发现学生的反常行为,及时摸排引发学生心理问题的各种突发事件及客观因素。一旦发现问题学生,辅导员要能够进行初步的处理和干预,第一时间赶到学生身边,了解具体情况,对学生进行初步的干预处理,及时了解学生诉求,在力所能及的范围内,帮助学生解决问题。对于自己无法准确判断的问题,要及时联系专业人员,把握心理危机干预的黄金时机,并为专业人员做好必要的铺垫,避免学生发生极端事件,还要联系学生家长,让学生家长一起做好安抚工作,承担专业人员以外的角色。事后也应当多加以关注,防止问题的复发。简单来说,辅导员在参与心理危机干预的过程中充当着学生心理问题的发现者、第一时间介入者、危机事件协助处理者以及事后关注者的四重角色。同时,辅导员还要加强自身学习,积极参与各类型的心理健康教育培训,不断丰富心理分析的知识,提高心理咨询的技能水平,做一名"准专业"的心理咨询师。此外,辅导员还应有足够的知识储备量,做到与时俱进,及时了解学生群体的关注点和流行元素,帮助辅导员迅速融入学生群体,及时了解学生动态。[①]

二、心理健康教育工作中辅导员队伍建设方法

(一)明确高校辅导员在心理健康教育工作中的作用

要想让大学生心理健康教育能够真正在大学生学习和成长过程中收获更好的效果,学校首先应该意识到除了专职的心理健康辅导教师之外,高校辅导员同样也在大学生心理健康教育过程中承担着非常重要的作用。高校辅导员在开展学生心理健康教育工作中具有天然的优势,因为辅导员的工作贯穿于学生在校学习生活的始终,他们与学生联系紧密,使得他们对学生的心理状态以及生活和学习状态有更加全面客观的了解,这样更便于开展心理辅导工作;同时辅导员具备双重身份优势,他们既是教师也是行政人员,这也使得辅导员进行心理疏导时更为方便,辅导员可利用例会、班会等时间进行心理健康团体心理辅导等,有利于推进心理辅导工作。

辅导员在心理健康教育工作中的重要作用主要体现在:

1. 辅导员是心理健康教育的主要力量

为了提升心理健康教育的有效性,辅导员需要结合学生的各方面,对产生心理问题的主要原因进行科学的分析,并对其进行正确的心理疏导活动,所以辅导员是心理健康知识宣讲活动的主要力量。辅导员充分发挥了自己在心理健康知识宣讲工作中的优势,他通过相关知识的讲座、主题班会的开展、相关话题的讨论等教学形式,使学生们能够提升对心理健康的认识,加强学生对其重要性的了解,使其在日常的生活中对自身心理素质进行自主意识的提升,能够提升对心理健康问题的关注度,有意识地培养自己,能够以积极的心态去面对生活、学习、情感上的压力,学会用理性的态度处理问题。为了使心理健康教

---

① 王旭,马昭文.高校辅导员在开展心理健康教育工作中的作用及角色定位探析[J].大学,2022,(1):62-65.

育更贴近学生的生活，辅导员要充分考虑所在院系的专业特征，根据学生的真实需求，有针对性地开展一些心理健康宣传活动，使心理健康教育与本专业的特点进行完美的结合，充分发挥自己在心理健康教育中的主导力量。

2. 辅导员是学生心理活动的收集者

在大学生活中，辅导员与学生的接触较为频繁，对学生各方面的情况比较了解，作为心理健康教育中心理活动资料的收集者，辅导员在此环节具有明显的优势。通过对学生相关心理活动资料的收集，辅导员可及时发现学生的心理变化，并根据自己掌握的材料，制定科学的解决方案，然后对学生存在的心理问题进行及时的处理，避免学生出现因长时间无法排解内心的压力而造成严重的心理问题，减少学生在成长过程中心理问题给其带来的困扰。作为学生心理健康活动资料的收集者，辅导员积极、主动配合专业教师，进行相关心理辅导的工作，主动收集学生的基本信息和心理活动的信息，然后根据这些收集到的信息，建立学生心理健康相关的档案，为专业的心理健康教师进行高效的心理辅导提供科学的依据，辅助学生尽快解决相关的心理问题，有效避免了心理危机事件的发生，为心理健康教育活动在高校中的顺利开展起到积极推动的作用。

3. 辅导员是特殊群体的关注者

为了能够让心理健康教育在高校中顺利开展，辅导员在进行心理辅导时，需要对学生的心理思想进行充分了解，对于班级内特殊的群体，辅导员更要给予更多的关注。辅导员根据学生的阶段性特点进行了有针对性的心理健康知识宣讲，使学生能够充分了解自己的真实需求。对特殊的群体，如贫困生、单亲家庭学生等，辅导员要充分了解他们内心的真实需求，在不伤害学生自尊的同时，为其解决心理健康方面的问题，使其能够以积极向上的态度面对未来的生活。辅导员要充分发挥自己在心理健康教育中的特殊优势，给予特殊群体更多的关注，推动心理健康教育工作在高校中顺利开展。

(二) 提升辅导员心理健康教育专业素养

1. 构建健全辅导员培训机制

2014年教育部颁发的《辅导员职业能力标准（暂行）》提到高校辅导员应具备宽广的知识储备，了解教育学、社会学、心理学等学科的基本原理和基础知识，并掌握思想政治教育心理学和心理健康教育相关知识与技能。高校要加强对辅导员心理健康教育的相关培训，提升其专业素养和能力，学校给初任的辅导员进行岗前培训时需要安排心理健康知识与技能的培训内容，同时还要定期给辅导员进行心理辅导技能的培训，一般每学期至少一次。也可通过组织全体辅导员教师参加全国高校辅导员网络培训示范班、全国高校心理危机预防干预网络培训学习；还可通过辅导员沙龙活动、心理工作案例研讨分享、职业生涯规划团体心理辅导、危机干预预防与处理等专题学习、学生谈话技巧及督导等多种方式提升辅导员心理辅导技能，提高辅导员对学生的心理健康教育工作水平，使其真正做学生的心灵导师。

2. 注重提升辅导员自身的心理健康教育能力

对于一名高校辅导员来说，学习专业的心理健康教育知识，具备相关的心理咨询、心理辅导技能，才能更好地开展大学生心理健康教育工作。辅导员所掌握的心理健康方面的知识越扎实、越专业，他们在工作中就能够更好地结合不同的大学生的情况推出更加适合学生的心理健康教育方案，从而让心理健康教育能够真正在大学生的求学生涯中发挥作用。在这个过程中，高校辅导员不仅需要不断地学习各种专业的心理健康知识，积极参加学校为教师举办的心理健康教育辅导进修活动。而且还需要通过加强辅导员之间的沟通，分享自己在开展心理健康辅导过程中的困惑和收获的经验。在不断精进自己心理健康教育专业素养的同时，也能够通过有效的沟通收获更多的大学生心理健康教育经验，从而更好地应用到自己以后的工作中。

3. 培养辅导员良好的心理素质

高校辅导员需要拥有良好的心理素质。因为辅导员的工作往往琐碎而繁杂，再加上自身生活中的一些问题，所以往往使得辅导员在开展工作的时候面临着巨大的压力。这也要求大学辅导员必须在工作和学习过程中不断地磨砺自己的意志，提高自己的抗压能力和自我调节能力，因为只有教师自身拥有了良好的心理素养，他们才能够将更多的正能量传递给学生，才能够将自己内心的阳光通过心理健康辅导工作传递给更多的学生。除此之外，辅导员也应该在自己的工作中不断地提升自身的人格魅力，一言一行都对学生起到示范和榜样作用，真正让学生心悦诚服。如此在开展心理健康教育的时候，学生才更加愿意配合教师的工作。同时，辅导员还要保证自己保持积极健康的心态，只有这样才能与学生保持和谐的关系，帮助学生解决问题，健康成长。

三、辅导员开展心理健康教育工作的策略

1. 制定明确的心理健康教育目标

明确的心理健康教育目标是高校辅导员开展大学生心理健康教育工作的重要基础。而不同的心理健康问题产生的原因不同，那么心理健康教育的目标也略有不同。所以教师在开展大学生心理健康教育工作的时候，应该结合自己一直以来积累的大学生辅导工作经验，将大学生的心理健康问题按照不同的成因

划分成不同的类型，并且有针对性地制订心理健康教育计划和教学方案，从不同的角度、不同的层次对大学生开展心理健康教育。

例如在刚进入大学的时候，很多大一新生所面临的主要问题就是对新环境的不适应以及学科压力的突然增大，那么在开展心理健康教育的过程中，教师就应该多和学生展开沟通，有针对性地开展一些提升学生心理适应能力的专题讲座或辅导，了解他们在大学生活中遇到的各种问题，并且及时地进行调整和帮助。而当学生因为学业压力过大而产生抑郁情绪的时候，教师也应该在谈话的过程中加强对学生的抗压耐挫心理素质教育。而对爱情的向往也同样是大学生出现心理问题的原因之一，所以辅导员在开展工作的时候也应该引导学生树立正确的恋爱观，帮助他们用更加健康的心态来面对情感的挫折。

2. 加强家校联系在心理健康教育中的作用

每一个大学生的成长经历和家庭背景各不相同，所以导致了高校大学生的心理状态、性格状态也呈现出不同的特点，有些学生家庭氛围比较和谐温馨，那么学生也往往比较容易培养出乐观的心态以及较强的沟通能力。而如果学生的家庭教育环境比较严格，家庭氛围不够和谐，那么学生难免会形成自卑敏感的性格。他们在学习和生活的过程中，难免因为性格及习惯的原因和同学产生一些矛盾，甚至会因为学习压力过大而出现焦躁抑郁的情绪。

要想及时地发现这些问题不仅需要辅导员多和学生沟通，密切关注学生的心理状态和学习生活状态，还需要意识到家庭教育和家校联系对于大学生心理健康教育的重要作用，通过QQ、电话、微信等途径多和学生家长进行沟通，让家长能够及时了解子女在校学习期间学习状态和生活状态的同时，也能够对大学生出现心理健康问题的诱因有进一步的了解。而在沟通的过程中，辅导员也可以利用自己的专业知识优势，向家长多传授一些科学的家庭教育方法，抑或承担起调节学生和家长之间矛盾的责任，让良好的家校沟通连接成为心理健康教育的重要手段。

3. 构建良好和谐的师生沟通氛围

大学阶段的学生虽然已经基本成熟，但是他们的生活经历和社会阅历相对有限，所以在面对繁重的学习任务及较为复杂的人际关系的时候，往往会出现各种各样的烦恼，日积月累甚至会出现抑郁的症状，所以这也对高校辅导员的工作提出了更高的要求。在大学生心理健康教育过程中，辅导员一直都承担着非常重要的任务。

作为管理大学生在校学习生活的主要教师，辅导员不仅需要做好班务管理工作，还要在平时的工作中营造积极良好的沟通氛围，以便能够更好地和学生进行沟通，从而在了解大学生心理健康动态的情况下，更好地开展心理健康教育工作。例如，将自己的联系方式告知班级的学生，鼓励学生在生活和学习中遇到问题的时候及时和教师谈谈，向教师倾诉自己在学习和生活中遇到的苦恼。而辅导员在谈心谈话的过程中也应该具有充分的耐心以及强烈的责任感，能够站在学生的角度对学生进行引导和安抚，帮助他们将自己心中的烦恼释放出来，并且在力所能及的范围内有针对性地帮助学生解决问题，在这个过程中辅导员应该注意用平和的心态和学生展开沟通。

4. 开展多元化的大学生心理健康教育活动

辅导员在开展大学生心理健康教育的时候，应通过开展丰富多样的心理健康主题教育活动，来提升大学生对于心理健康问题的重视。并且对大学生的心理健康问题进行指导和教育，从而帮助他们能够在面临挫折的时候端正自己的思想和心态，在心理健康教育中收获团结协作的能力以及乐观积极的态度，收获更多的友谊。可组织成立专门的心理社团，鼓励大学生通过一系列的社团活动来加深对于心理健康知识的了解，并且以社团为单位开展大学生心理健康教育宣传；或者以每年的5月25日大学生心理健康节为契机，邀请专家在学校开展大学生心理健康宣教活动或者专题讲座。鼓励学生用丰富多彩的心理健康宣教活动，让大学生的校园生活更加丰富的同时，也能够更好地接受和了解心理健康教育知识。

5. 构建高效的信息沟通渠道

由于高校辅导员日常的工作压力比较大，带的班级学生数量众多，这就使得辅导员不可能随时随地对每一个学生的身心状态进行了解和掌握，所以这也就使得很多潜在的大学生心理健康问题无法及时地被发现，日积月累，一旦出现问题往往情况会比较严重。而如何能够更好地察觉大学生的心理状态，并且及时进行分析和掌握，是每一个高校辅导员需要思考的问题。在这个过程中，需要高校辅导员结合自己辅导员工作的实际情况，在学生入学之初就通过学校的教务系统，以每一个班级的班委会为基础单位建立起高效的信息沟通渠道，辅导员通过班委评选出心理信息员协助开展心理健康辅导工作，由心理信息员对同学们的心理状态和生活状态进行观察，并且及时上报给辅导员，以便帮助辅导员能够更加全面客观地了解每一个学生的心理状况，并且能够对潜在的心理健康问题进行预判，从而在大学生心理健康教育过程中做到有的放矢，更具有针对性和科学性。

第三节　朋辈互助队伍

一、大学生朋辈心理辅导体系的构建

（一）科学建立大学生朋辈心理辅导组织体系

大学生朋辈心理辅导队伍是高校心理健康教育网络中的基础环节，主要任务是提供基层心理援助，在心理健康普及预防教育、一般心理问题疏导和心理危机预警三大方面都是不可或缺的力量。大学生朋辈心理辅导队伍要健全四层组织[①]：

1. 在行政班级中设立心理委员

高校的心理委员是指在每个班级选拔专人负责开展心理健康教育工作，心理委员纳入班委会行列进行评比考核。心理委员的职责是通过开展形式多样的活动，为班级同学普及心理健康教育知识，同时以平等尊重、助人的态度和同学相处，发现了解同学的心理困惑，提供相应的帮助。作为一名班干部，心理委员要参与班级事务，在班级的各项活动中融入心理健康理念，增强全班的心理健康意识。班级心理健康教育工作开展的成效主要依靠心理委员，所以心理委员的选拔非常重要。一般来说有以下几种：个人自荐、班主任推荐和专职心理教师考察。心理健康工作有一定的专业性和连续性，心理委员一旦选拔成功一般不会轻易更换，以保证工作质量。

2. 在宿舍设立心理信息员/心理观察员

大学宿舍是学生在第一课堂之外生活时间最长的地方，很多心理危机事件的源头也在宿舍。建立"四困"（学习困难、生活困苦、心理困惑、就业困境）学生群体的宿舍心理信息员组织，及时有效地了解同学的心理需求，有针对性地帮助他们疏解心理困苦，第一时间发现危机情况反馈给学校辅导员或者心理辅导教师，防止悲剧事件的发生。心理信息员要求关心同学，和同学能融洽相处，有基本的心理健康知识，具备敏锐的洞察力，反应敏捷。可以通过个人自荐、班主任推荐、心理辅导教师考察选拔出合适的人员，接受团体心理辅导培训掌握基本的心理调节方式和技巧，能够分辨危机事件信号，及时反馈给学校。

---

① 符双. 高校大学生朋辈心理辅导队伍建设研究［J］. 高教学刊，2016，（15）：191-192.

因此，朋辈宿舍心理信息员在学校建立一个和谐、安定的学习环境，生活环境中发挥着非常重要的作用。

3. 组建学生心理社团或者协会

我国大部分高校都创办了类似于朋辈心理辅导组织的学生社团，如心理互助社、心理协会、心理研究会，通过讲座、电影、沙龙、心理测验等形式，普及心理健康知识，预防心理疾病，维护心理健康。可招募一批对心理学感兴趣的学生，定期组织电影沙龙、读书会等活动，以兴趣为纽带带领同学学习心理学基本知识，解决自己的心理困惑。在此基础上配合心理辅导教师举办心理健康讲座和宣传活动，营造浓厚的校园心理健康氛围。

4. 在咨询室发展朋辈咨询员

也有很多高校直接引进朋辈心理咨询模式，由专业的心理咨询人员对有潜能的学生进行培训使其成为朋辈辅导员。朋辈辅导员具有学生和心理咨询人员双重身份，能够比较敏感地发现身边同学的心理问题，并以同学和朋友的身份用合适的方式对受助者进行纠偏和帮助，能够在无形中解决同学的心理问题且不会给受助者造成心理压力。朋辈心理咨询模式与一般心理咨询模式相比较，它的主要优势就在于能够及时准确地发现问题。朋辈咨询员作为朋辈心理咨询模式的主要人物，存在于学生队伍中，他们与学生接触较多，自然最了解学生的思想、最了解学生的心理问题，这样才能及时发现并解决问题，让学生对他们敞开心扉。他们及时地运用心理咨询知识，调解矛盾，开导疏通，营造和谐的人际关系。

（二）积极完善朋辈心理辅导预警体系

朋辈心理辅导工作除了上面说的日常个体辅导和团体心理辅导外，还肩负着一个特殊的重要任务：发现心理危机、发出危机警报、对心理危机学生的即时监控。这就要求人们必须积极完善朋辈心理辅导的预警体系。

大学生朋辈心理辅导组织体系中的四个层次，构建了朋辈心理辅导中的四级预警，在学校危机预警体系中，我们可以看到，以学生和教师为两条主线，相互配合，既有分工协作，又有工作交叉，点面结合形成一个以教师为主、朋辈为辅，分别从宿舍、班级、院系、学校四个层面开展工作的完整的立体网状体系。朋辈咨询员、心理信息员主要侧重对一般心理问题的疏导，中重度心理问题的转介，心理危机的预警和监控；心理委员和心理社团协会的工作重点为组织协调各类心理活动，普及、宣传心理学知识，预防心理问题的发生；需要强调的是，"重大心理危机"情况实行"即时报告"制度，在遇到严重或紧急危机事件时，无论哪一层朋辈辅导人员，都应立即向学院教师和辅导员报告，并对危机当事人采取 24 小时监控，为专业教师采取干预行动争取宝贵时间。

（三）严格制定朋辈心理辅导相关制度

1. 严格选拔朋辈心理辅导人员

朋辈心理辅导人员的潜质直接影响辅导的效果，因而严格的选拔程序是有效开展朋辈心理辅导的保证。在自愿参与的基础上，还应进行专业的心理测试和面试，以考察朋辈心理辅导人员的心理健康水平和人格特征等，从而筛选出最合适的人选。

2. 系统培训朋辈心理辅导人员

朋辈心理辅导人员的培训必须是由专业的、取得国家职业资格认证的心理教师进行，并保证课时数量，系统对朋辈心理辅导人员进行训练和指导。

3. 科学考核朋辈心理辅导人员

经过培训的学生并不意味着就一定能胜任朋辈心理辅导的工作，科学的考核是检验学生是否掌握基本操作技能的必要环节。考核可采用笔试、答辩、实习等形式进行，经考核合格后由学校心理咨询中心颁发合格证，正式成为朋辈心理辅导人员。

4. 专业管理朋辈心理辅导人员

朋辈心理辅导人员的管理包括：严格遵守保密原则；严格遵守相关法律法规；严格遵守心理辅导职业道德；所有人员采取三年聘用制；等等。

（四）丰富拓展朋辈心理辅导活动载体

朋辈心理辅导在实际操作中，最常遇见的一个困扰是学生不知道以何种载体深入细致地开展工作，只是常规观察或被动等待，甚至遭到了部分学生的反感和抵触。如何引导朋辈辅导人员积极主动地深入学生心灵世界，获得同学们的信赖，以实现早期轻度心理问题的预防、筛查、评估、干预，重大心理危机的早期识别、预警、转介和监控，我们应着力丰富拓展朋辈心理辅导的活动载体，为朋辈心理辅导创造良好的外部环境。

朋辈心理辅导的活动载体主要有宣传类活动载体，包括心理宣传报纸、心理宣传专栏、心理咨询中心网站、心理微信公众号、心理卫生知识展板、大学生心理适应指导手册等；娱乐类活动载体，包括心理电影赏析、心理剧、趣味心理运动会等；辅导类活动载体，包括现场咨询、各类团体心理辅导、专题讲座等；成长类活动载体，包括心理沙龙、心理拓展训练活动、心理体验工作坊等。

（五）重视加强朋辈心理辅导人员的心理培训和督导

对朋辈心理辅导队伍的培训工作应着重加强其内容的系统性、实用性和可操作性。

由学校心理咨询中心统一规范培训的内容和形式，将朋辈心理辅导人员培训纳入课程体系中，以选修课形式集中进行系统培训，全校统一安排《朋辈心理辅导》教学课程，授课教师综合运用授课、讲座、团体心理辅导、小组讨论、个人分享、心理互动游戏等方式进行教学，既要保证培训的数量和质量，又要灵活开展，寓教于乐，增强培训的实效性和互动性，对考核合格的学生颁发证书，并相应地计入选修课学分。

朋辈心理督导是指对从事朋辈心理辅导的大学生进行定期的专业化指导，具有分享性、互助性以及成长性的特点，所以，重视和加强对朋辈心理辅导人员的督导，促进辅导者个人成长是非常必要的。

朋辈心理辅导人员的心理督导工作一般置于学校心理教育真实而又自然的心理教育情境之中，通过互动交流、相互督导、分享案例感受等形式，实现"一人分享，多人成长"的目的。通过心理督导，使朋辈心理辅导人员提升自己心理教育的理念，在辅导过程中，大家相互评析，相互提醒，相互支持，相互帮助。

实践证明，大学生朋辈心理辅导是完善高校心理健康教育网络的重要模式，同龄人之间因其自然鸿沟小、信任感强、防御性低、共融性大、互动性高，在心理健康教育工作中具有其独特的优势，来自朋辈的安慰、鼓励、劝导和支持对于处于困境的学生意义重大，是深入开展大学生心理健康教育工作的一个极好的切入点。朋辈心理辅导将带动高校心理健康教育从被动的障碍性咨询走向主动的发展性辅导，推动高校心理健康教育的纵向深入发展。

二、高职院校朋辈心理辅导员队伍建设与管理措施

1. 加强领导，明确朋辈定位

高职院校朋辈应包含班级心理委员、宿舍心理信息员、心理协会成员，他们是高职院校心理健康教育网络中的第三级，在心理健康教育职能机构及院系两级组织的指导和帮助下，传播心理卫生知识，发挥心理自助功能，消除心理问题隐患，优化个性心理品质，促进心理健康发展的学生工作人员，属于高职院校学生干部，具有高职院校学生干部同样的权利和义务，是高职院校的"阳光使者"，是各宿舍、各班级、各院系、各高职院校心理健康教育工作的信息员、宣传员及引导者。

2. 严格选拔和配备朋辈队伍

把好选拔和配备关，关键是严定选拔标准。（1）应配备多层次的朋辈，除

了院心理协会成员外，应在各班级至少配备2名班级心理信息员，1名男生、1名女生，如果宿舍不集中，应以宿舍群为单位，保证至少每个宿舍群均有朋辈；(2) 严格规定选拔的标准。朋辈心理辅导的效果，在很大程度上依赖于朋辈心理辅导员的潜质，因而朋辈的挑选显得十分重要；(3) 在自愿报名的基础上，经过入学后近两个月的观察，筛选出心理健康状况良好、具有一定乐群性、稳定性的学生作为培训的对象。一般来说，朋辈心理辅导员应该具备共情、积极关注、尊重、诚实可信、乐观、合群等素质。

第一，具有健康心理与健全人格。拥有乐观积极的人生态度和健全的人格，不仅能帮助身边同学，也能够对自我保护。用健康积极的心态感染身边的同学。

第二，热情耐心，真诚负责。朋辈对身边同学能坦诚相待，对身边的求助者能够耐心帮助，给予积极的关注、鼓励和有益的反馈。

第三，诚实可信，宽容接纳。能够理解和接纳身边同学的各种思想和心态，不加批评地讨论问题，保持中立态度，充分理解来访者成长道路上遇到的阻力和障碍，用发展的眼光看待身边的同学。

第四，合群，有人格魅力和影响力。在同学中人际关系处理得很好，在班级里开展心理教育活动能得到积极的响应，有组织和策划能力。

第五，热爱心理健康教育，有奉献精神。朋辈心理辅导是一项助人、自助的工作，需要朋辈具有一定的奉献精神。

3. 加强朋辈专业化培养培训，提高专业化素质

朋辈属于高职院校学生干部，但又有别于其他学生干部，朋辈工作的开展需要有相关的理论知识、掌握相关的辅导技能，才能积极有效地为广大同学提供服务。因此，进行心理学相关理论基本知识、朋辈辅导的基本技巧和注意事项等培训就显得尤为重要。

朋辈心理辅导员的系统培训应由高职院校心理健康教育职能部门统一部署，制订严格的培训计划。对培训内容的难易、培训规模的大小都要做统筹安排，还应对后续进入的朋辈进行补训工作，以保证队伍的质量。

培训的内容应全面系统，以普及性知识为主，由浅入深、由易到难循序渐进地进行。可采用以下三种系统计划：(1) 知识培训，包括大学生心理健康的标准、大学生常见心理问题的辨别、朋辈的任务和职责、朋辈的咨询理论等；(2) 自我分析与体验，包括朋辈的自我认识、自我分析、自我探索以及个人效能感的提升，朋辈自助的意识及技巧，包括自我管理技术、自我调控技术；(3) 技能培训，包括朋辈咨询技巧（合理情绪疗法、系统脱敏法等）、团体辅导活动技巧（角色扮演等）、心理危机干预能力（转介意识和能力）。另外，还应培养

朋辈之间的沟通能力，主动进行工作的交流和方式方法的探讨，使得朋辈的工作形式更加丰富，工作方法更加完善。

培训工作要形式多样，易于接受，这有利于调动朋辈的热情与积极性，可采取个案分析、模拟咨询、主题讨论、心理讲座、心理剧演出等多种形式，有条件的高职院校可以编写培训手册，保证培训的质量，巩固培训效果。有研究结果表明，经过培训，朋辈对朋辈辅导的胜任力、自我效能感和健康水平均有显著提高。

4. 深化朋辈工作方式，搭建有效工作平台

加强朋辈专业化队伍建设，就是要不断加强和提高高职院校朋辈的工作技能，使朋辈工作有利于学生的心理健康和校园和谐安全稳定。这就需要探索和深化朋辈工作的方式，多样化的辅导方式，积极丰富的内容可以更广更好地帮助学生。深化辅导工作的方式应不拘一格，可采用以下三种形式：（1）危机信息的报送。定期向学院、心理健康教育中心报送宿舍内、班级内学生的心理状态，以便及时全面地掌握全体学生的心理动态；（2）朋辈支持与辅导。学习朋辈心理咨询技能，给予宿舍内、班级内、同伴内求助者支持、安慰、引导，帮助同伴解决学习、生活中的困惑，提高大学生活质量，完善学生个性品质；（3）开展心理健康教育活动。借助网络、宿舍、班级工作平台，通过网站、微信、微博媒介，采用心理讲座、设立班级心理图书馆、开展心理健康小知识竞赛、组织表演心理剧、组织班级心理沙龙、组织心理影片欣赏、组织班级团体心理辅导互动、开展音乐治愈活动、举办宿舍主题比赛等多种形式，普及心理健康常识，丰富校园文化生活。

5. 建立朋辈工作的激励、监督和评价机制

高职院校朋辈专业化队伍建设，必须加强激励、监督和评价机制的建设，完善管理制度。

（1）激励机制

将朋辈纳入学生干部队伍、设立单项奖学金，对于工作成绩显著、深受学生好评、工作态度端正、工作方法创新的朋辈给予物质奖励和精神奖励，如对优秀朋辈工作者给予学分奖励，评选优秀朋辈心理辅导员等，以增强朋辈的工作热情和工作积极性。

（2）监督和评价机制，对朋辈工作进行有效和公正的评价

可以采取实际工作能力测试和书面测试相结合的方式，从德、能、勤、绩四个方面考核评价，不仅仅体现在建立制度上，还要让学生和其班主任、辅导员参与评价过程，特别是通过学生的反馈，了解朋辈工作的状况，以此作为奖

励的依据。①

三、心理委员

心理委员是心理健康教育的一支重要队伍，是朋辈心理辅导推广的助人、自助的一种新方式。朋辈心理辅导倡导让年龄相近、背景相近、经历相近的个体互相给予心理安慰、支持、鼓励和劝导，开展具有心理辅导功能的互助活动，从而使参与者心理素质向积极方向发展。

（一）心理委员的职责范围

1. 观察同学心理动态

观察是心理委员的常规工作之一，也是最常用的工作方式。心理委员作为学生中的一员，更容易从学习、生活、人际交往等多方面观察同学的心理状况。心理委员需要阶段性地向专职心理教师反馈班级学生的心理健康状况，如发现特殊情况，则需要及时报告，最终根据观察的结果，撰写班级心理工作日志。

2. 帮助同学解决心理困扰

每当发现存在心理困扰的同学，心理委员要主动给予关心和提供支持，恰当地运用朋辈心理辅导的方法和技巧来帮助同学解开心结，舒缓心理压力，解决心理问题。如果遇到较为复杂的案例，则要及时报告专职心理教师。

3. 宣传心理健康知识

作为班级心理健康教育的宣传员，心理委员有义务通过主题班会、知识竞赛、黑板报和电影欣赏等途径，向同学们宣传和普及心理健康知识，介绍维护心理健康的方法技巧，提高学生的心理保健意识，增强学生的心理素质。

4. 协助心理教师开展工作

协助专职心理教师开展工作是心理委员的主要职责。例如，心理教师在制订教学计划和方案时，可以通过心理委员反馈的信息来了解学生的需求，在对学生进行心理测量时可以先培训心理委员，再让其参与施测过程，在开展心理健康活动课时可以让心理委员参与策划和组织等。

（二）心理委员的选拔和培训

1. 选拔标准

心理委员的自身素质和责任心直接关系到班级心理健康教育工作的成效，因此必须严格选拔程序，制定选拔标准。通常根据班级的实际情况，可以设立

---

① 方丽芳. 高职院校朋辈心理辅导员队伍的建设与管理［J］. 职教通讯，2015，(35)：74-76.

男女心理委员各一名来开展工作。采取"个人自愿,辅导员班主任考察推荐,专职心理教师面试"的方式,择优选任。具体的选拔流程是:在学生自愿报名的基础上,班主任根据学生平时的表现进行考察,并向专职心理教师推荐。在参考班主任教师的推荐意见后,专职心理教师对经过前两轮选拔的学生进行相应的心理测评(如施测 EPQ 人格测试量表、SCL-90 症状自评量表等)和结构化面试,从而全面了解该生是否能胜任心理委员岗位。选拔主要综合考察以下六个方面:(1)是否具有良好的心理素质;(2)是否乐于为班集体服务;(3)是否性格乐观开朗;(4)是否喜欢和同学沟通交往;(5)是否具有良好的人际关系;(6)是否对心理学感兴趣。

2. 培训内容

心理委员的工作需要一定专业知识的支持,所以必须对心理委员进行相应的培训,一般进行岗前培训和在岗培训。培训内容主要包括以下十个方面:(1)心理委员的职责范围和工作制度,目的是让心理委员明确本职工作的具体内容和规范;(2)明确工作关注的重点对象,例如学困生、社会关系复杂的学生和有家庭危机的学生等;(3)掌握班级心理工作日志的内容和要点,要求心理委员在班级日志中据实填写同学的心理动态、开展的心理健康教育活动和出现心理危机的干预和上报等信息;(4)掌握同学的心理发展特点和规律,了解同学群体一般的心理特征;(5)学习常见心理问题的甄别方法,如把握好校园常见的考试焦虑、学习兴趣下降、人际交往困难的行为表现和区分的法则;(6)掌握心理危机的干预手段,学会运用一些较简易的方法如规劝法、榜样法和心理暗示法来开展同辈心理辅导活动;(7)掌握心理辅导的原则和技巧,如心理辅导必须遵循保密、真诚、尊重等原则和学会倾听、共情和积极关注等技巧;(8)掌握团体培训的操作和技能,了解团体培训的流程,能够辅助心理教师开展团体心理辅导活动;(9)学会使用心理测量工具,如了解问卷量表的发放和回收工作的注意事项;(10)学习分析案例,根据典型案例进行集体分析,加深对心理健康教育的认识。

(三)心理委员的管理制度

选拔是保证心理委员队伍工作成效的第一环节,只有选拔出真心为班级服务和热心心理健康教育工作的学生,才能真正有助于心理健康教育的开展。因此,心理委员的选拔任用制度、培训制度尤其重要。此外,心理委员的管理制度还包括跟进报告制度、监督指导制度、奖惩激励制度。

1. 跟进报告制度

心理委员要定期向心理教师反馈班级同学的心理状况。一旦发现班里同学出现心理问题，就要及时向心理教师报告。在对同学进行朋辈心理辅导时，也要求定时向心理教师报告辅导进展和结果。同时，心理教师需要跟进心理委员的工作进度，及时提供指导或接受转介。

2. 监督指导制度

心理教师要对心理委员进行定期督导，指导心理委员解决在工作中遇到的困难，帮助其进一步提升心理委员需要掌握的知识和技能水平，增强其心理健康素养。

3. 奖惩激励制度

在心理委员的管理中应设置奖惩激励制度，对表现突出的心理委员要给予适当的奖励，肯定其优秀的工作成绩和付出的辛勤劳动；对于实际工作中无所作为的心理委员，要及时进行诫勉谈话，指出存在的不足；对于确实无法胜任心理委员工作的同学，要在恰当的时机进行调整。[①]

四、心理社团

高校心理社团是大学生基于对心理学的兴趣，本着完善自我、服务他人的宗旨自愿成立的学生组织。教育部《普通高等学校学生心理健康教育工作基本建设标准（试行）》（教思政厅〔2011〕1号）提出："高校应充分发挥广大学生在心理健康教育工作中的主体作用……支持学生成立心理社团，组织开展心理健康教育活动，普及心理健康知识，充分调动学生自我认识、自我教育、自我成长的积极性、主动性。"这一标准将发挥广大学生在心理健康教育工作中的主体作用与高校心理社团建设紧密联系在一起，进一步强调了加强心理社团建设的重要意义。

（一）高校学生心理社团的工作内容

高校学生心理社团，是由对心理健康、心灵成长感兴趣的大学生自发组织、自愿参与组成，以自主教育、自我服务为宗旨，以开展心理健康教育宣传和教育活动为主要工作内容，以促进大学生心理素质提升为目标的群众性组织。高校学生心理社团本着"助人自助"的宗旨，秉承的是与高校心理健康教育理念一致的发展性心理健康教育工作理念，更多的是开展普及性的心理健康主题活动。高校学生心理社团的工作内容包括以下几个方面：[②]

[①] 冯晖艳. 班级心理委员队伍建设初探［J］. 中小学德育，2013，(08)：54-55.
[②] 宫然. 心理健康教育工作中高校学生心理社团的建设与完善［J］. 科教导刊（电子版），2018，(15)：20-21.

1. 宣传普及心理健康知识，一般通过举办心理专题讲座、制作知识宣传展板、制作心理健康宣传刊物、建设心理网站，运用新媒体如微博、微信公众平台等途径进行。

2. 开展各类心理主题活动，如每年的"5·25大学生心理健康节"，趣味心理运动会，心理知识竞赛、心理电影赏析、心理沙龙、心理剧大赛等。

3. 参与组织开展团体心理辅导活动。首先，协助专兼职教师开展专业性较强的团体心理辅导活动；其次，经过系统培训，社团学生可组织开展心理主题的素质拓展训练活动。

4. 了解心理危机预防及干预相关知识，能够及早识别身边有心理问题倾向的同学，及时上报，参与到心理危机预防工作中。

（二）高校心理社团的建设措施

1. 加强制度管理，建立健全规章制度

心理社团的建设需要通过健全的制度管理才能发挥其积极作用。高校心理社团的建设应该根据每个学校的具体情况和学生的心理健康状况，以及社团的特点与实际工作的要求，制定出详细的工作制度和管理办法。

工作制度用以确定心理社团的性质、任务、义务与责任。这是心理社团运作应遵循的基本准则，心理社团成员应按照工作制度要求，不得做出有损自身或同学身心健康的事情，应致力于提高自身心理素质，同时帮助周围同学提高心理素质。

管理办法用以确定心理社团的干部任免机制、会议制度、活动管理制度、奖惩制度等。干部任免应切实推行干部民主选举制度，社团事务管理推行社团民主协商制度；应实行社团及各部门例会制度，学期内无故缺席达三次者，可给予开除处分；对活动实行目标管理制度，活动前提交策划书，活动中实行合理分工与团结协作相结合，活动结束后提交活动总结，严把社团活动质量关；每学期末提交学期工作总结和下学期工作计划，完善心理社团工作的延续性与计划性；在成员奖励制度上，要求各部门平时做好活动登记，及时对成员的各项表现进行记录，以作为考评的依据，同时做到奖惩的及时、公平、公正。

2. 提高思想认识，注重发挥心理社团的主观能动性

高校心理社团建设需要教师和学生都加强自身的思想认识，充分意识到心理建设的重要性，并且发挥主动性和积极性，参与到心理活动开展的过程中去。对于心理社团的工作人员来说，应该具有强烈的责任感，把别人的事情当作自己的事情来对待，与需要帮助的人进行耐心的沟通，设身处地为他人着想。这样才能提高自己从事心理社团工作的专业能力，真正帮助到其他人。对于社团

指导教师来说，应充分尊重心理社团进行自我管理、自我教育与自我服务的诉求，维护心理社团的独立性，积极调动学生开展工作的主动性，最大限度发挥心理社团的创造性，促进心理社团自由全面发展，使他们自觉构建和形成独立自主的工作格局。

3. 提升学生心理社团的专业性，进行有效的培训

开展心理主题活动所需的专业性较高，需要专业的指导和持续培训。作为专业性社团，高校心理社团成员需具备一定的心理基础知识，才能更加有针对性地开展活动，特别是社团中负责团体心理辅导和朋辈咨询的人员，更需要掌握相关的知识储备及助人技能。因此，心理社团应在教师的指导下，学习一定的心理辅导理论、原则与方法，通过相对专业的专题培训，掌握心理保健与预防、心理问题的识别、朋辈辅导技能、团体心理辅导技术等方面的知识，全面提升学生心理骨干的业务能力和专业水平，才能更好地发挥学生心理社团的自主教育作用。

4. 丰富活动形式，打造品牌化特色活动

心理社团的建设也需要不断丰富和创新活动形式，吸引大学生主动积极参与心理活动。高校心理社团，应不断探索模式，以活动吸引力、活动效果为评价标准，不断进行创新，提高活动质量，提升活动内涵，重点打造品牌活动及社团影响力，在大学生心理健康教育中积极发挥有效作用。特色的心理活动是指具有宣传心理健康知识、引发参与者良好心理体验或提升参与者心理素质等功能的心理健康教育活动，它是心理社团得以生存甚至是心理健康教育宣传工作得以有效开展的生命线，心理活动缺乏特色是削弱心理健康宣传工作实效性的最主要原因。因此，心理社团工作人员应该不断更新自己的专业知识，通过参加培训班、自主学习、向其他同事和教师学习经验等方式来提高自身的服务能力。这样心理社团工作人员才能在工作中不断更新自己的理念，大胆设计和开展一些新颖的活动，大学生参与心理活动的积极性更高，配合度更高，心理社团建设工作才能取得理想的成效。

5. 注重辐射，促进大学生整体心理素质的提高

学生心理社团开展心理健康教育工作有着得天独厚的群众基础和丰富的人力资源，在时间和空间上有着无限的扩展性。借助各种媒体，他们有能力开展一系列的心理健康教育实践活动，借助宿舍、班级等单位，他们能够举办各类心理健康主题宣传活动，使心理健康教育渗透到校园的文化建设中。除了在班级、宿舍中的辐射作用，心理社团应加强与学校其他社团的联系，加强在学校社团中的辐射作用。学生参加各种社团的初衷正是为了改善自身性格中的某些

不足或拓展人际交往的时间和空间，提高自己处理问题、组织事务等方面的能力。心理社团应通过社团间的交流，邀请其他社团为心理社团开展活动，并主动为其他社团开展心理活动，既能够为心理社团成员提供更多的交往机会，提供更多的活动思路，也能够迅速在各社团中宣传心理健康知识，帮助各社团成员树立良好的心理健康保健观念。①

---

① 晓辉，张雪莹. 高校心理社团建设若干问题探讨［J］. 新教育时代电子杂志（教师版），2017，（8）：167.

附件1 辅导员心理辅导技能培训纲要

第一讲　大学生心理健康与常见心理问题
主要从理论上介绍心理健康的基本知识，包括心理健康的内涵和判定标准、大学生常见的心理问题，开展学生心理工作的基本理念和态度等。

第二讲　辅导员与学生谈心谈话技术
主要是辅导员心理助人与谈话技巧，通过理论讲授和课堂模拟练习形式，进行谈心谈话技术训练，包括倾听性技术和影响性技术。

第三讲　大学生异常心理问题的认识与识别
主要是精神卫生知识，大学生常见心理疾病的判断识别。

第四讲　大学生心理危机预防与干预
主要是发现大学生心理危机的方法、心理危机评估标准、危机干预流程方法等。

第五讲　大学生自杀风险的临床评估与干预
主要是自杀高危学生的识别因素、自杀风险评估、自杀预防及干预方法等。

第六讲　大学生精神障碍防治中的家校沟通
重点探讨心理危机干预中尤其是精神障碍防治中家校沟通的策略和技巧。

第七讲　班级心理辅导活动的设计与实践
主要是团体心理辅导在学生工作中的应用。

第八讲　辅导员心理健康素养培养与提升
主要是辅导员心理健康知识与心理辅导技能的培养提升途径。

第九讲　辅导员自我成长与自我关爱团体心理辅导
以团体练习的方式开展，围绕着压力调适和人际支持等内容。

第十讲　辅导员户外心理素质拓展训练
通过素质拓展训练，提升辅导员队伍的团队协作意识和克服困难精神。

附件2 心理委员培训内容提要

第一讲 班级心理健康教育工作主要职能

班级心理委员的工作职责和日常工作内容介绍。

第二讲 心理健康与精神卫生基本知识

心理健康的定义及标准，常见精神疾病的识别。

第三讲 大学生常见心理问题和个案分析

结合大学生心理个案介绍常见的心理问题，包括适应、学习、交往、恋爱、就业等。

第四讲 大学生朋辈辅导的基本技能

包括学会观察、学会倾听、学会共情、面谈等技术。

第五讲 心理委员倾听的团体心理辅导训练

以团体的方式重点进行倾听能力训练。

第六讲 班级团体心理辅导活动的开展

班级团体心理辅导活动的设计、组织和开展流程。

第七讲 大学生异常心理问题的识别

大学生异常心理问题的判断识别，精神障碍的识别。

第八讲 大学生心理危机干预和自杀预防

大学生心理危机评估标准和处理流程，自杀的识别预防。

第九讲 心理委员个人成长和心理保护

心理委员自我心理成长训练和工作中的自我保护。

第十讲 心理委员户外素质拓展训练

提升朋辈心理队伍的沟通能力和团队合作意识。

第九章

平台建设

平台建设是构建心理健康教育工作保障体系的重要内容，也是高校实施心理健康教育工作的载体和保证。要做好大学生心理健康教育工作条件建设，配备必要的场地设施，才能顺利开展高校心理健康教育各项工作。

第一节 心理健康教育中心

心理健康教育中心是高校心理健康教育工作的枢纽，承担着全校心理咨询与教育、心理危机干预、四级网络建设等工作职能，开展一系列面向全校学生的服务和教育活动，培养学生良好的心理素质，对于大学生心理疾病的早期诊断和预防有重要的意义。心理健康中心建设标准应从人员配备、场地设施建设和制度建设三个方面进行。

一、心理健康教育中心人员配备

心理健康教育中心人员原则上应建设一支以专职教师为骨干，专兼结合、相对稳定、素质较高的工作队伍。

1. 专职心理教师

资质要求：（1）具有医学、心理学、教育学相关专业硕士及以上学历；（2）完成了心理咨询师的规范化培训，具有相关工作经验；（3）受过系统心理咨询技术流派培训并取得相关资质认证。

2. 兼职心理教师

资质要求：（1）属于各院、系的心理辅导教师；（2）受过心理学理论知识和系统培训并取得相关资质认证；（3）具有处理突发情况的知识和基本技能。

3. 学生人员

（1）中心教师助理；（2）大学生心理社团；（3）朋辈心理辅导员。

二、场地设施建设

大学生心理健康教育中心应设有功能室，包括接待大厅（走廊）、办公室、档案资料室、案例督导室/危机干预室、团体活动室、个体心理咨询室、情绪宣泄室、减压放松室、沙盘游戏室、心理素质训练室/VR训练体验室等。

1. 接待大厅（走廊）

接待大厅分接待台与等待区两部分。接待台可接待来访师生、家长，接听热线电话，进行预约登记；等待区分为大小相同的独立隔间，保护来访者隐私，可安排预约咨询学生等待。

2. 办公室

办公室是心理咨询师日常办公、工作例会、活动策划的重要场所，房间面积大小和布置按照办公人数、日常需求考虑。可将内外套间设置为办公区，整合办公、心理热线、档案存取查阅等功能，并配备必要的办公设施。

3. 档案资料室

心理档案室存放师生在校期间心理普查、测评、咨询干预的完整档案。配备相关心理学测评系统及工具，包括进行测评需要的筛查量表、文字版或电子版成套评估量表，以及装有各种评估所用工具等。设有来访者资料数据库。配备必要的办公及资料储存设施。墙壁可悬挂记录板，用于日常事务的记录。

4. 案例督导室/危机干预室

案例督导室/危机干预室是日常心理咨询、案例研讨及教学中心理咨询技术模拟训练及心理危机干预的重要组成部分，为心理咨询师提供督导和个人成长，保证心理素质教育活动和心理咨询的质量和效果。

5. 团体活动室

团体活动室是开展心理健康活动课教学和针对某一心理问题进行室内团体心理辅导、游戏辅导、心理训练、心理社团与大学生朋辈心理辅导站活动的场所，兼有心理健康活动课教室和团体心理辅导室的功能。

6. 个体心理咨询室

个体心理咨询室需要独立、安静的房间，适合单个咨询师坐诊与单人就诊。提供保密功能，如隔音良好、进出咨询室的门分开，尽量设在人流较少的地方。提供适当宽敞安静的空间，配置两三张舒适、有靠背和扶手的椅子或沙发，提供圆角茶几、饮水机等，可安装督导摄像头，以便记录与教师督导学习。

7. 其他

除以上规范外，可根据高校具体情况设置情绪宣泄室、音乐放松室、VR训练室、沙盘游戏室、家庭治疗室等。

三、制度建设

心理健康教育中心需要制定一系列的规范化制度，包括：心理健康教育工作实施方案、心理健康情况汇报制度、学生心理档案管理制度、学生心理普查制度、心理咨询师职业道德规范、心理咨询工作制度、心理咨询值班制度、心理咨询的基本原则、心理咨询师督导守则、来访者须知、大学生心理危机干预与自杀防控实施方案、二级学院心理健康辅导站建设方案、学生朋辈心理咨询员管理制度等。

1. 心理健康教育工作基本建设实施方案

包括体制机制、师资队伍、教学体系、活动体系、咨询服务体系、危机预防与干预体系、工作条件建设等。

2. 心理健康教育中心管理制度

包括中心工作职责、岗位职责、工作制度、工作守则等。

3. 心理咨询工作制度

包括心理咨询基本原则，心理咨询工作流程，心理咨询值班、预约、访谈、回访、转介、反馈等制度，案例会诊、个案研讨与督导制度，来访者须知，心理咨询从业人员职业道德规范等。

4. 心理健康教育网络体系制度

包括心理健康教育运行机制及管理办法（包含二级心理健康辅导站管理办法）、心理危机预警与干预工作制度（包含四级心理预警防控体系，心理危机随时报表、周报表、月报表制度，心理危机干预工作预案，心理危机转介诊疗机制等内容）。

5. 心理健康教育培训、考核与激励制度

包括辅导员心理辅导技能培训与管理制度，心理健康教育工作考核评比办法制度等。

第二节　二级心理辅导站

一、高校二级心理辅导站建设的意义

（一）有利于完善高校心理健康教育网络体系

中共教育部党组关于印发《高等学校学生心理健康教育指导纲要》的通知

（教党〔2018〕41号）指出：健全心理危机预防和快速反应机制，建立学校、院系、班级、宿舍"四级"预警防控体系。① 二级辅导站是着力构建部、辅导员、心理委员共同参与的管理体制和工作机制的重要环节，在学校—院系—班级—宿舍心理健康教育"四级"网络体系中的起桥梁纽带作用，是切实履行各级责任人职责，形成一级抓一级、层层抓落实的工作格局的重要抓手。

（二）有利于转变高校的心理健康教育模式

在高校各院系设立二级心理辅导站，有利于转变高校以往只注重个体的预防干预的心理健康教育模式，可以更好地坚持全体性教育、注重发展性教育、开展针对性教育，同时更有利于进行心理监控和危机干预工作。

（三）有利于激发二级学院的主动性和创新性

以心理辅导站建设为抓手，结合各院系特色，可充分发挥心理健康工作的积极性、主动性和创造性，推动心理健康工作继续走深走实，切实将心理健康工作融入学生工作全局中，不断提高该项工作的效果和水平。

（四）有利于培养发挥大学生朋辈心理互助员的作用

学生朋辈心理互助队伍在各层面都有相应的人员发挥不同的作用，学校层面：大学生心理健康协会成员，协助心理中心开展全校性的心理健康宣传活动；院系层面：学生心理互助中心或心理健康部，协助院系开展本院系的各种心理健康宣传活动；班级层面：班级心理委员，主要负责本班级的心理健康宣传及本班同学心理观察员；宿舍层面：宿舍心理信息员，主要及时发现出现心理危机的同学并立即汇报。

二、高校二级心理辅导站建设的目标和职责

（一）工作目标

1. 总目标：提高全院（系）学生的心理素质，促进每一位大学生的健康成长成才。

2. 具体目标：围绕总目标，立足学生发展，从心理教育辅导出发，着力加强大学生适应能力、情绪认知管理、压力管理与挫折应对、人际交往、自我意识、常见心理问题识别与应对等的教育引导，不断开发大学生潜能，提高大学生自我调适能力，提升大学生心理韧性，形成"自助—助人—互助"的良好氛围。

---

① 中华人民共和国教育部官网：2018-07-06.

（二）工作职责

二级心理辅导站的工作职责是指在学校心理健康教育中心统一指导下，负责本院系学生的心理健康教育、宣传、辅导等工作，营造心理健康教育良好的氛围。辅导站的主要工作职责如下：

1. 负责本院系学生一般心理问题的日常辅导，并及时做好辅导记录，同时保护学生的隐私，及时转介心理问题较严重的学生到学院心理中心咨询。

2. 在本院系积极做好心理健康知识的宣传和普及，宣传学校心理健康保健资源。

3. 指导本院系学生会心理部长、班级心理委员及宿舍心理信息员开展工作，对本院系各班级心理委员进行管理和考评，充分发挥在学院—系—班级—宿舍心理健康教育"四级"网络体系中的桥梁纽带作用。

4. 及时了解本院系学生心理健康状况，建立重点关注学生动态心理档案、进行心理危机情况的排查、预警以及实时监控，在心理咨询中心的指导下实施有效干预和跟踪服务，预防和减少心理危机事件的发生。

5. 协助中心开展学生心理健康普查工作，对于中心反馈的可能存在心理问题的学生进行观察和追踪访谈，做好访谈记录；做好辅导记录和重点关注学生材料的归档，严守保密规定。

6. 配合中心开展全校心理健康教育活动，有效落实中心部署的各项心理健康教育相关工作任务，及时向中心反馈心理健康教育工作情况。

7. 制订本院系心理健康教育工作计划，及时总结开展心理健康教育工作的情况和经验。加强与中心的沟通，提供有关信息和建议，为做好学生心理健康教育工作提供科学依据。

三、二级心理辅导站建设的措施

（一）组织机构建设

二级心理辅导站要设置明确的组织机构，建立完善相关的规章制度。辅导站由各院系主管学生工作的负责人整体负责，选配心理辅导员具体负责辅导站的日常工作（心理辅导员原则上由具有教育学、心理学、医学、思想政治教育专业背景或接受过心理辅导技能培训的教师担任，一般每系安排1名）。其他成员包括本院系学生会心理部、班级心理委员、宿舍心理信息员等。

（二）场地设施建设

二级心理辅导站是在教学院系内设置的学生心理健康教育的工作场所，辅导站的具体建设由各院系实施，要设立心理健康教育的专用场所，场所布置整洁温馨，要配置谈心谈话所用的基本设施，配备相应的沙发、茶几、办公桌、装饰品等办公设备。同时，每年根据各院系学生总数按一定比例给心理辅导站下拨活动经费，要求专款专用。

（三）工作制度建设

二级心理辅导站要注重制度建设，进一步明确辅导站、心理辅导员、班级心理委员、宿舍心理信息员的工作任务和纪律，明确职责，协调推进，逐步加大辅导站建设力度。具体制度包括二级辅导站工作职责、心理辅导员工作制度、班级心理委员工作职责、宿舍心理信息员工作职责、学院心理健康辅导站考评细则等。（见附件2）

（四）师资团队建设

二级心理辅导站的工作人员主要为平时工作在一线的心理辅导员，高校心理健康教育质量的高低关键在于必须有一支高素质的教育队伍。因此，需要对站点定期、分批安排心理辅导员参加相关专业培训、会议及交流活动；组织内部集体学习；购买心理健康教育类书籍共同学习。心理辅导员的基本素质要求是：

1. 具有心理学专业或相关专业（教育学、医学、思想政治教育等）的硕士学位，并从事一年以上政治辅导员工作。

2. 具有良好的心理素质，适合从事心理辅导工作。

3. 具有敬业奉献精神，富有爱心，乐于助人，责任意识强。

4. 掌握心理辅导的基本理论与技巧，了解大学生的心理特点，并具有一定的心理辅导能力。

5. 参加学校组织的各种心理辅导的理论与技能培训。

6. 遵守咨询伦理道德，坚守保密原则。

第三节 心理服务云平台

心理健康教育信息化是心理健康教育的基础力量和重要依托。学校心理健康教育信息化建设项目最大限度在心理测试、心理咨询预约及在线咨询等方面方便学生，更好地服务学生。在心理健康教育领域运用现代信息技术整合资源、提升心理健康教育质量、实现心理健康教育现代化与精细化，提高工作效率和工作水平。对提高学校心理健康教育科学化具有重要价值和意义。

高校心理健康咨询工作在大数据、网络化的时代背景下，心理咨询量高速增长，危机案例越来越多，这些现状让不少人呼吁建立专业、系统、有效的信息系统。因此，加强心理健康服务体系建设，就要充分利用教育信息化技术积极开展心理健康教育方式、方法创新，不断探索心理帮扶的路径。组织技术人员或者是以购买服务的方式，开发心理自助服务平台的功能系统，不断提高心理服务的质量和水平，落实"以学生为本"的心理教育理念，对于推动心理健康教育创新与体系建设具有重大而深远的意义。

一、心理服务云平台的功能模块

心理服务云平台系统可以开发建设以下几个模块：心理宣传、心理咨询、朋辈服务、心理测评、心理危机干预、心理健康档案管理等六个模块。①

1. 心理宣传模块

主要是发布心理健康知识和心理健康活动的推介。心理健康知识包括心理健康的评价标准、心理正常与异常的区分、常见的心理异常症状等。该模块的主要功能是信息发布。

2. 心理咨询模块

主要是针对有心理咨询需求的大学生，他们通过自我修复无法达到心理健康的状态，需要寻求外在的社会支持系统，需要向专业人士求助。该模块包含了心理咨询师的个人介绍以及擅长的领域等信息，求助者可以通过平台预约咨询师，或者在相对安全的情况下，通过链接给咨询师留言或通过对话框聊天咨询。该模块的主要功能是咨询预约及在线咨询。

3. 朋辈服务模块

主要是针对朋辈心理辅导员的一个模块。朋辈辅导员的身份是学生，同龄人之间更容易建立信任感。心理健康教育中心通过培训一批朋辈辅导员为有需求的学生提供心理倾诉服务。他们自身心理素质过硬，了解心理健康相关知识，熟悉心理健康教育的日常管理工作，熟悉心理异常学生的处置流程。该模块的主要功能是朋辈倾诉服务。

4. 心理测评模块

主要是为学生提供心理健康、人格、能力、情绪等方面的心理健康测试，支持手机移动端和电脑端线上心理测验，具有统计分析、筛查预警、报告管理、量表管理、档案管理等功能，便于心理中心开展实施心理普查筛查，学生登录

---

① 芦球."五位一体"背景下的心理自助服务平台建设［J］.兰州职业技术学院学报，2021，(8)：124-126.

系统参与心理健康测评后，系统会自动根据测评结果对学生进行预警等级划分，便于咨询师及时关注、处理重点高危人员，咨询师可以通过此系统进行测评结果查询和导出。测评后系统为每一个学生建立心理健康档案并可实现查询、修改、分类等功能。该模块的主要功能是心理测评与筛查。

5. 心理危机干预模块

咨询师对个案进行专业的危机干预，可对自杀危险性、自伤危险性、攻击危险性三项维度进行相应评估，并按照"警戒""高危""追踪""关注""正常"五个预警等级进行标记，对首要危机问题类型进行确认，对危机处理方案进行多选，当选择"通知院系"后，系统会要求咨询师填写自动推送到院系管理员首界面的咨询小结，将中心与院系紧密联动。该模块的主要功能是线上危机干预工作，更加高效快捷。

6. 心理健康档案管理模块

为每一个学生建立心理健康档案，对有异常的个体数据进行汇总，该模块能实现查询、修改、分类等功能。

二、心理服务云平台的建设

心理服务云平台是集心理测评、危机干预、心理咨询、心理训练于一体的心理健康信息化管理平台。可以学校或心理中心微信公众号为平台，或者以购买服务的方式设计App，建设心理服务云平台，也可借助第三方平台链接至本校相关平台上。

1. 平台基本构思

心理健康管理平台将采用网络媒体形式进行数据采集，以数字化、标准化、大数据理念，对学生入校后涉及心理状态的信息进行记录。信息记录包括：

（1）心理中心

心理排查情况、咨询记录（只记录咨询次数）。

（2）辅导员

学生成绩、日常行为表现、特殊事件及情况。

（3）学生本人

学生基本信息，每学期记录一次思想状态及生活中的大事件。

2. 平台数据的用途

（1）高危个案的预测和评估（标准化进行筛选）

（2）大数据采集用于研究工作，掌握学生特点

（3）建立学生心理档案，总结规律

三、心理服务云平台建设的启示

（一）能提供更及时、全面的心理健康服务

在结构上，心理服务云平台具有很好的开放性和兼容性，能够在手机和电脑上应用；在功能上，适合于不同的群体，为其提供心理服务。一般情况下，学生出现心理困扰后，倾向于在网上寻找资源和向重要他人求助，当网上的资源和重要他人都无法提供有效的心理支持，在其实在受不了的情况下，才向心理健康教育中心或者专业的心理治疗机构求助。如果通过心理自助服务云平台早期介入，就可以为学生提供更及时、全面的心理健康服务。

（二）有利于社区心理服务体系的建设

习近平总书记在全国卫生与健康大会上的讲话和十九大报告都指出，要加强心理健康服务体系的建设。《关于加强心理健康服务的指导意见》《关于印发全国社会心理服务体系建设试点工作方案的通知》也都指出要加强心理服务体系的建设。心理服务云平台适合高校、社区、企业使用，做到"家、校、社区、企业四方协同育人"。

（三）提升学生工作效率

心理服务平台的自助模式符合中国的文化特点和网络时代大学生的心理行为习惯，能系统有效地保护大学生的隐私并充分发挥其自主权。另外，学会使用网络检索信息也是当代大学生的一项必备技能，心理服务云平台的建设也有利于其职业素养的提升。在以后的工作中不断地完善该系统，让大学生实现心理自助，也是心理咨询师"助人自助"的初心，让学工人员能真正体会科技带来的学生工作模式转变，不断创新工作模式提升效率。

附件 1　心理健康教育中心管理制度

心理健康教育中心管理制度（修订）

为健全与完善我院心理健康教育工作体系，推动学院心理健康教育工作有序发展，根据教育部《普通高等学校学生心理健康教育工作基本建设标准（试行）》和学院《心理健康教育工作基本建设实施方案》的文件精神要求，结合实际，制定学生健康发展服务中心各项管理制度。

一、工作职责

1. 开展心理健康普查与心理测评，关注特殊群体，建立大学生心理档案，帮助大学生更好地认识自己，作出正确的自我评价以及自我期望。

2. 开设心理健康必修与选修课程、专题讲座、心理行为训练和团体培训，传授心理调适方法，引导和帮助大学生树立心理健康意识，培养良好的心理素质。

3. 开展日常个体心理咨询（包含心理热线电话及网络咨询），帮助大学生排解、消除心理困惑、心理障碍和进行危机干预。

4. 组织开展各种心理健康知识宣传活动，利用每年"5·25""10·10"等时间节点进行系列校园心理健康普及性教育活动。同时通过编辑印发心理健康报，开设心理健康网站、心理服务平台等，宣传普及心理健康知识。

5. 开展辅导员、学生骨干的专业培训，组织班级心理委员的培训与管理、考核工作，指导学校心理协会等相关学生社团开展心理健康教育活动。

6. 构建学院、系（分院）、班级、宿舍心理健康教育工作体系，从不同层次、不同侧面去解决学生可能遇到的心理问题。

7. 合理管理并使用心理健康教育经费，遵守财务制度。

8. 进行学生心理问题与心理健康教育的调查研究，为学校素质教育工作提供信息服务、对策和建议。

9. 分析研究不同特征学生的心理特点，撰写研究报告，开展心理健康与发展方面的课题研究。

10. 认真完成上级部门和领导交办的其他工作，配合各职能部门工作。

二、岗位职责

（一）心理健康教育中心主任岗位职责

1. 负责中心的全面工作，带领中心人员认真贯彻落实上级部署、要求，完成中心工作任务。

2. 按照学院有关要求，对全院心理健康教育工作进行整体规划，制订工作计划并监督实施。

3. 完善心理健康教育组织机构与制度建设，负责中心经费的落实与使用。

4. 负责全院心理咨询、心理测评、心理讲座、心理危机干预、团体心理辅导、心理健康教育活动等各类服务项目的统筹安排工作。

5. 协调中心与学院各部门的工作；负责与各系学生工作系统的协调与沟通，建立健全心理健康教育四级网络体系，指导各系心理健康教育工作。

6. 加强心理健康教育工作队伍建设；负责组织对心理健康教育专兼职教师与学生朋辈的培训工作。

7. 负责中心的日常管理等事务性工作。

8. 指导大学生心理健康协会等相关学生社团开展心理健康教育活动。

9. 开展心理健康教育教学与研究工作，组织各种形式的业务交流、科研活动。

10. 配合学院其他职能部门，负责或参与学生心理危机事件的处理。

11. 完成上级领导交办的其他工作。

（二）心理健康教育中心副主任岗位职责

1. 协助主任开展工作，组织实施全院学生心理健康教育工作计划，配合中心主任全面完成中心工作。

2. 与教学管理部门协商沟通，开设心理健康教育相关选修课程，举办专题讲座。

3. 编印心理健康教育刊物和资料，开设心理健康教育网页，开展心理健康宣传活动，普及心理健康常识。

4. 开展心理健康普查和心理测量，进行心理健康状况调查，建立大学生心理档案，预防心理疾病，促进学生健康成长。

5. 开展个别咨询和团体心理辅导活动，帮助学生消除心理困扰，开发心理潜能，培养良好个性。

6. 组建好心理咨询室，积极开展面向全校学生的心理咨询工作。

7. 组织专兼职辅导员和心理委员的业务培训和工作研讨，不断提高学生心理健康教育及咨询服务的专业水平。

8. 指导学院各系及学生心理组织开展活动。

9. 预防心理危机事件的出现，协同学院其他部门处理学生心理危机。

10. 负责中心的对外联络工作。

11. 完成上级领导交办的其他工作。

（三）心理健康教育中心专职行政人员工作职责

1. 实行行政坐班制，负责办公室日常事务的处理。

2. 负责办公室日常档案建设管理。

3. 负责个别心理咨询及开展团体心理辅导；帮助学生解决心理问题，对于产生心理疾病的学生及时做好转介工作。

4. 协助做好学生心理健康情况普查和相关心理档案建设。

5. 组织开展各类校园心理健康普及性教育活动，开展有关大学生心理健康宣传工作，维护心理辅导中心网站。

6. 参与开展全院学生的相关心理健康教育专题讲座。

7. 完成上级领导交办的其他工作。

（四）心理健康教育中心兼职心理辅导教师工作职责

1. 面向全校学生开设心理健康讲座。

2. 对面临心理困惑问题的学生进行咨询和辅导工作。

3. 协助做好学生心理健康情况普查和相关心理档案建设。

4. 协助中心开展大学生心理健康教育研究工作。

5. 参与中心组织的有关大学生心理健康宣传工作。

6. 开展团体心理辅导工作。

7. 协助编辑《心理健康报》。

三、心理咨询室工作制度

为了促进加强和改进我院心理咨询室的管理规范化、正规化、科学化，现制定如下工作制度：

1. 心理咨询教师要态度热情，工作细致、认真负责。

2. 对师生咨询内容和有关的隐私严守秘密。未经同意，有关资料不得外借。

3. 心理咨询教师要按照值班表按时到岗，接受咨询者来访或电话、网络咨询，认真、及时进行记录。

4. 保持心理咨询室室内环境整洁、优美、舒心，定期更新环境陈设，营造温馨的空间。

5. 咨询教师在每次咨询结束时，认真、如实填写咨询记录，保证记录的完整性，并及时做好个案的整理、分析及积累工作。

6. 爱护室内各项设备，定期进行检查，保持正常使用。非心理教师不能随便进入咨询室，未经允许正在咨询室时不能接待其他人员。

7. 遇有严重心理问题可能出现重大突发事件的应及时向学校主管领导反映，并对严重心理问题的学生、危机事件的善后处置进行跟踪服务，可通过打电话或者其他方式进行跟踪、了解，及时掌握情况。

8. 咨询教师应明确了解自己的能力界限和职能界限，不做超越自己能力和职能范围的事情。对超出自己能力或不适合辅导的来访者，应说明情况，并实施转介。

9. 心理咨询教师要注意刻苦钻研专业知识，不断提高自身素质。

10. 充分利用课内、课外时间对师生全面开放，提高"心理咨询室"的开放率和使用率。

四、心理咨询室值班人员工作制度

为了更好地做好学生咨询预约接待工作，现制定心理咨询值班室如下工作制度：

1. 值班人员在规定值班时间内必须到岗，耐心接听同学的来电，并做好面谈预约登记和当日的值班记录。

2. 当日值班人员有特殊情况需要请假，必须以电话或当面请假的方式，向心理咨询室负责人提出请假申请，批准后方可请假。

3. 严格遵守保密原则，保密内容涉及心理咨询室相关工作内容及材料。未经负责人同意，值班人员严禁随意翻阅心理咨询室存放的材料和文件。

4. 心理咨询室除工作人员外，不允许无咨询要求的学生或其他无关人员进入。

5. 严格遵守计算机使用制度，特别是心理测评软件的使用制度。

6. 如果在工作中故意泄密或者因粗心大意导致咨询室财物损失的，将酌情给予相应的处分，并担负损失财物的赔偿责任。

7. 值班人员在遵守值班制度的前提下，有使用心理咨询室各种资源的权利。

附件2 二级心理辅导站的系列工作制度

二级心理辅导站工作职责

一、辅导站作为学校心理健康教育和咨询服务的二级机构，负责本院系学生心理健康教育、宣传、辅导等工作，营造心理健康教育良好的氛围。

二、做好本院系学生一般性心理问题的日常辅导，并及时做好辅导记录，同时保护学生的隐私，及时转介心理问题较严重的学生到校心理中心咨询。

三、做好本院系班级心理委员和宿舍心理信息员的培训和管理工作，每年对本院系各班级心理委员进行管理和考评，充分发挥在学校、院系、班级、宿舍"四级"预警防控体系中的桥梁纽带作用。

四、协助做好本院系学生的心理普查工作，对于心理中心反馈的可能存在心理问题的学生进行观察和追踪访谈，做好访谈记录，加强普查后本院系学生的辅导跟进工作。

五、协助收集学生资料，及时向学校领导反映学生的各种心理异常现象，及时推介有心理困惑的学生到学校心理咨询中心或正规的心理门诊接受心理咨询，协助专业人员做好有严重心理问题学生的心理咨询跟进工作。

六、及时了解本院系学生心理健康状况，注意发现和协助解决个别学生的心理问题，定期对本院系重点关注学生进行排查及跟踪辅导，及时建立特殊学生台账，建立本院系学生心理预警信息库。

七、支持学生建立心理健康互助组织，指导本院系心理部长、各班级心理委员和宿舍心理信息员开展工作，指导学生开展各种有利于学生身心健康的讲座及团体活动。

八、配合中心开展全校性心理健康教育活动，有效落实学校部署的各项心理健康教育相关工作任务，及时向校心理中心反馈心理健康教育工作情况。

九、制订本院系心理健康教育工作计划，及时总结开展心理健康教育工作的情况和经验。加强与学校心理健康教育中心的沟通，提供有关信息和建议。

心理辅导员工作制度

第一条 心理辅导员对自己所从事的工作必须严格遵守保密原则，对自己所接触的学生隐私不得向亲戚或朋友泄露，但如果涉及人身安全方面，出于保护原则会酌情通知有关人员。

第二条 心理辅导员对本院系心理委员及辅导员提供的书面汇报材料要谨

慎管理，在本班学生毕业后及时把所有书面汇报材料进行集中销毁。

第三条　心理辅导员对本院系辅导员提供的学生心理危机干预信息要实行专人管理。学生心理危机干预的所有信息不能列入学生考评指标。

第四条　心理辅导员负责对本院系心理委员和宿舍心理信息员的产生进行考察，并协助心理健康发展中心做好本院系一年一度新任心理委员和宿舍心理信息员的培训工作，同时对心理委员和宿舍心理信息员的工作进行检查。

第五条　心理辅导员对本院系心理委员和辅导员汇报的"学生心理危机"应及时适当实施干预，在没有充分把握的情况下，可直接与学院心理健康教育中心及时联系。

第六条　建立本院系重点关注学生动态心理档案、组织心理危机情况的摸排、预警以及实时监控，在心理健康教育中心的指导下实施有效干预和跟踪服务，预防和减少心理危机事件的发生。

第七条　本院系学生向心理辅导员提出心理援助时，心理辅导员应严格按相关心理健康知识与心理咨询技能进行。在超出自身的干预能力范围时，心理辅导员应及时向有关学生建议转介到学校心理健康教育中心。

第八条　深入了解本院系学生心理健康状况，协助学校心理健康教育中心开展学生心理健康状况普查，统筹安排对普查中筛查出来的一级、二级心理问题学生的约谈工作，并对存在心理问题的学生进行进一步观察和追踪访谈，做好访谈记录。

第九条　定期收集本院系学生提出的一般性心理困惑问题并及时反馈到学校心理健康教育中心寻求专业解答。

第十条　配合学校心理健康教育中心开展心理健康教育活动，完成学校心理健康教育中心安排的各项工作任务，及时向学校心理健康教育中心反馈心理健康教育工作情况。

班级心理委员工作职责

班级心理委员是心理健康知识"宣传员"、学生心理动态变化的"观察员"和班级心理健康工作的"信息员"。心理委员需主动关心本班同学，为同学排忧解难。向本班学生宣传心理健康知识，关注本班学生心理动态，充当教师与学生之间沟通的桥梁。其具体工作职责主要有：

一、负责宣传和普及心理健康知识，根据班级实际，自主开展相关心理健康教育活动如心理主题班会、心理沙龙以及班级心理团体心理辅导活动等，形成良好心理健康氛围。

二、观察并及时反映本班同学心理动态，发现同学有异常表现或者发生重大变故时，及时报告班主任和辅导员。

三、每月定期向各本院系报送班级心理委员表，内容主要包括：1. 本班学生对心理知识的需求；2. 本班学生的心理动态；3. 需关注的个别同学的情绪状况；4. 对进一步开展心理健康教育工作的建议。

四、参与和协调本院系开展心理健康教育活动，积极组织开展朋辈心理辅导活动，协助辅导员做好心理健康教育工作。

五、配合院系心理辅导站和学校心理健康教育中心开展其他相关的心理健康教育工作以及心理危机预防和干预工作。

六、认真做好心理委员工作记录和学年（学期）班级工作计划与总结。

宿舍心理信息员工作职责

实行宿舍心理信息员制度，是健全学生心理健康预防监控体系和教育服务体系，进一步完善四级心理健康教育工作网络的重要举措，宿舍心理信息员在学习一定的心理学常识后，自觉有意识地营造良好的宿舍人际氛围，为同宿舍成员提供人际关系的支持，及时发现本宿舍中存在心理问题的同学，并进行疏导或介绍到中心，把心理问题消除在萌芽状态。其主要工作职责有：

一、协助班级心理委员或院系心理辅导站组织开展心理健康教育活动，宣传普及心理健康知识。主动帮助宿舍同学解决日常学习和生活中出现的心理困扰。

二、营造良好宿舍氛围，观察了解本宿舍学生的心理动态并定期向班级心理委员进行反馈；发现有心理危机的学生及时上报给班级心理委员或系部心理辅导站。

三、参与并完成学校和本院系心理辅导站的相关培训课程，不断提高自己的心理知识水平和助人技巧，促进自我成长。

四、在开展心理健康教育工作中严格遵守保密原则，自觉保护同学的隐私，切实维护同学的人格尊严和合法权益。

院系二级心理辅导站考核指标

项目	各系二级心理辅导站评定标准	分值	评分
工作情况（60%）	1. 院系学生会有专门分管心理工作的部门、各班级设有心理委员、各宿舍有心理信息员（5分）。每年度至少组织针对本院系心理委员和宿舍心理信息员的相关培训活动不少于1次（5分）。	10	
	2. 辅导站有制度，有工作计划和总结（5分），有专门接待学生的谈心室，有谈心辅导记录（5分）。	10	
	3. 每学期至少开展一次心理健康教育宣传活动，包括宣传日（周或月）、专题讲座、新生适应性教育、团体心理辅导等。对开展的活动，有方案（3分），有登记（4分），有报道（3分）。	10	
	4. 按要求完成新生心理普查工作，普查率100%（3分），新生普查之后系辅导员或班主任对筛查出心理异常的学生进行初步访谈，辅导员保存谈话记录（3分），并按时上报给学校心理健康教育中心。准时、规范完成（4分），准时完成（2分），延时或学生代报（0分）。	10	
	5. 以有效方式向学生公布学校心理健康教育中心的地址、电话、职能等服务信息。	5	
	6. 负责接待、关怀、帮助有心理困惑的同学，对一般性心理问题定期给予辅导，并组织班级心理健康教育专题座谈会。	5	
	7. 每月定期对学生进行隐性心理危机筛查，并向学校心理健康教育中心上交月汇报表，准时、规范上报（5分），准时、未规范上报（3分），延时或学生代报（0分）。	5	
	8. 对有严重心理问题的学生进行有效干预，并做好定期访谈和后期跟踪工作。	5	
工作成效（40%）	1. 组织的活动与心理健康教育密切相关，每个院系活动开展每年不少于2次（6分）。每多开展一次加2分（最高不超过10分）。	10	
	2. 随机抽取学生对院系二级心理健康辅导站的工作满意度进行测评，在良好以上（优秀10分，良好8分）。	10	
	3. 建立和健全院系二级心理健康辅导站工作的保密制度，实行专人管理，专人负责。	5	
	4. 院系二级心理健康辅导站开展自主创新的心理健康教育活动，在全院系具有重要示范作用。	10	
	5. 二级心理健康辅导站对学生发生的心理问题进行及时有效干预，恶性事件发生率为零。	5	
等级		总分	

备注：考评等级分为优秀（≥90）、良好（≥80）、合格（≥70）、不合格（<70）。

附件 3　高校四级心理服务平台的搭建

根据教育部 2018 年 7 月 6 日发布的《高等学校学生心理健康教育指导纲要》以及 2018 年 11 月 16 日国家卫健委等十部委联合下发的《全国社会心理服务体系建设试点工作方案》中对高校心理健康工作的要求制定此规划方案。本方案拟在建立一个集教育宣传、服务咨询、预防干预为主要任务的心理健康服务中心。整个中心围绕四级平台搭建。本方案拟在建立一个集教育宣传、服务咨询、预防干预为主要任务的心理健康服务中心。整个中心围绕四级平台搭建。

（一）一级平台

一级平台通过心理服务大数据平台管理全校的心理健康工作，向全体师生提供心理服务，收集师生的心理数据建立心理档案，生成各个院系或班级的心理报告。一级平台整合全校所有师生。

1. 心理服务大数据云平台

心理健康教育大数据平台将心理健康工作进行平台化管理，集管理平台、功能平台、数据中心于一体，应用模块包含心理测评、咨询管理、危机干预、活动管理、学业测评、认知训练、放松训练、生物反馈以及其他设备和监控系统的数据反馈等。

2. 心理咨询管理

面向有全体有心理咨询需要的师生提供心理咨询服务，设置多个心理咨询室，同时可以开展个体咨询与家庭咨询，解决个人和家庭的心理问题。咨询室中可以根据咨询师的需要配置箱庭辅导器材或房、树、人辅导软件等系统。部署同步录音录像系统将咨询过程录制并备案至大数据平台，咨询师可以根据自己权限调取影像资料进行个案分析和督导。

3. 心理热线管理

心理服务热线是进行心理咨询和危机干预的有效方式，来电者可以随时通过电话获得心理帮助，并保护自身隐私，受到受众的广泛欢迎。

（二）二级平台

二级平台为大多数学生提供心理咨询预约、认知训练等服务。二级平台将整合部分有心理训练需求和有生活困扰的学生，同时整合辅导员协助训练以及解决生活困扰。

1. 认知能力训练

面向希望以认知训练提高工作与学习能力的师生，通过部署团体认知训练系统，提升记忆力、注意力、心理旋转能力等维度的认知能力，并且形成专业的认知训练报告。

2. 身心反馈训练

针对高压人群的使用心率变异性（HRV）身心反馈放松训练开展身心反馈放松训练。利用电子仪器将与心理生理相关的某些生物学信息加以处理，以图形或数字的形式呈现出来能够有意识地控制自身的心理生理活动，以达到调整机体功能、防治疾病的目的。学校也可以通过团体版身心反馈系统支持人才选拔工作，将 HRV 心理调适训练结果作为人才选拔的参考数据之一。

3. 团体活动训练

团体能力训练区配置团体心理辅导器材、行为训练器材和舞动治疗辅导器材为需要预防心理问题的师生提供帮助或培训。团体训练室中设置团体心理辅导桌椅，自由拼接成不同形状以面对不同团体心理辅导的要求。

（三）三级平台

三级平台起到的是心理疏导预防的作用，为部分有潜在心理健康风险的师生提供心理减压和神经协调性训练等服务，让心理咨询师第一时间化解校园心理危机。

1. 心理减压放松

针对高压人群提供自我心理减压放松训练，提供多种训练方案和素材，间接地教会师生自我心理状态调试的方法。可以在大数据平台上部署心理减压放松的功能，也可以在咨询区和身心反馈训练区部署 Easytime 身心放松训练系统记录监测训练者的脑波数据得到当下放松度和专注度的实时数据。

2. 智能情绪宣泄

师生们到心理服务中心后可以在其部署的智能呐喊宣泄系统、智能击打宣泄系统、智能互动宣泄系统上进行宣泄，系统按照常见的心理问题和生活困扰制定了不同的宣泄方案且指导语会根据使用者的投入程度发生改变，引导师生正向宣泄自己的情绪。

（四）四级平台

四级平台起到心理危机干预的作用，为少数发生心理危机或患精神疾病的师生提供心理干预服务和转介服务，或由专业精神卫生机构解决或治疗。

虚拟现实心理干预训练：虚拟现实心理干预区面向重点干预对象开展工作，实时监控其心理状态和各项生理指标，根据实时动态变化采用不同的干预方案，从而达到心理危机干预功能以及特定心理能力的训练和提升功能。

第十章

评估激励

心理健康教育工作开展的成效需要进行科学的评估,激励是促进心理健康教育工作不断推进的手段。制定科学合理的心理健康教育评估指标体系,建立长效的心理健康教育工作考核激励机制,是推进心理健康教育工作不断发展完善的有力保障。

第一节 心理健康教育工作的评估

一、高校心理健康教育评估的目标和原则

(一)高校心理健康教育评估的目标

高校心理健康教育评估是根据一定的评价指标体系和价值判断体系,通过系统获取有关的信息,按照科学合理的评价原则,运用专门的评价方法和技术,对学校心理健康教育要素、过程和效果进行价值评判的活动和过程。在评估工作中,心理健康教育评估目标的确立居于核心地位,是顺利开展评估工作的首要任务,也是构建评估指标体系的前提。

1. 根本目标

高校心理健康教育评估的根本目标在于促进和规范高校心理健康教育工作科学、健康、顺利发展,提高心理健康教育工作质量,推动心理健康教育工作改革,构建高校良好心理氛围,切实提升广大师生心理素质和心理健康水平。

2. 基本目标

高校心理健康教育评估的直接目标在于及时地、全面地、动态地、发展地了解学校心理健康教育工作开展的现状、特点、存在问题等基本情况,评定学校心理健康教育工作的总体水平;在于协助学校正确认识心理健康教育工作的得与失、困难与成功、机遇与挑战,推动心理健康教育工作者的专业发展和个

人成长，明确学校今后工作的重点和方向；在于协助师生关注和正确了解自身真实心理健康状况和今后的努力方向；在于促进学校、家长和社会各方力量给予心理健康教育工作更多的支持，为今后更好开展心理健康教育各项工作做好积极准备。

（二）心理健康教育评估的原则

心理健康教育评估的是一项科学性很强的工作，评估所得出的结论对实际工作具有很强的指导作用。因此，评估的过程中必须遵循一系列科学原则，使评估真实可信，既能客观揭示问题，又能激励上进，促进各项教育工作积极开展。在进行评估时，一般要遵循下列原则：

（1）客观性原则

在进行心理健康教育质量评估时，要实事求是，不主观臆断，不凭个人好恶论长短。评估必须根据科学的标准来进行。若评估中掺入个人好恶，势必会挫伤被评判者的积极性。

（2）全面性原则

在评估中要全面而恰如其分地评价心理健康教育工作中的各个项目或各种具体指标，不过分地渲染某些项目或某些指标，而忽视另外一些项目，否则易使工作失去平衡，出现片面性。评估是一种全面"收集信息"的过程，它告诉我们有关学生成长和学习的进展情况。

（3）定量分析与定性分析相结合的原则

定性分析是指对被评估对象的性质进行分析，定量分析是对被评估对象的数量进行分析。评估中要将二者有机地结合起来，缺少任何一方都不足以全面地把握被评估对象的实际状况。

（4）他人评估与自我评估相结合的原则

心理健康教育评估不仅要有行政领导、同行或专家来参加，还要有被评估者参加。心理健康教育评估的任务不仅仅是给被评判者下一个定论，贴上一个标签，更重要的是通过评估改进心理健康教育工作。被评估者的自我认识和自我评价是保证全面、公正地进行评估的一个不可缺少的因素。没有他们对自己工作和表现所提供的信息和看法，评估就失去了一个重要依据，评估的客观性、公正性就难以保证。

（5）评估的质量原则

学校心理健康教育评估是以强化心理健康教育工作者的质量意识和责任感为基础的。因此，在评估时要运用科学的方法和手段，对学校心理健康教育过程及其结果进行检查和分析，以判断工作绩效的水平如何。加强心理健康教育质量管理，获得满意的工作绩效，无论是对学生、学校还是对社会都有重要意义。首先，加强心理健康教育质量管理是实现学校心理健康教育基本任务，满足学生、学校和社会需要的保证；其次，抓好学校心理健康教育质量管理，才能保证教育投入的有效性；最后，质量管理为客观评估学校心理健康教育工作提供了标准和手段。

（6）评估的指标原则。确定适当的评估指标是对学校心理健康教育评估的关键。良好的评估指标对学校心理健康教育产生的作用或效果具有有效性、可信性、敏感性、特异性和可行性。评估指标可分为直接指标和间接指标两大类。直接指标是指通过心理健康教育直接产生的作用或效果，包括学生个体或群体的心理健康知识水平、对心理健康的态度和信念心理卫生习惯和自我心理保健能力等。间接指标是指通过心理健康教育，在提高学生心理健康知识水平和观念的基础上，学生通过一系列心理卫生习惯和自我心理保健措施而得到的心理健康效益的指标。

二、高校心理健康教育评估的内容指标

高校心理健康教育评估内容通常需要由一些比较具体的、可量化的指标来反映，而评价指标就是开展评估工作的实施规程和标准尺度，因此要根据学校自身发展情况，尤其是学生、环境等，全面确定评估的内容，进而确定科学、客观、全面、可行的评估指标。[1]

（一）心理健康教育工作的组织管理评估

主要包括学校各级领导参与心理健康教育工作的状况，学校开展心理健康教育工作的运行机制以及经费投入和使用情况；包括心理健康教育管理机构的设立及工作开展状况，工作和管理人员配置状况；还包括心理健康教育工作的近期工作计划和远期规划，各项工作制度建设情况以及具体的管理措施等指标。

（二）心理健康教育工作的师资水平评估

主要包括学校专兼职心理健康教育教师的数量以及师生比，包括心理健康教育教师的学历、职称、年龄结构以及资质，包括心理健康教育教师的专业能力和职业道德水平，包括心理健康教育教师的进修学习和培训经历等指标。

（三）心理健康教育工作的设施环境评估

主要包括心理健康教育场所地理位置、周边环境和内部整体风格，包括开

---

[1] 王秀希，张丽娟等. 高校心理健康教育评估体系的初步构建 [J]. 邯郸学院学报，2012，(3)：111-114.

展心理健康教育工作的各功能室、办公设备、专业设施的配置及使用情况，包括心理健康教育工作所需图书资料的配备情况等指标。

（四）心理健康教育工作的实际开展评估

主要包括心理健康教育课程的设置、教学计划、教学形式以及心理健康教育相关培训讲座开展情况；包括个体咨询、团体心理辅导、危机干预的具体开展情况；包括师生心理健康档案的建设及管理情况；包括心理健康教育宣传普及工作开展情况；包括心理健康教育相关科研情况等指标。

（五）心理健康教育工作的服务实效评估

主要包括心理健康教育的年度总结、专题总结、工作记录、工作特色与创新情况；工作成效与社会影响情况，包括师生基本心理素质和心理健康水平、学校整体心理氛围、师生对心理健康教育工作的接受和认可程度、社会评价等指标。

三、高校心理健康教育评估的方法确定

为了更科学准确及时地开展心理健康教育评估工作，实现心理健康教育评估目标，就要选择和运用恰当、有效、可靠的评估方法收集和处理评估信息。

（一）资料查阅法

资料查阅法是评估者通过广泛查阅学校心理健康教育工作相关的各种文献类、影像类资料来获取信息的一种间接评估方法。资料涉及学校的年度工作计划、相关会议记录、工作总结以及具体心理健康教育工作所形成的各类工作记录，然后对比评估指标进行评定，这里需要指出的是使用这种方法必须首先要保证各种文献资料的真实性。

（二）现场观察法

现场观察法是评估者通过到心理健康教育工作场所进行全面观察获得有效信息进行直接评价的一种方法。现场观察的对象包括心理健康教育场所地理位置、工作环境以及开展心理健康教育工作的各类办公、专业设施配备，还包括课程讲授、案例研讨、心理培训、宣传教育等各类心理健康教育工作过程等。

（三）问卷调查法

问卷调查法是评估者采用设计好的调查问卷对有代表性的师生心理健康现状以及师生对于学校心理健康教育工作开展的满意程度等信息进行收集整理进而开展对标评估的方法。该方法重点在于编制或筛选科学、规范、针对性强的调查问卷来获取尽可能多的正确评估信息。

（四）协商访谈法

协商访谈法是评估者随机选择学校各类工作人员（包括心理健康教育工作及管理者、辅导员、行政人员、专业教师等）以及学生以平等协商的方式进行深入谈话，全方位、多角度、深层次了解学校心理健康教育工作开展情况，是充分发挥学校各类角色的主体作用以及多元评价的优势获取信息的一种评估方法。该方法可以使评估者听到更多的声音，将自评与他评相结合，收集到更客观而有价值的信息，但同时也需要评估者具有较强的心理健康教育专业素质和较高的访谈技能。

（五）测量法

测量法来源于心理学中的心理测量，该方法以量表为特色，因此又常称为测验量表法。量表是测量的准绳，因而测量法的使用中量表的编制是极为关键的。通过近一个世纪的探究，国内外专家已经编制了不少量表，特别是心理测验量表。在评价心理健康教育效果，尤其是评价学生心理素质时可以参照使用这些量表。

四、高校心理健康教育工作评估标准的建设完善

根据当前我国高校的发展状况，要求提出体现高校心理健康教育未来发展方向的新的评估指标，同时借鉴国外一些先进的心理健康教育管理和评估经验，进一步完善和促进高校心理健康教育，完善评估标准，促进高校心理健康教育工作的新发展。[①]

1. 展望未来，体现高校心理健康教育的新发展

首先，各高校心理健康教育教师的专业背景有待进一步提升。在高校心理健康教育机构建立之初，国内培养的心理学专业人才还比较少，不少学校的心理健康教育教师由思想政治教育教师或管理人员兼任。随着国内心理学专业人才队伍的不断扩大，高校心理健康教育教师队伍力量有望进一步增强。比如，增加心理健康教育教师队伍中心理学或其他密切相关专业硕士以上学位的比例。心理咨询中心主任的任职条件，可以从部分学校开始要求具有博士以上的学历和相关的临床实践经验。除了对专业水平和业务能力的要求外，中心主任还需具有行政上的组织协调能力，能动用全校的资源为中心的发展及心理健康教育服务。

---

① 林立涛.关于完善高校心理健康教育评估标准的思考［J］.思想理论教育（综合版），2015，（3）：86-89.

其次，加强心理咨询师队伍的再教育，不断提高心理咨询师的业务能力。心理咨询是一个需要深入来访者内心世界的过程，它需要根据来访者的情况灵活使用合适的咨询方法和技巧。咨询师必须定期接受新的继续教育和技术督导，一方面要接受新知识，以保持咨询技术的有效灵活应用；另一方面也要接受专业人员给予的个体心理成长和专业成长的辅导，不断提升自己的专业素养和业务能力。

2. 接轨国际，体现国际发展新趋势

国外的心理健康教育工作起步较早，借鉴其行之有效的管理经验将有助于我国高校心理健康教育的健康、规范发展。

首先，加强心理咨询的职业伦理建设。我国高校心理咨询师伦理学习大多来自大学中的专业学习或心理咨询师职业培训。在工作中，对伦理的践行大多本着自己的职业素养来进行，心理健康教育中心对该方面的强调和管理还较弱。比如，案例记录大都采取咨询师自行记录、自行保管的方式，对记录的保密原则践行度不高；对于电子文档记录，妥善保管的意识还较为欠缺。

其次，关注社会资源的利用与单位协作。国外的心理健康教育中心强调对社区资源的综合利用，包含对校内相关机构资源的整合和校外资源的整合。我国高校的心理健康教育中心要走资源整合和利用的综合渠道。一方面，高校心理健康教育中心要联合区域内中小学，走向深层次的大中小一体化，增强高校心理健康教育教师专业化发展对普教系统的辐射力和指导性。另一方面，高校心理健康教育中心要加强社会资源的整合。从心理健康教育服务到课题的研究都要整合相关的社会资源，包括精神卫生中心的专家、社会机构的心理咨询师以及社工等。要整合力量，加强高校心理健康教育服务，提升高校心理健康教育的科学化水平。

对于高职院校来说，当前应积极建立《高职院校心理健康教育工作评估标准》，明确高职院校心理健康教育工作各项评估指标，既重视心理咨询机构、设施设备等硬件建设，又重视制度规范、方案预案等软件建设；既重视大学生心理咨询效果，又重视心理咨询过程以及心理咨询人员素质的不断提高。构建高职院校心理健康教育工作评估指标体系，要坚持引进与实际相结合，既充分借鉴欧美高校的先进经验和国内本科院校的典型做法，又坚持高职实际，将大学生心理健康教育工作与培养应用型高级技术型人才结合起来，服务于大学生的成长成才和高职和谐校园建设。

第二节　心理健康教育工作的激励

一、心理健康教育工作激励的作用和原则

（一）心理健康教育工作激励的作用

激励就是在尊重激励主体的基础上，通过多种外部诱因满足他们的正当需要，从而激活内驱力并导向和维系积极行为的过程。激励作为心理健康教育工作的重要保障条件，对提高学校心理健康教育工作的成效具有重要意义。提高学校心理健康教育的成效关键是如何有效激励学校心理健康工作者的积极性。激励着眼于激发人的潜能，充分发挥其主观能动性及工作热情，有助于工作绩效的提高。心理健康教育工作者，作为学生心理健康的教育者、维护者和促进者，工作任务复杂多样，在帮助学生的同时，还不可避免地要与学校的教师、管理者、教育行政管理部门的工作者、学生家长、学生生活的社区人员等接触，承受来自各方面的巨大压力。因此，如何激发他们的工作积极性和主动性，对提高学校心理健康教育的成效具有重要的作用。

（二）心理健康教育工作激励的原则

1. 系统原则

系统原则把高校心理健康教育工作者看成一个需求层次有别的复杂系统，以整体思考的方法与工具认真分析各种影响需求的因素，深入研究，找出有效的激励方法，并使各种激励方法协调构成一个相对完善的激励体系。比如，物质需要的薪酬满足一直是高校教职工的主要激励因素；发展需要的满足要求高校为他们提供进修学习、攻读学位、学术交流等现实发展需要的平台和机会，这往往成为心理健康教育工作者的重要激励措施；通过技术职务晋升和评优表彰等满足心理健康教育工作者的地位、名誉等尊重需要的激励；学校在教学、咨询、科研、社会服务及内部管理等方面为心理健康教育工作者提供形式多样的工作方式以发挥他们的特长，满足他们自我实现的成就需要的激励。

2. 公平合理原则

公平是指无论是谁，只要有了合适的成绩或贡献，就可得到与之相适应的激励；合理是指对高校心理健康教育工作者工作绩效的测评方法科学，且测评结果符合本人实际。公平合理的激励制度正如奖酬的数量和形式一样，对人的动机强度和持久性均有着深远的影响。不公平不合理的激励制度不仅不能达到激励效果，反而会严重挫伤人的积极性。

3. 互补性原则

互补性原则指运用对立统一的哲学思想，在设计某类激励方法的同时，还设计运用与之相对立的、相反的或相补充的其他类激励方法，以达到对激励系统的完善。如内在激励与外在激励结合、有形激励与无形激励结合、正式激励与非正式激励结合、正向激励与反向激励（惩罚）结合、个体激励与团体激励结合等等。

4. 持续改进原则

持续改进原则指随着时间的推移和环境的改变，以及心理健康教育工作者个体主导需求的变化，需不断改进和完善激励机制。因为在一定的时间和环境条件下，任何学校所设计的激励体系都必定有其相对的局限性，都会存在诸多不足和缺陷。因此，必须根据激励机制的实施所暴露出的各种问题以及新的现实不断纠正、调整和创新激励机制，以便使激励机制愈来愈成熟、有效。

二、心理健康教育工作激励的方式和途径

（一）心理健康教育工作激励的方式

心理健康教育工作者，虽有着不同于一般教师的特殊性，但作为教师中的一员，必然有着教师的共性，当前我国对于教师的激励方式主要包括以下几个方面：

1. 物质激励

首先，要搞好基本建设，改善办学条件。其次，改善生活、福利待遇。这是又一较强的激励因素，它可以迅速、及时、有效地调动心理健康教育工作者的工作热情，也是使心理健康教育长期稳定的重要保证。要按文件和政策落实心理健康教育工作经费投入，解决心理健康教育工作应有的场所、设备、教育培训等相关问题，及时兑现心理健康教育工作岗位责任津贴，使心理健康教育工作者工作起来安心舒心。

2. 情感激励

心理健康教育工作队伍建设中的情感激励不仅包括领导的感召力，也包含心理健康教育工作者具体工作中情感融洽力的激励。高校主管部门应营造和谐的组织文化，增强心理健康教育工作者的归属感，避免心理健康教育工作者在高校中长期处于一种"边缘化"的状态，由于人们对心理健康教育工作缺乏认识、不够重视，导致心理健康教育工作者在高校中得不到普遍的认同，其主体性得不到体现。需要重视高校心理健康教育工作者的人才价值，提升心理健康教育工作者在高校教育体系中的地位，实现其职业角色的重塑。

3. 荣誉激励

有的高校出台《心理健康教育工作考核评比办法》，对心理健康工作考核的内容与标准、程序、结果及使用等做了明确规定。考核结果将作为心理健康教育工作者职务职称晋升、评选先进、津贴发放等的重要依据。有些高校给优秀心理健康教育工作者授予"心理健康教育工作先进个人"的荣誉称号，并进行通报表扬。

4. 成长激励

帮助高校心理健康教育工作者明确个人职业发展的方向和路径，在当今中国，成为专家型的教师及心理咨询师，应该是高校心理健康教育工作者专业化发展的必然追求。因而要支持他们参加国内国际交流、考察和进修培训；鼓励心理健康教育工作者进行学术研究，积极撰写教学、管理、科研论文。

（二）高职院校心理健康教育工作激励的途径

1. 建立心理健康教育师资队伍的激励机制

高职院校要充分调动心理健康教育师资队伍的主动性和积极性，重视这支队伍在大学生思想政治教育工作中的重要性，建立和完善相应的考核激励机制，激发全体心理健康教育教师的工作积极性，在各项政策、经费投入、职称评定等方面都要予以充分考虑，尽量减少该支队伍成员的行政事务，不能让这支队伍在没有开设心理学专业的高职院校边缘化，确保这支队伍能够专心开展大学生心理健康教育工作。同时，也可以激励班主任、辅导员、其他教师员工参与大学生心理健康教育工作，确保心理健康教育工作的成效。

要确保高职院校心理健康教育工作的有效运作，必须高度重视和准确定位心理咨询机构和专业心理咨询人员在心理健康教育工作中的地位和功能。学校应贯彻落实国家、教育部有关大学生心理健康教育的意见和要求，加快建设学校心理咨询机构，落实专职从事心理健康教育工作的教师的编制问题，将"专职人员纳入相关专业或思想政治教育专业教师技术职务评聘序列，工作量参照专业教师的教学工作计算"。鼓励具有任职资格的其他人员充当兼职教师，并按学校有关规定计算工作量或给予报酬。同时，应"积极开展对从事大学生心理健康教育工作的专、兼职教师的业务培训。通过培训，不断提高他们从事大学生心理健康教育工作的职业道德以及所必备的基本理论、专业知识和技能水平"。

2. 加大心理健康教育师资队伍经费投入

高职院校一般对学生心理健康教育活动经费的投入比较到位，但是，对师资队伍建设的经费投入较少,这导致专兼职心理教师参加培训学习的机会少。因此,学校要加大心理师资队伍建设的经费,大力支持教师参加专业培训、业务督导、到省内外兄弟院校进行交流学习。还要采取有效措施,通过学历教育、举办专题培训班和工作坊、召开交流会、开设网络课程、以老带青一对一帮扶等形式,加强专业知识、素质能力、职业道德等方面的培训,提升教师的综合素质和专业化水平,从而保障心理健康教育师资队伍的专业化建设。

3. 完善心理健康教育师资队伍的职称评聘

《高等学校学生心理健康教育指导纲要》明确要求心理健康教育师资队伍原则上应纳入高校思想政治工作队伍管理,要落实职务(职称)评聘工作。设有教育学、心理学教学机构的高校,可同时纳入相应专业队伍管理。高职院校因开设教育学、心理学专业的学校较少,专职心理教师的职称因各学校人事制度不同而异,有教师系列、政工系列、研究员系列等。各高校应该从心理健康教育教师队伍的职业发展角度出发,职称评定应考虑专兼职心理教师开展心理健康教育工作的情况,完善这支队伍的职称评聘,确保这支队伍的结构稳定性。

4. 进行内在激励与外在激励这两种激励方式,尤其是内在激励。内在激励包括工作成就感、工作挑战性、职业认同感、专业进步和工作自主性;外在激励包括薪酬、工作环境、人际关系、认可和晋升。高校心理健康教育工作者作为知识型员工,内在激励显得尤为重要,尤其是自我实现的满足。内在因素则在很大程度上属于个人的内心活动,组织政策只能产生间接的影响。因此,要想最大程度的提高工作的绩效和教职工的工作积极性,需要领导和教职工双方的努力和配合,一方面,领导要制定科学合理公正的组织政策和制度,如薪酬制度、晋升制度等,充分发挥外在因素的激励作用;另一方面,教职工要保持积极乐观的心态,精神饱满地投入到工作中,并不断自我提高和自我教育,主动地提高对本职工作的认同感,提高自己的专业水平,自主开展工作,在工作中勇于创新,这样才能达到最佳的效果。

附件1 心理健康教育工作考核评比办法

第一章 总 则

第一条 为进一步提高我院大学生心理素质，健全与完善心理健康教育工作体系，全方位多层次做好大学生心理健康教育的服务工作，推动我院心理健康教育工作稳步发展，根据教育部、卫生部、共青团中央《关于进一步加强和改进大学生心理健康教育的意见》（教社政〔2005〕1号）和贵州省教育厅《关于进一步加强和改进全省普通高校学生心理健康教育工作的通知》（黔教社发〔2012〕201号）的文件精神要求，结合我院实际，特制定本办法。

第二章 评比内容

第二条 心理健康教育工作评比项目包括心理健康教育工作先进集体和心理健康教育工作先进个人两部分内容。

1. 心理健康教育工作先进集体

参评对象：各系学生工作组。

参评条件：

（1）系领导高度重视，成立系心理健康教育工作领导小组，分工明确，职责明晰；

（2）重视队伍建设，在学生辅导员中至少设置1名辅导员分管心理健康教育工作，注重培养与培训，并保持其任职的连续性；设立班级心理委员并保持任职的连续性，积极组织心理委员参加培训；

（3）严格执行落实学院各项心理健康教育规章制度和奖惩制度，执行效果良好；

（4）注重学生心理危机的干预工作，关注特殊学生群体，每月按时上报《重点学生月报表》，心理普查与回访的参与率为100%。定期召开班级心理委员和宿舍信息员工作会议；定期开展心理排查工作，及时了解学生心理动态，及早发现心理危机情况并正确处理，上一年度无学生因心理问题发生非正常死亡等重大意外突发事件；

（5）积极开展心理健康教育活动，注重心理健康知识的普及教育，活动有计划、有总结，成效明显。

2. 心理健康教育工作先进个人

参评对象：各系负责心理健康教育工作的辅导员、学院心理健康教育中心专兼职心理咨询师、班级心理委员、心理协会会员。

参评条件：

（1）现任心理辅导员、专兼职心理咨询师、班级心理委员或心理协会会员，从事心理健康教育工作至少满1年，热爱并能积极投入心理健康教育工作，认真按时完成学院布置的各项心理健康教育工作；

（2）熟悉心理健康教育相关政策与规定，掌握心理健康教育工作技巧，为学生心理健康发展提供专业的指导和服务，切实为学生排忧解难；

（3）主动关注学生心理动态，积极妥善处理好学生的心理危机事件；

（4）积极参加学院组织举办的各种心理健康教育培训、会议和其他相关活动；

（5）主动开展工作，举办内容丰富、形式多样的大学生心理健康教育活动，促进大学生心理健康发展；

（6）有创新意识，积极探索有利于大学生心理健康教育工作的新途径、新方法；

（7）积极开展大学生心理健康教育工作的科学研究，取得相关研究成果。

第三章 评比程序

第三条 先进集体、先进个人的评选工作在每年12月进行，评选程序为：

1. 各系根据评比要求，严格遵照评选条件，公平公正、实事求是地进行，在规定时间内完成评比材料，评比材料要求能够反映出本系或个人一年来的心理健康教育工作情况。及时发现和汇报心理危机问题学生，并采取正确处理方式成功挽救问题学生的教师或同学可以直接参评先进个人。

2. 由学生处组织评审组，对各系上报材料进行评比。

3. 将评比结果上报学院审定并公示。

第四条 对获奖的先进集体和先进个人，学院将在全院进行表彰并颁发荣誉证书。

第四章 附 则

第五条 本办法自颁发之日起施行。

第六条 本办法未尽事宜由学生工作处负责解释。

附件：心理健康教育工作先进集体评比细则

附件　心理健康教育工作先进集体评比细则

分类	具体要求	自评得分	检查得分
组织机构（20分）	1. 领导重视，成立系心理健康教育工作领导小组，分工明确，职责明晰，责任到人。（5分） 2. 重视队伍建设，在学生辅导员中至少设置1名辅导员分管心理健康教育工作，注重培养与培训，并保持其任职的连续性。（5分） 3. 建立本学院心理健康教育的学生管理组织，设立班级心理委员并保持任职的连续性。（5分） 4. 建立健全各项规章制度和奖惩制度，执行落实效果良好。（5分）		
日常工作（50分）	1. 心理健康教育工作有计划、有总结。（5分） 2. 定期召开学生骨干和班级心理委员工作会议，记录完整。（5分） 3. 制定本系大学生心理危机干预与预警预案，定期组织有心理问题学生的排查，发现问题能正确处理。上一年度无学生因心理问题发生非正常死亡等重大意外突发事件。（5分） 4. 积极参加心理普查与回访，参与率为100%。（5分） 5. 关注特殊学生群体，每月按时上报《重点学生月报表》。（10分） 6. 定期举行本系心理健康教育学生骨干和心理委员培训活动，积极组织学生骨干以及心理委员参加学院培训，结业率达100%。（10分） 7. 定期召开班级心理健康主题班会，有计划、有总结。（5分） 8. 积极参与学院各项心理健康教育活动，取得优异成绩。（5分）		
心理辅导员工作（15分）	1. 按时参与心理健康教育中心的培训、会议等。（5分） 2. 按时按质按要求完成心理健康教育中心布置的各项工作。（5分） 3. 每学期至少对每位重点学生谈话一次。（5分）		
特色工作（15分）	针对本系实际情况，创造性地开展各项富有特色、富有效果的活动，注重心理健康知识的普及教育，活动有计划、有总结，成效明显。（15分）		

附件 2　高校大学生心理健康教育工作评估指标体系

高校大学生心理健康教育工作评估指标体系指标体系按照满分 100 分进行分项评价，以下为各个评估观察点及相应的分数。

A1 大学生心理健康教育的管理与保障机制		33 分
B1 管理制度与规划	C1 领导体制	3 分
	C2 工作制度，责任制度	3 分
	C3 督导制度	3 分
	C4 工作规划	3 分
B2 机构设置及物质经费保障	C6 大学生心理辅导或咨询室	3 分
	C6 大学生心理辅导或咨询室	3 分
	C7 咨询值班费用（40—50 元/小时）的投入与使用	2 分
	C8 经费（生均 10 元/人）的投入与使用	3 分
B3 信息管理与应急机制	C9 心理档案的建立与使用	3 分
	C10 心理健康教育网络和信息沟通与协调机制	2 分
	C11 重点对象动态信息掌控机制	2 分
	C12 突发严重心理疾患的预警与应急机制	3 分
A2 大学生心理健康教育工作的开展		40 分
B4 工作范围与工作内容	C13 新生心理素质概况普查	3 分
	C14 新生环境适应性教育	3 分
	C15 心理健康常识宣传、教育	3 分
	C16 心理危机的防范与干预	3 分
B5 实施途径	C17 心理健康教育课程	3 分
	C18 心理辅导或咨询站点	3 分
	C19 心理健康教育的多种宣传渠道	2 分
	C20 心理健康教育在教学中的渗透	2 分
	C21 学生群体间的心理交流和自我疏导	3 分

续表

B6 心理健康教育科	C22 科研工作开展的广泛性	3分
	C23 大学生心理健康规律的研究	3分
	C24 大学生心理健康教育规律的研究	3分
	C25 专项课题研究及学术交流	3分
	C26 研究成果	3分
A3 大学生心理健康教育师资队伍的建设		12分
B7 专职教师队伍	C27 事业心与职业道德	2分
	C28 专业能力	2分
	C29 专业进修与学术交流	1分
B8 兼职教师队伍	C30 专业培训、资格认定	2分
	C31 事业心与职业道德	2分
	C32 专业素养	2分
	C33 专业进修与学术交流	1分
A4 大学生心理健康教育的效果		15分
B9 心理健康教育普及认可程度	C34 心理健康意识	2分
	C36 对心理健康教育的认可	2分
	C36 对心理健康教育的认可	2分
B10 心理调适能力	C37 自我心理解析与评价能力	1分
	C38 自我心理疏导与情绪调控能力	1分
B11 心理健康状态与心理素质水平	C39 心理异常发生概率	2分
	C40 心理适应性	2分
	C41 情绪稳定性	2分
	C42 人际关系和谐性	1分

主要参考文献

[1] 孙时进. 心理健康教育理论与方法研究［M］. 上海：华东理工大学出版社，2010.11.

[2] 叶一舵. 现代学校心理健康教育研究［M］. 北京：开明出版社，2003.03.

[3] 夏智伦. 高校心理健康教育操作实务［M］. 北京：高等教育出版社，2013.04.

[4] 贾晓明主编. 高校心理咨询理论与实务［M］. 北京：北京理工大学出版社，2018.10.

[5] 冯海志，蓝滢主编. 大学生心理与辅导（高职高专版）［M］. 广州：华南理工大学出版社，2008.04.

[6] 樊富珉，何瑾. 团体心理辅导［M］. 上海：华东师范大学出版社，2010.07.

[7] 樊富珉. 结构式团体心理辅导与咨询应用实例［M］. 北京：高等教育出版社，2015.06.

[8] 樊富珉，何瑾，贾烜. 辅导员团体心理辅导工作技能［M］. 北京：高等教育出版社，2021.07.

[9] 马喜亭，冯蓉. 辅导员应对大学生心理危机指导手册［M］. 北京：高等教育出版社，2021.03.

[10] 屈维彪编著. 高职院校学生工作实务［M］. 北京：光明日报出版社，2017.08.

[11] 高秀苹. 高校大学生心理健康教育工作体系建设探索［J］. 现代交际，2017，（2）.

[12] 徐黎玲. 高校心理健康教育工作体系的构建及运行机制［J］. 洛阳大学学报，2006，（9）.

[13] 刘刚领. 论高校心理健康教育工作体系构建及实践途径 [J]. 黑龙江教育学院学报, 2019, (9).

[14] 张晓波. 关于高校大学生心理健康教育工作体系建设的思考 [J]. 中国劳动关系学院学报, 2001, (6).

[15] 汪子琳. 浅谈构建高校心理健康教育工作体系 [J]. 决策与信息, 2015, (21).

[16] 蓝琼丽, 熊少青. 完善高校大学生心理健康教育工作体系的研究与实践 [J]. 百色学院学报, 2012, (3).

[17] 刘萍萍. 系统观下的大学生心理健康教育工作体系的创新研究 [J]. 教育教学论坛, 2020, (25).

[18] 孙一方, 马小惠, 惠筱. 高校大学生心理健康教育工作模式的创新研究 [J]. 高教学刊, 2016, (4).

[19] 曹树春. 大学生心理健康教育工作模式的构建探析 [J]. 内蒙古财经大学学报, 2019, (第2期).

[20] 林赞歌. 新时期高校心理健康教育工作的途径与方法 [J]. 集美大学学报. 2008, (10).

[21] 邬劲青. 高职院校心理健康教育工作途径与方法 [J]. 中国成人教育, 2009, (6).

[22] 李悦. 高职大学生心理健康教育课教学方法的改革与创新 [J]. 课程教育研究, 2013, (17).

[23] 张晓婷. 积极心理学理念下高校心理健康教育课程教学改革 [J]. 长春工程学院学报（社会科学版）, 2015, (4).

[24] 张博. 大学生"心理健康教育"课程教学与评价体系的思考——基于积极心理学视域 [J]. 科教文汇, 2021, (2).

[25] 徐爽. 《大学生心理健康教育》课程考核方法改革与创新 [J]. 商丘职业技术学院学报, 2014, (4).

[26] 方丽芳. 大学生心理健康实践教育体系的构建研究 [J]. 开封文化艺术职业学院学报, 2020, (12).

[27] 王晶, 赵贵臣. 高校学生心理健康教育活动的创新性探索 [J]. 教育教学论坛, 2021, (18).

[28] 戴萍. 全人教育理念下高职院校学生心理健康教育实践活动探索 [J]. 安徽电子信息职业技术学院学报, 2020, (6).

[29] 安婷婷. 高校心理咨询特点及作用分析 [J]. 青春岁月, 2017, (9).

[30] 李丽华, 郭鹭, 周立超等. 高校心理咨询工作科学化、规范化建设的探讨 [J]. 卫生职业教育, 2014, (13).

[31] 周兰. 新时期高校心理咨询师的职业素养 [J]. 时代农机, 2017, (9).

[32] 孙伟, 杨文娴. 高校心理咨询中的专业伦理困境及对策 [J]. 江苏教育, 2021, (68).

[33] 张若熙. 高校心理咨询发展的趋势 [J]. 文化创新比较研究, 2019, (36).

[34] 韩晓雨. 团体心理辅导与大学生心理健康教育 [J]. 长春教育学院学报, 2011, (9).

[35] 那冬雪. 大学生心理危机预防与干预体系的构建 [J]. 文化创新比较研究, 2021, (17).

[36] 吴芳, 余海军. 高职院校大学生心理危机预防与干预体系建设探析 [J]. 教育观察, 2019, (24).

[37] 何泽民, 何勇强, 吕放光等. 全面构建大学生心理危机预防与干预体系 [J]. 邵阳学院学报（自然科学版）, 2018, (3).

[38] 段琳. 高校学生心理危机预防与干预办法 [J]. 当代教育实践与教学研究（电子版）, 2017, (11).

[39] 宋秋云. 对高校心理危机事件中家校沟通的几点思考 [J]. 湖南科技学院学报, 2019, (3).

[40] 谭咏梅, 张界平, 李海亮等. 高校心理健康教育"医校合作"模式构建研究 [J]. 淮阴工学院学报, 2021, (2).

[41] 李炳南. 高校心理普查工作存在的问题及其对策 [J]. 吉林省教育学院学报, 2021, (1).

[42] 曹承慧, 严万森. 高校学生心理档案的建设与维护管理 [J]. 教育教学论坛, 2021, (10).

[43] 贾威, 田从. 大学生心理档案规范化建设研究 [J]. 船舶职业教育, 2019, (4).

[44] 才宝. 当代大学生心理档案的建立与管理 [J]. 赤峰学院学报（自然科学版）, 2016, (09).

[45] 张彬. 大学生心理健康管理平台建设研究 [J]. 福建质量管理, 2018, (2).

[46] 芦球. "五位一体"背景下的心理自助服务平台建设——心理育人模式探新 [J]. 兰州职业技术学院学报, 2021, (4).

[47] 杨贵英. 高校心理健康教育与专职教师的角色定位 [J]. 成功（教育版）, 2008, (3).

[48] 卢绍君. 略论高校专职心理咨询教师队伍建设 [J]. 辽宁行政学院学报, 2011, (12).

[49] 王旭, 马昭文. 高校辅导员在开展心理健康教育工作中的作用及角色定位探析 [J]. 大学, 2022, (1).

[50] 董昕. 高校辅导员在心理健康教育工作中的作用 [J]. 新教育时代电子杂志（教师版）, 2021, (37).

[51] 郑小霞. 高校辅导员工作与大学生心理健康教育研究 [J]. 山西青年, 2022, (9).

[52] 常荣, 苟明娇. 心理健康教育视角下辅导员队伍建设与思考 [J]. 四川工商学院学术新视野, 2021, (1).

[53] 符双. 高校大学生朋辈心理辅导队伍建设研究 [J]. 高教学刊, 2016, (15).

[54] 方丽芳. 高职院校朋辈心理辅导员队伍的建设与管理 [J]. 职教通讯, 2015, (35).

[55] 冯晖艳. 班级心理委员队伍建设初探 [J]. 中小学德育, 2013, (第8期).

[56] 宫然. 心理健康教育工作中高校学生心理社团的建设与完善 [J]. 科教导刊（电子版）, 2018, (15).

[57] 晓辉, 张雪莹. 高校心理社团建设若干问题探讨 [J]. 新教育时代电子杂志（教师版）, 2017, (8).

[58] 王秀希, 张丽娟, 高玉红等. 高校心理健康教育评估体系的初步构建 [J]. 邯郸学院学报, 2012, (3).

[59] 林立涛. 关于完善高校心理健康教育评估标准的思考 [J]. 思想理论教育（综合版）, 2015, (3).

[60] 余慧星, 朱方长. 论高校教职工激励机制的建立原则和方法 [J]. 高等农业教育, 2003, (5).

[61] 马艳秀, 杨振斌, 李焰. 构建中国高校心理健康教育评估指标体系的研究 [J]. 思想教育研究, 2013, (3).

[62] 谢雪梅. 大中学心理健康学校社会工作者的激励因素及特点研究 [D]. 重庆: 西南大学, 2008: 4-9.

[63] 李斯. 高职院校心理健康教育体系构建研究 [D]. 天津: 天津大学, 2014.

后　记

从心理学硕士研究生毕业至开始撰写本书，我从事心理健康教育工作刚好十二个年头。古人云，悠悠十二载，匆匆一轮回！在这十二年间，正值我人生盛年，我将自己的时间和精力付诸于心理育人的工作中去，桃李不言下自成蹊，我对教育和心理学职业，一直秉持着热爱与专注，辛勤耕耘孜孜探索，"天道酬勤，力耕不欺，只争朝夕，不负韶华"，十二载春华秋实，在耕耘心育的道路上日渐酝酿，从最初心理咨询辅导的助人工作，到心理教育教学实践活动，逐步拓宽至心理健康教育工作的各个方面，从一人之力到专业团队直至全员育人，不断拓宽和立体化，终于形成心理育人的工作体系。

本书初稿完成后，经过大半年的反复修改与打磨，终于能与从事心理育人工作的同仁见面了。本书得以出版，首先感谢省教育厅和工作单位的支持，本人申报的项目《心心理育人：民族地区高职院校心理健康教育体系的实践研究》喜获贵州省教育厅2022年高校思想政治理论课相关建设项目（"十个一"精品项目），才有机会在本项目的促使下，把自己多年的工作经验与积累结合近年来国家出台的一系列有关心理健康的文件，实践与理论结合，进行研究和思考，撰写出本书的研究成果。

同时要感谢单位领导和我一起工作的同事，领导的大力支持，我们专业团队在工作中的团结合作，让我们在学校的心理健康教育工作中做出了突出成绩，同时也促进了学校心理育人工作体系的形成和完善，在理论上起到了推动作用。

最后还要感谢我的家人，本书的撰稿和修改多半是在家中完成的，由于上班期间工作事务繁忙，书稿只能在晚上和周末假日的业余时间撰写，家人给予最大的理解和支持，才能写成这数十万字的书稿。

本书出版之际，正逢教育部等十七部门关于印发《全面加强和改进新时代学生心理健康工作专项行动计划（2023—2025年）》的通知文件颁发，国家对心育工作愈加重视，提出了五育并举促进心理健康，进一步拓展了心理育人的高度和广度，心理育人工作是全员参与，因此本书可以作为所有教育工作者的参考书。由于时间仓促，本书肯定有不少欠缺不足之处，恳请同仁们提出宝贵批评意见。在新时代的挑战和机遇下，让我们一起努力，共同推进我国心理育人工作体系的健全和发展。

何山

2023 年 5 月 20 日